中外经典文库

康有为文选

洪治纲　主编

上海大学出版社
·上海·

图书在版编目(CIP)数据

康有为文选 / 洪治纲主编. —上海：上海大学出版社，2023.3
(中外经典文库)
ISBN 978-7-5671-4662-4

Ⅰ. ①康… Ⅱ. ①洪… Ⅲ. ①康有为(1858-1927)—文集 Ⅳ. ①B258.1-53

中国国家版本馆 CIP 数据核字(2023)第 065437 号

统　筹　刘　强
责任编辑　袁苇鸣
封面设计　柯国富
技术编辑　金　鑫　钱宇坤

中外经典文库
康有为文选
洪治纲　主编
上海大学出版社出版发行
(上海市上大路 99 号　邮政编码 200444)
(https://www.shupress.cn) 发行热线 021-66135112)
出版人　戴骏豪
*
南京展望文化发展有限公司排版
上海华业装璜印刷厂有限公司印刷　各地新华书店经销
开本 890mm×1240mm　1/32　印张 9.5　字数 221 千字
2023 年 5 月第 1 版　2023 年 5 月第 1 次印刷
ISBN 978-7-5671-4662-4/B·142　定价 48.00 元

版权所有　侵权必究
如发现本书有印装质量问题请与印刷厂质量科联系
联系电话：021-56475919

目录
CONTENTS

实理公法全书 ······ 001
教学通义 ······ 026
秦焚六经未尝亡缺考第一 ······ 092
春秋微言大义第六上 ······ 102
春秋微言大义第六下 ······ 130
诸子改制托古考 ······ 179
孔子为制法之王考 ······ 231

入世界观众苦 ······ 251
仁智篇 ······ 299

实理公法全书[1]

凡　例

一，凡天下之大，不外义理、制度两端。义理者何？曰实理，曰公理，曰私理是也。制度者何？曰公法，曰比例之公法、私法是也。实理明则公法定，间有不能定者，则以有益于人道者为断，然二者均合众人之见定之。

一，是书于凡可用实测之理而与制度无关者仍不录，理涉渺茫，无从实测者更不录。

一，是书于地球上诸教所有制度，其非大背实理者，必尽辑无遗。虽显背实理，而地球上之人犹有行用者，亦尽辑无遗。必既背实理，又无复有行用之人者，始不登录。其两教相同之制度，则按语中亦详言之，此外更参以新得之公法及比例之法。凡一门制度，必取其出自几何公理。及最有益于人道者为公法，其余则皆作比例，然亦分别比例之次第焉。其难易分别之处，要皆合众深明公法之人议定之。

一，凡有凭空拟出一法，欲行则殊不可行者，虽不过欲置为比例之末，仍不收焉。必虽仍在可行之例者，此书乃修。

---

[1] 此文为康有为的佚稿，原载1984年3月《中国文化研究集刊》第一辑。

一,此书必分二部写之,一用文言,一用俗语。评论义理,当以俗论定,乃更译成文书。

一,每次重修此书之时,诸凡画押之人,整齐万身公法书籍一段所载,必先加议论,然后画押者,其议论若无精语,则不并刻于书中。

一,凡所言实理,每事须先立引说一条,然后以按语将其实理详言之。

一,凡所言公法及比例之法,每法皆须以数语撮举大要。先立一目,然后以按语详言之,且以按语详论之。立目均以今人修书者之语,不得用古语,其古教经典有关制度之言,则以按语备引之。

实 字 解

有实测之实。格致家所考明之实理是也。

有实论之实。如古时某教如何教人,则人之受教者如何;某国如何立法,则人之受治者如何。其功效高下,皆可列为表,而实考之。惟此实论之法,愈今则愈妙,因今之惟恐其不今者。如今日地球上某教士用某法教人,则人乐从,且可获益若何;某国新用某法,则某等案件每年少若干,民间获益若何;因其功效可以定其法之得失,而等第之。凡书中论事皆准此。虽其他所谓实论者尚多,然总不得虚论空论。

有虚实之实。如出自几何公理之法则,其理较实;出自人立之法则,其理较虚。又几何公理所出之法,称为必然之实,亦称为永远之实。人立之法,称为两可之实。

公 字 解

有公众之公。如此书乃公众之书是也,以其非一人之书也。

虽言必有一人言之,然既入此书,即提挈归公是也。书中编辑古今之言论,皆不计其为何人之言,是取彼之言以提挈归公也。

有几何公理之公。一、二、四、八、十六、三十二是也。所谓一定之法也。从几何公理所推出一定之法,乃公法之一端,盖几何公理所出之法甚少,不足于用,此所以不能无人立之法。有时转推人立之法为公法,而抑几何公理所出之法为比例,此则或因救时起见,总期有益人道也。

有公推之公。盖天下之制度,多有几何公理所不能逮。无几何公理所出之法,而必凭人立之法者,本无一定,则惟推一最有益于人道者,以为公法而已。然众共推之,故谓为公推也。

总论人类门

实理(引说四条,尚未加按语。全书中所有实理引说,均未加按语者)

人各分天地原质以为人。

人各具一魂,故有知识,所谓智也。然灵魂之性,各各不同。

人之始生,便具爱、恶二质。及其长也,与人相接时,发其爱质,则必有益于人;发其恶质,则必有损于人。又爱恶只能相生,不能两用。

人之始生,有信而无诈,诈由习染而有。

公法(此门正目极多,亦无不可。今得正目六条,比例之目亦六条)

人有自主之权。

> 按:此为几何公理所出之法,与人各分原质以为人及各具一魂之实理全合,最有益于人道。

以平等之意,用人立之法。

　　按:人类平等是几何公理。但人立之法,万不能用,惟以平等之意用之可矣。

以互相逆制立法。凡地球古今之人,无一人不在互相逆制之内。

　　按:此为几何公理所出之法,最有益于人道。

以兴爱去恶立法。

　　按:此人立之法,然最有益于人道。

重赏信罚诈之法。

　　按:此几何公理所出之法,与人道之始生有信无诈实理全合,最有益于人道。

制度咸定于一,如公议以某法为公法,既公共行用,则不许有私自行用诸比例之法者。

　　按:此几何公理所出之法,最有益于人道。

比例:人不尽有自主之权。

　　按:此不合几何公理。

比例:以差等之意,用人立之法。

　　按:此于几何公理之本源既失,则其所用诸凡人立之法,亦必鲜精者。

比例:以一顺一逆立法,凡使地球古今之人有彼能逆制人,而人不能逆制彼者。

按：如此则必有擅权势而作威福者，居于其下，为其所逆制之人必苦矣。

比例：所立之法，不尽能兴爱去恶。

按：如此则人道困苦。

比例：赏信罚诈之法有未善处。

按：此是立法之不精。

比例：制度不定于一。

按：此是因人立之法有所阻挠，故世运不能极盛，不能与几何公理相应。

夫　妇　门

实理（引说二条）

今医药家已考明，凡终身一夫一妇，与一夫屡易数妇，一妇屡易数夫，实无所分别。

凡魂之与魂最难久合，相处既久，则相爱之性多变。

公法

凡男女如系两相爱悦者，则听其自便，惟不许有立约之事。倘有分毫不相爱悦，即无庸相聚。其有爱恶相攻，则科犯罪者以法焉。

按：此乃几何公理所出之法。盖天既生一男一女，则人道便当有男女之事。既两相爱悦，理宜任其有自主之权，几何公理至此而止。若夫立约，则是增以人立之法，非几何公理所固有者。惟即从不立法为立法，斯为几何公理所出之法也。

按：此法当多设医局以佐之。严限每人或三日或五日即赴医局察验一次以闻。症筒验其血管有亏损否，亏损若干，即其戒节色欲若干日。其有过于亏损者，则勒令其暂住数天，略以药物调养，如此则民无夭折之患矣。然医局之宜多设，岂徒用此法憔然哉？后世医士之业必盛，可预决之，以其能穷究最切近之理也。

比例：凡男女相悦者则立约以三月为期，期满之后，任其更与他人立约。若原人欲再立约，则须暂停三月，乃许再立。亦许其屡次立约，至于终身。其有数人同时欲合立一约者，询明果系各相爱悦，则许之，或仍不许。

按：此于几何公理而外增以人立之法者。然人立之法，此为最精矣。

比例：凡男女立约久暂，听其自便。约满则可更与他人立约，亦可再与原人换约。其有数人同时欲合立一约者，询明果系各相爱悦，则许之，或仍不许。

按：此亦人立之法，然又不如上法之精矣。

比例：凡男女立约，必立终身之约。又有故乃许离异。又一人不得与二人立约，男女各有自主之权。

按：此亦人立之法，其不合实理，无益于人道，更不及以上诸法。

按：西历一千八百九十一年巴黎版籍所列，是年法京等处夫妻离异之案，共有五千七百五十二起，较诸一千八百九十年竟增至二百九十五起之多。又查是年生男育女者，共计八十六万六千三百七十七人，其中非由明媒正娶之妻所育者，共七万三千九百三十六人。而是年婚娶者计有二十八万五千四百五十八人,是年死者计有八十七万六千八百二十二人,统计法国人民共有三十八兆三十四万三千一百九十二人以上,皆一千八百九十一年法国版籍之总数也。夫法国律例其男女立约所用之法,即此条比例之法也。今用此法,而男女互相怨恨者,以本年而论,已实有一万一千五百零四人,则其不及以上诸法明矣。况其中积有怨恨之男女而互相隐忍未至告案者,固不知凡几乎!又生男育女,其中非由明媒正娶之妻所育者,共七万三千九百三十六人,则是此年法国隐然行用公法之男女,已实实有十四万七千八百七十二人矣。且考妇人生子二年而生二子者盖寡,必三年乃可生二子,是则此年生子之妇人,必非上年之亦曾生子之妇人,又合其男子计之,是法国一年之中,隐然行用公法者,已实实有二十九万五千五百四十四人也。况其余隐用公法而未至生子女者,尚不可计数乎!考是年婚娶者,计有二十八万五千四百五十八人耳,然则截计一年之中,男女同爱而隐用公法之人,尚浮于男女相爱而谨守国法之人,其数得一万零零八十六名矣。今法国未用公法,且于此等隐用公法之人略抑之,所生男女不与常人同,而人之隐趣于公法者尚如此,则公法之允为公法可见矣。而此条比例,其不如上二条,亦可见矣。

比例:凡男女之约,不由自主,由父母定之。立约者终身为期,非有大故不离异。男为女纲,妇受制于其夫。又一夫可娶数妇,一妇不能配数夫。

按:此更与几何公理不合,无益人道。

比例:禁人有夫妇之道。

按：此与实理全反，不惟无益人道，且灭绝人道矣。

父母子女门

实理（引说四条）

原质是天地所有，非父母之所生，父母但能取天地之原质以造成子女而已。其造之之功，父约费原质若干，母约费原质若干，母又费怀妊辛苦之功若干。子女之魂与父母之魂，其性大约不相同者为多，久处则其魂亦各不相合，其相爱之性亦易变。

人于死后其魂有自能投生者；有不能自主，然亦团聚而投生者；有半散半聚而投生者；有散而投生者。故父母死后，其魂亦能为其子之子孙。

人每日饮食吐纳，收新弃旧，所用原质甚多。然所吐弃之旧者，一经气化所变，则旧者又复为新，为他人所收矣。故地球上之人，其质体日日轮回，父母与子女其质体亦互相轮回。

公法

凡生子女者，官为设婴堂以养育之，照其父母所费之原质及其母怀妊辛苦之功，随时议成定章，先代其子女报给该父母。（若不知其父，则母尽得之。）及其子在堂抚养成立，则收其税以补经费。（非必人税也，货税更能损富益贫。）该子女或见其父母，公法于父母不得责子女以孝，子女不得责父母以慈，人有自主之权焉。

按：此是几何公理所出之法。盖人各分天地之原质以为人，则父母与子女宜各有自主之权者，几何公理也。子女既藉父母一造之功，则必当报之，亦几何公理也。然赤子甫生之时，不能自报其父母，则奉公法之众人，先代报之，此特几何公理所出之法，亦不能自行，仍赖有行法之人，而后法始行耳。

比例：子女少时为父母所养，及长成则令其人有自主之权。

按：此却非几何公理所出之法。盖既用此法，则父母不欲养育其子女者，法必有禁，是子女既与父母各分形体，仍责其父母养之，则反令其父母无自主之权矣。且此法尤有不合几何公理者，盖子女既藉父母一造之功，又藉父母养育十余年之功，则功劳既重，虽欲报而力必不能尽报，于是行法者，亦不能实责子女之报其父母，而子女之能尽报其父母者，万人中无一二人矣。岂若子女甫生时，即使其自养哉？今地球各国行用此法者甚多，取其风俗而备考之，则其万人中有若干人能报父母者，可具见矣。而子女之于父母，魂不相合，因同聚而生怨者，仍不免也。万人中互相怨恨者若干，父母怨子女者若干，子女怨父母者若干，当可考也。

比例：子女自少为父母所养，及长亦无自主之权，身为父母所有。

按：此法与实理更多不合。谓子女之身为父母所有，则是天地之原质，父母因一造之功，遂并从而夺之。子女之魂，非尽由父母所造，又人各不同，乃父母竟得而制之。既用人立之法，灭几何公理数大端，而所以使子女报其父母者，亦不合几何公理之所谓报也。

比例：凡子女其始由父母养育之，及既从师，则为其师之徒，身为其师所有，与父母不复相识。

按：此全背几何公理，且灭绝之者。

师 弟 门

实理（引说五条）

地球既生，理即具焉，盖既有气质，即有纹理。人有灵魂，知识生焉，于是能将理之所在而发明之，其发明者日增一日，人立之制度亦因而日美一日。

循物质之纹理以求之，则其处置之法，便自然而有，不须取舍，不须裁制者，此为几何公理所出之法。此等法不能谓为人立，乃天地所固有之法也。发明者，但有发明之功而已。

循乎物质之纹理，实无一定处置之法，必须取物质之纹理熟观之，然后加以灵魂之知识，或去彼取此，或裁之制之，乃有可行之法，且有益于人道者。此乃人立之法，不能谓为天地所固有也。人立之则有立之之功，论公者虽一律称之为开新知，然后本源要不可不明也。

后人知识必胜于前人，因后人不劳而获前人之所有，后人但能于前人之所发明者尽知之，又能于天地之理更发明一二分，则其知识已实实胜前人一二分矣。惟论辟新知之功则不然，当以天地之理立根，而算其人所发明之多少。（此三语另详论人立法）

人各分天地原质以为灵魂，然后有知识，有知识然后能学。

公法（此公法是论所以待古今圣贤者）

圣不秉权，权归于众。古今言论以理为衡，不以圣贤为主，但视其言论何如，不得计其为何人之言论。

> 按：天地只能生理，若行而宜之道，固有人为之事在矣。惟大道之权，归之于众则正，是几何公理所出之法，且最有益人道。

比例：圣权有限。凡奉此圣之教者，所有言论，既以合于此圣为主，亦略以理为衡。

> 按：此法与几何公理不合。

比例：圣权无限。凡奉此圣之教者，所有言论，惟以此圣为主，不以理为衡。

> 按：此法与几何公理全背。

公法（此公法是言师弟之伦）
凡师之于弟子，人有自主之权。

> 按：师弟一伦，全从人立之法而出。有人立之法，乃有师弟。令其人有自主之权，所谓以平等之意，用人立之法者也，其最有益于人道矣。

比例：弟子之从师者，身为其师所有，不能自立。

> 按：此法大背公理，无益人道，其弊甚大，非徒以差等之意，用人立之法者比也。

君 臣 门

实理（引说一条）
民之立君者，以为己之保卫者也。盖又如两人有相交之事，而另觅一人以作中保也。故凡民皆臣，而一命之士以上，皆可统称为君。

公法
立一议院以行政，并民主亦不立。

> 按：君臣一伦，亦全从人立之法而出，有人立之法，然后

有君臣。今此法权归于众,所谓以平等之意用人立之法者也,最有益于人道矣。

比例:民主。

按:此犹是以平等之意,用人立之法者,但不如上法之精。

比例:君民共主,威权有限。

按:此失几何公理之本源者。

比例:君主威权无限。

按:此更大背几何公理。

长　幼　门

实理(引说二条)
长幼特生于天地间者,一先一后而已。故有德则足重,若年之长幼,则犹器物之新旧耳。
轮回之实理,则长复为幼,幼又成长。
公法
长幼平等,不以人立之法施之。

按:长幼二者,既均无可以偏重之实理,则不必加以人立之法。以平等行之,正几何公理所出之法矣。

比例:长尊于幼。

按:此乃人立之法,然实未能有益人道。

比例:幼尊于长。

按：此更无益人道。

朋 友 门

实理（引说一条）
天地生人，本来平等。
公法
朋友平等。

按：此几何公理所出之法，最有益人道。

比例：以人立之法，屈抑朋友，名之曰仆婢，或以货财售彼之身，以为我有。

按：此大背几何公理。

礼 仪 门

（分子目　此门甚繁，俟大集五洲各国会通礼列表求之。今姑言其大者一二端，以为引例云尔。）

上 帝 称 名

实理（引说一条）
气化能赅括生人之始终，生人虽穷极智慧，亦不能逃于气化之外。
公法
气化　原质　大主宰

按：此三名，允为称名之至当者。夫世间名失其实者甚多，上帝为万物之本，则称名尤不可不辨也。

比例：上帝　造化主　西路巴尼　阿们　呵呼喇马乍　地乌

斯　地乌巴得耳　登里　云马　戈巴　壁立　以乐欣　耶和华　天地

　　按：以上诸名，其义或有译为无始无终，则嫌其义涉渺茫；其译称天者，则嫌其义太浅。皆无当于实理，故俱降为比例。

纪元纪年用历

实理（引说一条）
纪元纪年虽人立之法，然亦有实理，历学则更有实理。
公法
以地球开辟之日纪元，合地球诸博学之士者，考明古籍所载最可信征之时用之。而递纪其以后之年历学，则随时取历学家最精之法用之。

　　按：此为最公之法。

比例：以圣纪元而递纪其以后之年，例纪其以前之年。

　　按：此法甚不合实理。盖圣人以前之人，不能知有后来之圣，倒纪其年，则无理矣。倘同时而数圣之功相若，则将各有纪元纪年，甚无益于人道矣。后人知识固胜于前人，其功亦可过前人。然则不令后人有改元之事，固与公理不合，或令其可以改元，则数数改元，亦无益于人道也。

比例：以君纪元。

　　按：此更无益人道。

比例，以事纪年。

按：此尤陋习。

威　仪

实理（引说二条）

威仪者,所以表其爱者也。无威仪则吾虽甚爱重其人,亦不能骤达吾之意于彼也。其必定之以节,无取过与不及者,则欲其大众通行之故也。盖此乃二人相约之事,若一人独处一室,则无所用乎威仪,但能自安其魂魄足矣。

威仪之不及者宜有罚,所以杜人之生其恶也。威仪之过者,谓之失礼。盖既非通行之道,且用爱而无节,固必不可行之事也,犹之吾爱某人,则吾之所有,举凡一丝一粟,皆以与之,则明日吾即冻馁矣。

公法

凡行礼则有拱手、揖、握手、接吻、去帽、举手、点首、搂抱等事。大凡仪节不论繁简,总以发交医士考察其所立之法,行之而于身体有益否,其最有益之法则,推之为公法。

按：此乃精益求精之意。

比例：凡行礼则有跪足、叩首、哭泣等事,其仪节或繁或简,均未经医士考明其损益之处。

按：此乃立法之粗疏者。跪足则不便于筋络,叩首则脑血倒行,此皆经医士考明。哭泣虽出于爱,然其事乃不能入仪节者,且最损人。

安息日时

实理（引说一条）

动静之理,当分二等求之:其一等则称为永静性、永动性;其一等则是永动性之中,却有循环动静之理。当以比较求之。

公法

凡立安息之日与时,视民众之贫富以为定,民富则增多安息之日,民贫则减少安息之日,其每日安息之时,亦民富则增,民贫则减。

按:此实几何公理所出之法,此法甚有益于人道。如定例每人每日应作工八点钟,则是每月共作二百四十点钟工也。为政者统民数计之,若实见其甚富,每月每人但作一百六十点钟之工,便足以自给一月之费用,则是每月宜均匀十日以为安息矣。而增减准此,每日做工之钟数,亦相随而增减焉,移日数以就之可也。且又当使医生考明每人每日之精神血气,足敷若干点钟之用,然后酌定之。

比例:凡七日则以一日为安息。

按:比乃人立之法。

比例:不立安息日时。

按:人生之始,才分出一起点,便入永动性,到死后则归于永静性。故人生而动,乃天之性,非人生而静也。但于其永动之中,以比较求之,则其中固有一动一静,互为循环之理。故必有安息者,几何公理也。人有寝时,此为一日之必有安息日也。周年作工,亦必有一二日停工者,此为一月之必有安息时也。若不许人安息,则是欲于循环二者之中而灭其所谓一静者,此万无之事也。若立为一定之期,此特人立之法而已,亦不足贵也。惟以无定为有定,则是几何公理所出之法,公法是也。其不知立为安息日时而不立者,则又智学未开,不明其理之故也。

刑　罚　门

(分子目　此门俟译出各国律例之后列表求之。今先发一端,以为引例。)

命　案

实理(引说一条)
人命至重。

公法
无故杀人者偿其命,有所因者重则加罪,轻者减罪。

按:此几何公理所出之法。

教　事　门

(分子目　此门俟访择五洲各教门,凡教堂、学塾及传教之规制,学校章程皆列表求之。今先发数端,以为引例云尔。)

总　论　教　事

实理(引说二条)

教之实理有二:一则即其人之智与才力而增长之,且使其能增长爱性及葆守信性也;一则以五洲众人所发明之精理及有益之制度与其人,使其人享受利益而有以化其恶性,去其习染而得之诈术,然后智与才力不致误用也。

治教本有自然分为二事之形,盖一人不能同时兼任二事,且事体不同,则人性多各有所长。

公法

教与治,其权各不相涉。

　　按:此乃几何公理所出之法,最有益于人道者。

比例:行教者可侵政权。

　　按:此必有害。如某教士侵某国政权,则其害何如,皆可具征。

比例:教事以行政者主之,教士应得之权,行政之人,得以无理相制。

　　按:如此亦有害。

治事门

(分子目　此门俟大集五洲各国之政,列表求之。今先发数端,以为引例。)

官　制

实理(引说一条)

官者民所共立者也,皆所谓君也。

公法

地球各国官制之最精者,其人皆从公举而后用者。

　　按:此更当以其功效列表求之。

比例:官制之疏陋者,用人则以为君者一己之私见,选拔其人而用之。

身体宫室器用饮食之节

实理（引说一条）

此皆所以养人之生。

公法

凡身体宫室器用饮食之节，必集地球上之医学家考明之，取其制度之至精者，其节或分五等，或分三等。但所谓节者，其限制之界甚广，毋取太严。

> 按：所谓身体者，如须发之去留是也。如地球中纬度第若干，则其人之须发当如何，一经医士考明，则该纬度之人咸定于一。沐浴之宜多寡，诸如此类，几莫不然。若夫宫室器用饮食，则亦宜集医士考明之。分为三等五等者，则所以显荣教事、治事二项之人。所谓略用人立之法，若平民则正当平等，每纬度皆宜一律，只有一等，方与几何公理相应也。其花园、酒楼、博物院等项，当令其属之于公，勿据为一己之私，于是任其制度之新奇，以开民智而悦民心，惟以不伤生为限，制斯可矣。

葬（丧礼 入威仪一类）

实理（引说二条）

所素相爱之人，一旦骤死，在生者固余爱未忘，然死者之尸骸，则绝无所知矣。

凡有生则必有死，此乃实理之自然。若有生无死，则地球上必至人无立足之所。

公法

火葬、水葬、土葬，任格致家考求一至精之法。

按：人取原质以为人，则死后虽灵魂或未骤散，然质体则复归原质，乃实理之自然。火葬则复归原质为速，水葬次之，土葬又次之。然皆付之于格致家。俾考求一至精之葬法，不使其气薰蒸而成毒，以害生人，斯为至当之论矣。

祭

实理（引说一条）
阴阳相隔。
公法
凡欲祭则以心祭，不用祭物，亦不用仪文，不限时，亦不限地。其前代有功之人，许后人择可立像之地，则立其像以寄遐思，有过之人亦可立其像以昭炯鉴。且器物皆可铭其像焉。若有所爱之亡故，亦许私铭其像于器物，以寄余爱。惟其人本无功，则不许僭用立像于地上之礼。其上帝及百神本无像之可立，皆不许立。

按：此法论祭数语，是以不立法为立法，正几何公理所出之法也。其论立像以下，则是人立之法，然亦最有益于人道。

比例：凡祭则用祭物及仪文，亦限时限地。

按：此只是愚。明知阴阳相隔，此祭物、仪文本不能通于彼，乃仍用之，盖因智学未开之故。

论人公法（论死节附　论为道受苦附）

实理（引说三条）

论议古人之功过者,所以存公议于天下者也。

公议亦日精一日。

公议者,补刑罚之不足者也。

公法（此门不立目）

凡论人者有二:一曰功;一曰过。功分为二途:一曰辟新知之功;一曰行善之功。过亦分为二途:一曰恶言之过;一曰行恶之过。每于一人之身,当事事分论其功过。功过二者当互见之。若其人无功亦无过,则概视为平常人而不论。论古人与今人,其例皆同。凡论功过之法,无二事合论者,惟论毕则有总数。

凡论古今人辟新知之功及恶言之过,先当考明其时,次当区别其地。然以公法及比例之等次为尺以论之,又分为义理、制度两项论之。假如某地某人有某书及言论若干条留存至今,而其人年代最古,其人之前,已无可考,则其所言之义理、制度,除言太浑涵及不可得其解者,此外于其义理一项,则以今日所发明之实理为准而算之,视彼之言,已能发明若干,即计定为若干功焉。其制度一项,则从现在比例最末之制度起算,视起言应进若干度,在彼例之若干,即定为若干功焉。其有偏谬,亦不计其过,盖上无所承故也。若其人上有所承,则以其所承者起算,进则计功,退则计过。

凡论古今人行善及行恶之过,以公法及比例之等次为尺,亦与上段所言同。惟此则计其人之事业,上段则计其人之言论。计其言论者,则能辟新知及或有恶言者方计之,若但取前人之言以为己言,则在不计之列。此则不然,能取前人之言以行之,功过在民,则计之也。

实理公法全书,倘有能辟出公法,而降原书之公法为比例者,固当计其功,此即从原有之公法起算,视其法能胜旧法若干即计功若干,此为正功,与古人之辟新知者同计。若夫增入比例者,则是其意本能知有公法,特欲比例多,而公法之精美愈显,非所以乱公法,亦非使人行其言而不行公法也。此则当从比例之下,一条作为其所承者起算,以计其辟新知之功,但此等功当别号为小功。此法亦古今通用,盖古人亦有以后人笺注前人之书者,则亦间有比例之法,固可别为小功之名以计之也。又后人能增减修饰前人之言论,使其盖至精美者,亦当以小功计之。

恶言之过,若察明其果因识力不及,或后人而实未见前人之议论,或上无所承,惟同时各执一说,未能有所折衷,因不能相服者,则可以原情而不计其过。此项当别立为原情法,然亦须本人非藉其说以行私,后世亦未尝受其言之害者方可。

凡世人既无著书复无行事,即有亦漫无功过者,则公法谓之平常人。盖为善而不及有功,为恶而不至有过,则但为天地间一人而已。自经公法论定之人,而世人有于公法而外,以私意竞相标榜,妄肆讥评者,公法必科此等人以过,以其非辨明公法于众中也。

论　死　节

实理（引说一条）

死节乃极爱斯民而人反害我,我仍守信而不变者。

公法（此门亦不立目）

凡论死节之人,当先考明其死节之时,从上相承之义理若何,即以若何之义理绳之,然后考明其死节之迹。倘按之义理而例应如此,是为全节;若按之义理,其例应如此者若干,例不应如此者若干,是为能尽若干之节;若全不应如此者,则慷慨捐生,仍舍其死事而不论焉。全节者复以其职业之所关系之人,定其应计之功若干,其下递减。若全无关系之人，则由全节坐定计功若干，其下递减。若夫开明教术，创立制度之人死节，则先问其人应得功过若干，功多于过者，则作为全节，过浮于功者，则舍其死事而不论。

凡遇患难则变其所守、弃其所奉之道，以从人者，则援其从人相承之义理，复视其所守职业之关系，计其若干过焉。然此人后日复有当论之功过，则以其所从之义理论之。

凡慷慨捐生，从容就义，横被残杀，暗被陷害，事各不同。若论古人，则固以其从人相承之义理绳之；若论今日身奉公法之人，则公法本诸实理，实理乃生命至重，因特立为公例于下：

一、奉万身公法之人，其行事既全不背万身公法诸书所有之义理，竟被他人杀害，果其事防无可防或防不及者，是为全节。

一、公例不以先事预防责人，惟其事已发明，有可以防备，乃竟轻身而不防备者，则未得为全节。

一、公例不许人轻生，凡为道而横被困辱者，仍当以忍辱自任，俾得计其为道受苦之功，必俟他人杀之，乃始就刑，是为全节。若急遽捐生者，仍非全节。

一、为道而暗受他人之害，忽然而死者，与身受传道之任、远适他方为水火杂灾致死者，虽无为道受苦之功，然皆是死节，既非犯不防备之议，便是全节。惟水火杂灾致死一项，若非远适他方者，不在此例。

论为道受苦

为道受苦之人，倘绳以从上相承之义理，合应如此，则计其所受之苦若干，即与以若干之功，皆与论死节之法同。其绳以从人相承之义理，不应如此者，则其所受之苦，概置勿论。

整齐地球书籍目录公论(分子目)

一曰整齐万身公法书籍

万身公法之书籍,凡《实理公法全书》《公法会通》《祸福实理全书》《地球正史》《地球学案》《正史学案》《考证全书》、万国公法、各国律例、各国字典、地球书籍、目录提要全书是也。万国公法、各国律例、各国字典,讲求万身公法之人,但整齐其目录而已。若其余七书,则讲求万身公法之士,俟全书编辑告成后,每五年必增修一次焉。其条例俟他时续渐议定,然今亦先发其二端于下:

一、凡万身公法所有之书,经后人层次增修,则前人之所编辑者,直至一字无存,亦无不可。

二、去取必大众画押,画押者必先加议论,然后画押。

二曰推定圣经

万身公法之书籍,博大浩繁,非孩童所能记诵也。今复集海内之书,俟每五年于修定公法各书之后,则并以众论推定圣经数本,俾便于孩童记诵。少而习之,则精言至论,可以铭其肺腑。且五年重新推定,使世间精言至论,已往者固不失,未来者则日精,固公理也。此类书籍不能并入万身公法者,盖此是以心得之学,教人心得之学,各因其性之所近而自取之,非比公法之学,可人尽相同也。

三曰推定专门之学各种书籍

专门之学,如词章学、乐学、魂学、数学、化学、医学、天文学、地学、格致学以及诸凡艺学之书皆是也。所谓推定者,每五年于推定圣经之后,则于各种专门学之书,每门取其至精者举出表章之,以为天下法式焉。庶习专门之学者，亦不至迷于所往也。

四曰编年分类以存古今书籍

地球所有精通有用之书，以上尽收之矣。然其余古今人之书，考据家尚不能骤废之。且尤恐前人之书，有为后揖注所未尽者，则仍未可轻之也。编年分类以存之，斯可矣。

教学通义①

叙 目

朝无才臣,学无才士,阃无才将,伍无才卒,野无才农,府无才匠,市无才商,则国弱。上无礼,下无学,朝不信道,工不信度,君子犯义,小人犯礼,则国已。康祖诒曰:今天下治之不举,由教学之不修也。今天下学士如林,教官塞廷,教学恶为不修?患其不师古也。今天下礼制、训诂、文词皆尚古,恶为不师古?曰:师古之糟粕,不得其精意也。善言古者,必切于今;善言教者,必通于治。今之民,犹古之民也,不待易世;今之治,犹古之治也,不必胶法。上推唐、虞,中述周、孔,下称朱子,明教学之分,别师儒官学之条,举"六艺"之意,统而贯之,条而理之,反古复始,创法立制,王者取法,必施于世,生民托命,先圣〔中缺〕其谛。祖诒记。

原教第一
备学第二
公学第三
私学第四

---

① 此文为康有为的佚稿,原载1986年11月《中国文化研究集刊》第三辑,由朱维铮先生校点。

国学第五

大学第六

失官第七

亡学第八

六经第九

亡经第十

春秋第十一

立学第十二

从今第十三

尊朱第十四

幼学第十五

德行第十六

读法第十七

六艺(上)第十八

六艺(中)第十九

六艺(下)第二十

〔缺目〕

言语第二十九

师保第三十

谏救第三十一

幼学、官乐、乐、书、数、谏救,共六篇,在另卷,未写过此。

原　　教

教学不知所自始也。人类之生,其性善辨,其性善思,惟其智也。禽兽颛颛冥愚,不辨不思。人之所以异于禽兽者在斯。智人之生,性尤善辨,心尤善思,惟其圣也。民生颛颛顽愚,不辨不思。

君子所以异于小人者在斯。惟其善于辨思，人道之始，其必有别矣。群居五人，则长者异席，此礼义之造端，朝仪庭训之椎轮也。人道之始，其中必有作矣。冬居橧巢，夏居营窟，此城郭、宫室之发轫也。燔黍捭豚，蒉桴土鼓，此饮食、祭祀、声乐之权舆也。剡木为舟，剜木为楫，此飞轮、大舰之高曾也。思之愈精，辨之愈精。老者传之幼者，能者告其不能者，此教之始也。幼者学于长者，不能者学于能者，此学之始也。

凡物，粗者先乎？精者先乎？曰：粗者先。得其粗，然后可以讲其精也。事物先乎？礼义先乎？曰：事物先。有事物，而后有礼义也。《序传》曰："有天地而后有万物，有万物然后有男女，有男女然后有夫妇，有夫妇然后有父子，有父子然后有君臣，有君臣然后有上下，有上下然后礼义有所措。"《新语》称："羲画乾坤以定人道，民始开悟，知有父子之亲，君臣之义，夫妇之道，长幼之序，于是百官立，王道乃生。"然《系辞》称"凡百制作始于黄帝"。礼教伦理，必在事物制作之后，虽或造于庖牺，必至黄帝而后成也。

礼教伦理立，事物制作备，二者人道所由立也。礼教伦理，德行也；事物制作，道艺也。后圣所谓教，教此也；所谓学，学此也。

佃渔嫁娶始于羲，耕农医市始于神农。至于黄帝，制作宫室、舟车、衣服、文学、历数、伎乐、什器、礼治、兵甲，顺天地之纪，幽明之占，生死之说，存亡之难，别男女，异雌雄，明上下，等贵贱，伦理艺业必起于是。颛顼修之，教学益明，虽无可考，然伦义日昌，艺学益光。传及尧、舜，道绪皇皇，上下百年，万制昌洋，盖教学之至盛也。（黄帝至尧、舜仅百年，制作为人道之极美。余别有说，详《民功篇》。）舜命契为司徒，敬敷五教，使民父子有亲，君臣有义，夫妇有别，长幼有序，朋友有信，是为崇行之教。孟子曰："学则三代共之，皆所以明人伦也。"又曰："谨庠序之教，申之以孝弟之义。"由此出也。命夔典乐，教胄子直而温,宽而栗,刚而无虐,简而无傲。诗言志,歌咏言,八音克谐,无相夺伦,神人以和,所谓乐德乐语,是为德义之教。周《大司乐》《文王世子》《王制》皆以乐教士,由此出也。盖司徒教民,故以兴行为先;典乐教胄,又以德艺为重。然礼掌于伯夷,又无射、御、书、数,则教胄实在崇德也。当时稷教稼穑,夷典三礼,垂作工,益作虞。夫曰教稼典礼,必有教学,推之工、虞,当亦复然,则非徒司徒、典乐之教可知也。但司徒、典乐之教为公教,凡民与国子皆尽学之。稷、礼、工、虞为私学,或世其业,或学其官,而后传之也。立教设学,自此始也。

今推虞制,别而分之,有教、有学、有官。教,言德行遍大卜之民者也;学,兼道执登于士者也;官,以任职专于吏者也。下于民者浅,上于士者深;散于民者公,专于吏者私。先王施之有次第,用之有精粗,而皆以为治,则四代同之。微为分之,曰教学;总而名之,曰教。后世不知其分孽之精,于是合教于学,教士而不及民;合官学于士学,教士而不及吏;于是三者合而为一,而所谓教士者,又以章句词章当之,于是一者亦亡,而古者教学之法扫地尽矣。二千年来无人别而白之,治之不兴在此。今据虞制别教学,钊擘条理,推求其环,知所鉴观,以反其本,则教学有兴。

备　　学

周公兼三王而施事,监二代以为文,凡四代之学皆并设之,三百六十之官皆兼张之,天人之道咸备。其守官举职皆有专学,以范人工,理物曲,各专其业,传其事。若太卜掌易,太师掌诗,外史掌书,宗伯掌礼,其余农工之事皆然。官司之所守,即师资之所在。秦人以吏为师,犹是古法。盖黄帝相传之制,至周公而极其美备,制度典章集大成而范天下,人士循之,道法俱举。盖经纬人天,绝无遗憾,而无事于师儒学校之矜矜言道也。

然察其为政,虽六官皆学,而有公学、私学之分。公学者,天下凡人所共学者也;私学者,官司一人一家所传守者也。公学者,幼壮之学;私学者,长老之学。公学者,身心之虚学;私学者,世事之实学。公私必相兼,私与私不相通。

公 学(上)

公学凡四:一曰幼学,《尔雅》以释训诂,《少仪》以习礼节也;二曰德行学,六德则智、仁、圣、义、中、和,六行则孝、友、睦、姻、任、恤也;三曰艺学,礼、乐、射、御、书、数也;四曰国法,本朝之政令、教治、戒禁也。四者天下之公学,自庶民至于世子莫不学之。庶民则不徒为士,凡农、工、商、贾必尽学之,所谓公学也。

人学之叙,莫如《内则》,而幼学尤详。"子能食食,教以右手;能言,男唯女俞。""六年,教之数与方名。""八年,出入门户及即席饮食,必后长者,始教之让。"盖虽小节,自八岁亦以人道教之矣。"九年,教之数日。十年,出就外傅,居宿于外,学书计。""朝夕学幼仪,请肄简谅。"郑氏《注》:"请习简谓,所书篇数也;请习信谓,应对之言也。""十有三年,学乐,诵诗,舞勺;成童,舞象,学射、御。二十而冠,始学礼","惇行孝弟,博学不教。""三十而有室,始理男事;博学无方,孙友视志。"郑《注》:"男事,受田、给政役也。""至此学无常,在志所好也。"言受田、给役,又言始仕、服官,则此学制通士民而言也。方名、数目,《尔雅》之学也,自六岁至九岁习之。右食唯言让于长者,幼仪之教也。十岁出就外傅习书计,已学六书、九数之学,为"六艺"之浅者,以人生之日用也。学幼仪,凡《曲礼》《内则》《弟子职》之仪皆学之。又习简篇,肄应对,皆少仪也。十三学乐,诵诗,成童,舞象,学射、御。据《曲礼》,人生十年曰幼学,二十曰弱冠,则自冠岁以前咸谓之幼学。自《尔雅》《少仪》至于"六艺",莫不兼习,惟《礼》乃及二十后始学之。诵《诗》亦乐学也。古人之所以养其幼志,成其才行,其先后既得其叙,功候又尽其宜,其愚鲁者既无强进之患,其聪敏者可为仕学之基。至于二十未仕男事,小民未给田受役,世禄未被选当官,惇行孝弟,责其修行,博学不出,责其成学;博学者,即于"六艺"之中求其精博也。至三十任事,博学无方,视其所好;所谓博学,乃世事之学:士人则分任六官,民家则各择九职,始为私学也。"六艺"为公,故为有方之学。百职为私,故为无方之学。有方之学为人所宜知,凡人皆重而习之。无方之学不责人以共能,故各视其志。古人言公私之学,莫彰明于此矣。

《大戴·保傅》篇:"古者,年八岁而出就外舍,学小艺焉,履小节焉。束发而就大学,学大艺焉,履大节焉。居则习礼文,行则鸣佩玉,升车则闻鸾和之声,是以非僻之心无自入也。"就舍之年较早于《内则》二岁,盖《保傅》为卿太子而言,《内则》为士民之子而言也。小艺者,即数目、书计也。小节者,学幼仪、肄简谅也。束发即成童也。束发而入大学,指天子及公卿、大夫、元士之嫡子。若士人之子及凡民之俊秀,必待年长,行艺既成,预宾兴之典,始得入于大学。然所谓学大艺者,亦不过学乐,诵《诗》,舞《勺》《象》,学射御,学礼容,舞《大夏》也。所谓履大节者,亦不外惇行孝弟,加以尊贤良、事师长。此古者小学之法,由小学驯为大学之叙也。

公　　学(中)

《学记》称:"古之教者,家有塾,党有庠,术有序,国有学。"《左氏传》称:"郑人游于乡校。"此古之乡校也。学何教? 大司徒"以乡三物教万民,而宾兴之。一曰六德:知、仁、圣、义、中、和;二曰六行:孝、友、睦、姻、任、恤;三曰六艺:礼、乐、射、御、书、数"。乡大夫"受教法于司徒,退而颁之于其乡吏,使各以教其所治,以考其德行,察其道艺";"退而以乡射之礼五物询众庶:一曰和,二曰容,三曰主皮,四曰和容,五曰兴舞"。州长掌其州之教法,"考其德行、道艺而教之","春秋以礼会民,而射于州序"。党正掌其党之教,"国索鬼神而祭祀,则以礼属民,而饮酒于序,以正齿位";"凡其党之祭祀、丧纪、昏冠、饮酒,教其礼事"。又有司谏,"掌纠万民之德而劝之,朋友正其行而强之,道艺巡问而观察之,以时书其德行道艺"。乡师,"正岁,稽其乡器,此共吉凶二服,闾共祭器,族共丧器,党共射器,州共宾器,乡共吉凶礼乐之器","考教,察辞,稽器,展事,以诏诛赏"。大司徒"以五礼防万民之伪,而教之中;以六乐防万民之情,而教之和"。此周之教法也。

乡大夫,三年大比,"考其德行道艺,而兴其贤者能者"于王。《王制》所谓"升于司徒,曰选士"。不征于乡者,必升于司徒,而后谓之士。未升则犹征于乡,师田行役无所不从,犹为民也。司谏书其德行道艺,辨其可任国事者。国事即颁万民之职事,所谓农、圃、薮、牧、商、贾之类。未任职事,犹未为农、工、商、贾也。虽未为选士,亦未为农、工、商、贾,故泛言亦得以士称,犹唐之举进士,人即不中第,犹称进士也。未为选士,未为农、工、商、贾,则万民皆然也。

古之民,内则崇德厉行,外则修其道艺,以不失职。夫五礼、六乐、六书、九数之学,后世巨儒耆学未能识其器,未能习其数,而周之民盖莫不兼通之,但精能有异,不尽获宾兴。譬令诸生能文者多,亦不尽得举也,然其宏纲细目,目睹其事,手展其器,躬习其容,虽极憨愚,莫不习解矣。

譬如礼也不过祭祀,丧纪、昏冠、饮酒、师田、行役之事,乐也不过钟磬、管鼓、琴瑟、笙簧之器,射也不过和容、主皮、兴舞之体,乡大夫、州长、党正岁时饮酒所行,党正所教,乡师所稽,日月见之,日见习之,教则不肃而成,学则不劳而能矣。

至于御事,《论语》著樊迟御,冉有仆,及《左氏传》所称,不胜枚举。盖人所共能者,故孔子称"吾执御",亦以易能而共习言之也。

至于书数,则识字持筹,尤应尽人共解。今人欲习工商,必当先识书算。若不解作字,不解持筹,便为弃物。虽欲以世事教能,无所用之,此必然之理。故书数为天下古今通行之公学,未有能外之者。但六书之转注假借,今大儒不明其义;九数之夕桀重差,今专门不识其名;浅深精粗,古今稍异耳。

然益可证"六艺"为古凡民之通学,非待为士而后能。若以为士,则古者农、工、商、贾无不从士出身,故其民释耒耜则习礼乐之容,振削牍则通论说之用,与朝廷之士殆无以异。《诗》称兔罝之野人,可作公侯之腹心。所谓野人,即闳夭、散宜生也。昔尝疑舜、伊尹、傅说、胶鬲、郤缺、夷吾之伦,躬耕胥靡,鱼盐市贾,离蔬释屩,忽而登朝,岂能习礼容、通掌故?若由此推之,则豪俊之士伏处田间,与六代之礼乐日相接,奚足异哉!奚足异哉!

公　　学（下）

典分于六官,而备副于冢宰、司会、司书、太史、内史。其记注既详矣,虑其不及民,而施之有阂隔也,而六官复以正月之吉,布法于邦国都鄙,悬法于象魏,使万民观象,迟之旬日而后敛之。其时道路四达,车辇易通,邦国都鄙既各有悬法、读法之典,而腊蜡之余,正月之吉,乡遂之民,咸奔走辇毂以观国光,岁岁如是,莫不通晓宪章矣。犹患民不尽知,特立布宪之官以宣道之,而小司徒正岁修法观象,"徇以木铎";乡师则四时"以木铎徇于市朝";乡大夫受法于司徒，颁之于其乡吏，"各宪之于其所治"，州长于正月及岁时祭祀州社，"则属其民而读法"，"考其德行道艺而劝之"，"行其过恶而戒之"；党正于四孟月及春秋祭禜，"属民而读邦法以行戒之"；族师则月吉及春秋祭酺。"属民而读邦法"；闾胥则春秋祭祀、役政、丧纪，"聚众庶，既比则读法"。统计读法百数十次，繁复谆复，惟恐民之不详知。当时之民于本朝政典盖耳熟能详，而民之聪敏有学者，自能考求本朝掌故；耳目易接，濡染易深，几于无人不通矣。

盖一王之兴，莫不有新制，以易民观听。若仅存于官书，藏于天府，若后世数千卷之会典、则例，郡县或竟无其书，士人或未睹其目，则上下扞格，施政为难。故周人所教学，率皆本朝掌故，欲民之易知易从，而后敷政优优也。

《易》作于文王、周公。《诗》则纯周诗，《商颂》为宋襄公诗，亦周诗也。《礼》则本朝所定。《乐》虽兼用六代，亦由周制所许。惟二帝三王之书，掌于外史，然亦惟上庠所习，民间虽身通"六艺"，未入太学，不得见焉。故孔子欲说夏、殷之礼，而杞，宋不足为征，仅得《坤》《乾》《小正》。故师儒之学能说本朝之教典，官吏之学能行王朝之政典，士夫之学以周为从，庶民之学以吏为师，民无异心，官无异学，此其所以治也。

故学者不辨士民，不可不通本朝掌故矣。不通本朝掌故，不齿于士，或犯宪典，且不足为民矣。故夫宪典之重而入民也，自卿、大夫、士至民莫不学之，故与德行、道艺为凡人之通学也。

私　　学

人之少也，既有幼学，习《尔雅》，肄《少仪》矣。及其稍长，教以六艺，崇德厉行。至二十之年，博学不出，然犹未任男事也。至壮而有室，其不预宾兴者，则为民，受田给役，受司徒所颁十二之职事。或为农圃,或为虞衡薮牧,或为商贾百工,或学他艺及世事,若医巫祝卜之属,或习服事,如府史胥徒之伦。其下者为闲民,盖弃材矣。数者各择一业,视志所好,博学而致其精,无有方所焉。如为农圃,则博极农圃之学;为百工,则博极百工之学。若厌其业,则又舍去。《荀子》曰:"天下之为矢多矣,而羿独称焉者。羿之为弓,一也,未有两而能精者也。"此为私学致精言之。然羿亦自兼通六艺来也。其士大夫之庶子及贤能宾兴于王者,及虽不预宾兴而以曲艺进等者,司马论辨其材,司士以能诏事,必视其志之所好、学之所博而诏之,如六艺之有专门精业者。

譬如礼官则讲礼学。如子游之习于礼,公西赤之学宗庙会同,徐生之善为颂,使为礼官,自宗伯之属,肆师、典祀、司尊彝、司几筵、天府、郁人、鬯人诸官,皆选授之;掌仪之司士、射人、司禄、朝士,皆由此用焉。冢人、墓大夫、职丧、夏采及宗人、神仕之类,皆同是选。盖为伯夷典礼之专官,以官为师,上而为官,下而为府、史、胥、徒者业焉,终身迁转不改。

乐官则有乐学。如师旷、师乙、师襄之审音,制氏之通,其铿锵鼓舞,使为乐官,自司乐以下,乐师、大胥、小胥、大师、小师、瞽矇、眡瞭、典同、磬师、钟师、笙师、镈师、韎师、旄人、籥师、籥章、鞮鞻氏、典庸器、司干选授焉;鼓人、舞师,由此其选。盖为后夔典乐之专官,以官为师,上而为官,下而府、史、胥、徒业焉,终身迁转不改。

射为兵事,则讲兵学。若养由基、颜高之善射者,使为兵官,自司马而下,军司马、舆司马、行司马、司勋、环人、挈壶氏、司右、司甲、司兵、司戈盾、司弓矢、缮人、槁人,由此其选。以官为师,上而官,下而府史胥徒学焉,终身迁转不改。

为御官,则讲御学。自大驭、戎仆、齐仆、道仆、田仆、驭夫、太仆、小臣、齐右、戎右、道右,选焉。以官为师,上而官,下而府史胥役学焉。虎贲、旅贲、祭仆、御仆、隶仆、条狼、衔枚,通其业,终身迁转不改。祭仆、隶仆与职丧、守祧,通其业。

余若小史掌达书名于四方,则精于书学者选之。而太史、内史、外史、御史皆以官为师。汉制,童子讽书九千字以上得补令史,故为史之专学焉。数学以测天、制器为极至。测天则冯相、保章,测地则量人、匠人选焉。制器则攻木、攻金、攻皮、设色、刮摩、抟埴百工选焉。各有其学,以官为师,终身迁转不改。

其不以六艺专精,而别精他艺者,若农则有司稼、草人、稻人掌及农学,囿人、场人掌园圃学,以官为师,终身迁转不改,山虞、泽虞、川衡、林衡、山师、川师、邍师、柞氏、薙氏掌山泽材之学,以官为师,终身迁转不改。牛人、牧人、充人、兽人、獻人、鳖人、迹人、犬人、羊人、小子、马质、服不、射鸟、罗氏、掌畜、冥氏、穴氏、蜼氏,掌养繁鸟兽之学,以官为师,终身迁转不改。蛮隶"掌役校人养马",闽隶"掌役畜鸟",夷隶"掌役仆人养牛马与鸟言",貊隶"掌役服不氏而养兽""与兽言",同其选也,皆有专学。校人、趣马、巫马、牧师、庾人、圉人、圉师通其业。

自司市而下,则为阜通货贿之学,以官为师,终身迁转不改。

自考工诸官以外,掌皮、典丝、典枲、缝人、染人、追师、屦人、角人、羽人、掌葛、掌染草、掌炭、掌荼、掌蜃,则为化材之学,以官为师,终身迁转不改。

有卝学,卝人掌之。有医学,医师、食医、疾医、疡医、兽医业之;有养学,膳夫、庖人、内饔、外饔、亨人、腊人、酒人、浆人、凌人、笾人、醢人、醯人、盐人业之。皆以官为师,终身迁转不改。

至卜官,则卜师、龟人、菙人、占人、筮人、占梦、视祲之属,厥为卜学;祝官,则太祝、丧祝、甸祝、诅祝,厥为祝学;巫官,则司巫、男巫、女巫、方相、庶氏、翦蔟氏、蝈氏、壶涿氏、庭氏、赤犮氏,厥为巫学;皆以官为师,终身迁转不改。

地舆之官,则职方、土方、怀方、合方、训方、形方、掌节、掌固、掌疆、封人、司险、司门、司关,则为地舆方物之学,以官为师,终身迁转不改。

民官自朝大夫、都则、都士、家士,乡遂之官外,则有载师、县师、闾师、土均、均人、稍人、委人、仓人、廪人、调人、媒氏、司民、司约、司盟、伊耆氏、蜡氏、萍氏、司寤氏、修闾氏,则有亲民之学。野庐氏、雍氏、遗人,掌道路沟渎者,同其选。以官为师,终身迁转不改。

教化之官,则为教学。自乡官外,师氏、保氏、司乐诸子,司谏、司救,以官为师,终身迁转不改。

刑法之官,则为名学。自司冠、士师、乡士、遂士、县士、方士、讶士、司刑、司刺、司厉、司圜、司囚、掌戮、布宪、禁杀戮、禁暴,以官为师,终身迁转不改。

行人之官,则为使学。自大行人、掌客、司仪,行夫、环人、掌交、象胥,选焉。象胥主同文翻译者。以官为师,终身迁转不改。土训、诵训、合方、训方、匡人、撢人,掌察四方,联其业焉。

会计之官,则为计学。大府、内府、外府、职内、职岁、职币、职金、掌货贿,选焉;以官为师,终身迁转不改。

其卿大夫、元士之嫡子,皆幼年既习德行道艺,皆有专学矣。其宰夫、内宰、宫正、宫伯以下,舍人、中车、典路、车仆、司常、弁师、节服、同裘、掌次、掌舍、宫人、内司服、幕人、幂人,皆使诸子为之,以为亲卫,既世其官,世其业,皆有专学矣。既各有专官,各有专学,则各致其精,各不相知,如耳、目、鼻、口各不相通,而皆有专长,其他不能不以为愧,不知,不以为耻。材智并骛,皆足以致君国之用。

善哉！刘向之论诸子，以为皆出于先王之官。信其能知先王之道也。惜其考求六艺而不知原本先王之官，如《易》出于太卜，《书》《春秋》出于外史，《诗》出于太师，《论语》《孝经》出于师氏，非学官所宜并立者。盖犹惑于汉儒传经之习，而不知先王六艺之本，公学私学之分也。

国　　学

至于国学，自天子、世子、公卿、大夫、元士之嫡子，与凡民之俊秀皆教之。其学虽有米廪、上庠、东序、成均、瞽宗、太学之异，其地虽有公宫、国内、四郊之殊（余别有《四学考》），然师氏"以三德教国子：一曰至德以为道本，二曰敏德以为行本，三曰孝德以知逆恶。教三行：一曰孝行以亲父母，二曰友行以尊贤良，三曰顺行以事师长"。保氏"养国子以通，乃教之六艺：一曰五礼，二曰六乐，三曰五射，四曰五驭，五曰六书，六曰九数，乃教之六仪：一曰祭祀之容，二曰宾客之容，三曰朝庭之容，四曰丧纪之容，五曰军旅之容，六曰车马之容"。亦犹教万民之德行道艺耳。但以国子为将来卿士之储，故语德较精。

至言行，舍睦、姻、任、恤而言尊贤良、事师长者，以世禄侈贵，任恤非其所难，但长傲饰骄，不能尊事贤德，故其行与凡庶稍异。而当官任政，礼仪为繁，故但增"六仪"之教。自馀无异齐民。以德行者，凡人所不可缺。

至于六艺，不知礼则无以立，不知乐则无以言，不知射御则不能酬酢；不通书数则无以应世事，皆人道所必然，不辨其为吏为民。

有德行道艺，然后列于人。若无德行，则入于圜土；无道艺，则愧于氓萌。废弃惰游，圣世不齿。德行道艺，所谓不可须臾离者。故圣人悬之以为通学也。

国子虽德行道艺并重，而国之学政、成均之法，则隶大司乐掌焉。大司乐之选则以有道有德者教焉。有道即保氏之学九两所谓"儒以道得民"；有德即师氏之学，所谓"师以贤得名"；皆可以为大司乐也（观此知道学、儒林分途而并重，后世无朱、陆之争矣）。其于六艺，专以乐为业。

盖自虞时，教胄已属后夔。所以教者，直而温，宽而栗，刚而无虐，简而无傲，大旨以涵养德性、变化气质为教。又教以诗言志，歌咏言，声依永，律和声，则出辞吐气，远托鄙倍，引歌协律，欲得中和，又于涵养德性之中，寓以言语辞章之学。夏、殷无文，然东序、瞽宗遗制略在，踵事增华，自益精密。周得所因。故师氏教德行，保氏教道艺之外，专以乐教国子，以乐德"中、和、祗、庸、孝、友"；"以乐语教国子，兴、道、讽、诵、言、语；以乐舞教国子，舞《云门》《大卷》《大咸》《大磬》《大夏》《大濩》《大武》"。乐德中、和，即夔之直、宽、刚、简之义；乐语讽、诵、言、语，即夔之"诗言志"也。歌咏言，舞六代之乐，即"声依永，律和声"，八音克谐也。

乐学有本有文，不外此三者：乐德、乐语，本也；乐舞，文也。

乐舞，其统名，分之亦为四：有乐舞，有乐声，有乐仪，有乐器。太师教六诗，风、赋、比、兴、雅、颂，而必以六德为之本。瞽矇掌讽诵诗，役于太师，而亦掌九德六诗之歌，以言语、德行相弄也。

若乐舞之学，有帗舞、羽舞、皇舞、旄舞、干舞、人舞、乐师掌其教。春，"舍采合舞"：正舞位，序出入，大胥掌之；巡舞列，而挞其怠慢者，小胥掌之；舞羽吹籥，籥师教之；授受舞器，司干掌之。《文王世子》谓："小乐正学干，大胥赞之。籥师学戈，籥师丞赞之。""大乐正学舞干戚。"其时则秋冬；其地则东序；其叙则十三舞《勺》、成童舞《象》、二十舞《大夏》，其贵也。视学、养老、冕而总干、舞大武。此舞学也。

乐声之学，则六律六同合之以阴阳、五声、八音。播之以诗歌，则太师掌之。掌教鼓、鼗、柷、敔、埙、箫、管、弦、歌，则有小师、瞽矇；瞽蒙掌教讽诵诗，鼓琴瑟焉。掌播鼗，击颂磬、笙磬，则眡瞭。掌六律六同之和，则有典同。掌缦乐、燕乐、击磬，则有磬师。掌金奏、鼛鼓、缦乐、燕乐，则有钟师。掌教祴乐、歙竽、笙、埙、籥、箫、篪、笛、管、春牍、应、雅，则有笙师。掌恺乐、金奏之鼓，则有镈师。其诵弦则以春夏，其颁学合声则以秋，其入乐则下管登歌。此声学也。

乐师教乐仪，行以《肆夏》，趋以《采荠》，环拜以钟鼓为节。古之君子必佩玉，右徵角，左宫羽，周旋中规，折旋中矩，进则揖之，退则扬之，然后玉锵鸣也。故君子在车则闻鸾和之声，行则鸣佩玉，是以非僻之心无自入也。君在不佩玉，左结佩，右设佩，居则设佩，朝则结佩，齐则綪结佩，此乐仪也，司乐之教国子如此。

考自夒至周，教胄皆以诗、乐。《周礼》容有刘歆窜润，《大司乐》章则魏文侯乐人窦公之所献，其为周典无疑。至于书、礼，惟《王制》则云："乐正崇四术，立四教，顺先王诗、书、礼、乐以造士。春秋教以礼、乐，冬夏教以诗、书。"《文王世子》："春诵夏弦，大师诏之；瞽宗秋学礼，执礼者诏之；冬读书，典书者诏之。礼在瞽宗，书在上庠。"考司乐所属，自乐师、大胥、小胥、大师、小师、瞽矇、眡瞭、典同、磬师、钟师、笙师、镈师、韎师、旄人、籥章、鞮鞻氏、典庸器、司干，无执礼典书之官。但祭祀、朝会、燕飨、宾射、军旅、丧纪诸礼，皆与乐通官，岂别习其仪于瞽宗欤？乐官惟瞽蒙掌《世》《奠》《系》，与小史同，岂所谓典书之官欤？按：孔冲远《疏》云："《虞书》有典有谟，故就其学中而教之，则周之小学也。"又师氏："掌国中失之事，以教国子弟。""故书'中'为'得'，杜子春云当为得。记君得失，若《春秋》是也。"《春秋》盖书之属，疑师氏为典书之官。保氏既教国子以五礼,复专教六仪,疑保氏为典礼之官。

《王制》:"小学在公宫南之左,太学在郊。"师氏、保氏居虎门之左,与《王制》正同,其为小学无疑,犹今上书房咸安宫官学在禁城中。而不察义理妄为考据者,据《王制》《祭义》谓周之小学在郊,大学在王宫之东。岂有王公之嫡,髫卯趋学不于宫之左右,乃远为郊人? 而令乡遂之士,反近处王宫之侧? 乖舛甚矣。礼家妄言则可,施之实事决不可行也。《文王世子》记文错杂,太学、小学既不别白明析;《王制》为后儒采定之礼,不尽合周制,未足据也。

综而论之,教国子有大学、小学之分。师氏居虎门左,保氏居王闱,小学也。师氏掌德行之外,更为典书,保氏于"六艺"之中,尤重执礼,此小学也。大司乐专领乐事,讽诗习舞,以教国子,此大学也。《学记》:"古之王者建国,君民教学为先。"郑《注》谓:"内则设师保以教,使国子学焉。外则有大学,庠序之官是也。"诗为乐章,乐章合于乐声,然后谓之乐。孔子曰:"吾自卫反鲁,然后乐正,《雅》《颂》各得其所。"故夔典乐而云"诗言志"。大司乐掌乐,而以太师掌诗。盖言乐则已统诗,诗在乐中,不得离乐,析而为二术二教也。凡有通者,有德者,使教焉。死则以为乐祖,祭于瞽宗。学政专以乐为教,不以他艺,故官称典乐、司乐、乐师、乐正,死则祀为乐祖。乐律掌于瞽师。太师、瞽矇,皆瞽者,以音律至细,非瞽者不能精学。既尊乐,故以瞽宗为名。既弦诵于其地,固而祀乐祖。《文王世子》所谓"释奠于其先师"。郑《注》谓:"若汉,《礼》有高堂生,《乐》有制氏,《诗》有毛公,《书》有伏生。"盖用《王制》后儒之说,以四术、四教并称。不知古学惟祀乐祖,《诗》亦乐学,不得别有先师;《礼》则秩宗、宗伯、太史所掌,《书》则外史所掌,并制于先王,典章完备,安待高堂、伏生之传也? 此误以后世尊经拥先王完美之学,其无当固矣。

惟孔子曰："小子何莫学夫《诗》!"又诲伯鱼以学《诗》,与学《礼》并举。谓伯鱼曰："女为《周南》《召南》矣乎?"又曰："兴于《诗》,立于《礼》,成于《乐》。"于是析《诗》与《乐》为二术,而与《礼》并举也。弟子记其雅言,诗、书、执礼,自是诗、书、礼、乐遂为四术、四教。盖《王制》之义,合于《鲁论》者甚多,意其出于孔子所定也。孔子之教,多言《诗》《书》,未尝及射、御、书、数。学乐则多,语弟子以乐者亦寡。盖乐为国学,自乡党不能共器。孔子苟非适周,访乐于苌宏,闻《韶》于齐,语乐于太师挚,几无以通之。鲁备六代之乐,季札来观而叹观止。然乐器繁重,既乡党无器,孔子以饮水食蔬曲肱之寒士,东西南北道长之游人,其不能备钟、磬、笙、籥之师,六代之舞,固也。惟《诗》三百篇得自周太师,讽诵在口,不假乐器,而兴观群怨义理,亦足悦心,故单举以告弟子。而以读《书》学《礼》共称,盖匹夫倡学,不得已之所为,固不能比虞廷周官之美善也。然闻《韶》曰:"不图为乐之至于斯!"告子路成人,终曰"文之以礼乐";又曰"成于乐";亦以乐为成德之极,与师保之教德行道艺,必入大学学乐,然后谓之大成,义相协也。然礼、乐、射、御、书、数,皆有名物度数之实,易废难起。而《诗》、《书》独以空文易传于后世。嗣是汉文言"六艺"以《诗》《书》《礼》《乐》与《易》《春秋》,与周时以礼、乐、射、御、书、数为"六艺",名舛甚矣。

汉立博士,分经为官,六朝因之。后世教者亦分经、史、掌故、书、数,胡安定亦分经义治事,今助教亦分数堂。而大司乐所设大师、小师、大胥、小胥、磬师、钟师、笙师、薙师、镈师、籥师各官司一乐器;《论语》所称击磬襄,播鼗武,皆一官主一器;与分经之制相远,何哉?

原先王之教学,所以舍弃六行、六艺、百职与一切名物、度数、方技,而专崇乐者,所以养德也。德成为上,行成次之,名物、度数为下。变化气质,涵养性情,德也。夫自司徒、谏、救,董教于乡遂,师氏、保氏,总学于王宫,自王公卿士之子及俊秀之士,既无不笃伦饬行,身通六艺矣。若百职之学,各有专官,咸世其业,书存于府,吏为其师,国子即百司之官吏也,既各守父师之业,自能讲求,而后入于大学,则大学无事重教之也。且大学之乐师于百官之业不能相通,百司之书不能遍习,亦无以教之也。譬稷子之习于农,伯夷子之习于礼,益子之习于虞,垂子之习于工,皆公卿之子充补胄子者。若以其专家世守,岂夔所能教哉?此司乐之所以舍六艺、百职,而惟乐是教也。

迹宽直刚简之教,中和祇庸之德,其教胄专以养德为事,何也?凡教于典乐者,皆修于行,通于艺,莫敏特达之人,将备公卿庶官之选,为国政民命之所托者也。凡天下贵人才士,皆有趯踔过人之质,多豪宕、偏激、矜岸之气者也。且人之所以为人,血气成之,刚柔宽猛,静躁缓急,毗阴毗阳,各有所偏,虽性行高美之贤,未有能免之者也。孟子曰:"伯夷隘,柳下惠不恭。"孔子曰:"由也退,求也兼人。"又曰:"参也鲁,师也辟,由也喭。"以此诸贤未能中和也。张南轩谓:"元晦气质英迈刚明,未免偏隘。"若朱子劾唐仲友,辨陆子静,攻林黄中,所谓偏隘也。谢上蔡二十年绝欲,陆子静直明本心,而朱子谓:"其气质用事,尚须磨砺去圭角,浸润著光精。"又谓:"看来人全是气质。"以此知气质之害事,为贤者所难也。周子曰:"圣人可学乎?曰:一。一者何?曰无欲。"周子以为无欲即圣,不知尚隔气质一层也。无欲高行之人,自信过甚,自待过尊,其自用其气质较甚于常人。若夫才士之未尝学道者,其气质之偏激益甚矣。昌黎登华山而长号,待县令悬绳而后下。皇甫持正,忿苍蝇则拔剑以逐之;食鸡卵坠地,取之不得,以屐踏之;其子作字误,口啮其肩。王戎明达,而买李钻核。王珉识量宽通,而米、盐、酱、醋悉挂屏风,手自赋与。和峤忠烈,而有钱癖。王阳清介,而服饰鲜明。库狄于食粝衣粗,而身死之日,库有草履二万。卢杞奸贪,而食豆粥。沈文迪有疾,辄决囚数十,则疾愈。若此者,古今殆不可更仆数。夫以国政民命所托之重如彼,矫激傲慢之偏如此,此先圣之所深患也。思矫其患,防其偏,计无有出于乐也。安之弦缦,作之金石,动之干羽,以和其血气,动其筋骸,固其肌肤,肃其容节。使其血气不和,弦缦见之,容节不和,干羽见之,肌肤不和,金石见之。动心而有谐焉,发言而有律焉,举足而有节焉,浸之濡之,涵之润之,待其涣然释,怡然顺,体与乐和,志与气平,蔼然而中和,琅然而清明,刚柔缓急,悉剂其称,则学之成也。此先王舍弃百学而独教乐之微旨也。

大　　学(上)

大学者,国学之大者也。古者家有塾,党有庠,术有序,国有学。而国家有二:有大学,有小学。其地,则小学在公宫南之左,大学在郊(郑君以为殷制,余别有考)。其教之之人,则小学以师氏、保氏掌之。师氏以三德、三行及国中失之事教国子,居虎门之左。保氏以六艺、六仪教国子,司王闱,即《王制》所谓宫南之左也。大学则大司乐以乐德、乐语教国子。《诗·灵台》:"虡业维枞,贲鼓维镛,於论鼓钟,於乐辟雍;於论鼓钟,於乐辟雍,鼍鼓逢逢,矇瞍奏公。"辟雍在灵台、灵囿之间,则在郊也。所论者鼓钟,所奏者矇瞍,则大司乐之学。王国则曰辟雍,诸侯则曰頖宫也。

所教之人,小学则国之贵游之弟学焉;大学则天子元子,公卿、大夫、元士之適子与乡学之俊秀学焉。小学与大学俱教国子,但小学无俊秀,与大学异,故知师、保但教贵游,乐正兼教俊秀也。

其入学之年,则《尚书大传》云:"王子、公卿、大夫、元士之適子,十五入小学,二十入大学。"(案:郑君《王制注》引《书传》曰:"十五入小学,十八入大学。"当是误文。《书传·略说》:"余子十三入小学,十八入大学。"然无余子反早年入学之理,疑有误。郑君约二说而言之也。)《内则》:"二十而冠,始习礼。"郑君注《王制》云:"能习礼,则为成士。"是入大学必年二十之据。《曲礼》:"人生十年曰幼学。"《内则》以"十岁,出就外傅出宿于外,学书计"。《大戴·保傅篇》:"古者年八岁而出就外舍,学小艺焉,履小节焉;束发而就大学,学大艺焉,履大节焉。居则习礼文,行则鸣珮玉,是以非僻之心无自入也。"《白虎通》云:"古者八岁而入小学,十有五岁而入大学。"与大戴之说略近。(案:《食货志》:"八岁入小学,学六甲、五方、书计之事,始知室家长幼之节。十五大学,学先圣礼乐,而知朝廷君臣之礼。")古人有冠礼,重成人,嘉有德,别长幼,为人道之至重。《诗》:"成人有德,小子有造。"成人即冠者,入大学者也。小子即童子,入小学者也。《论语》:"冠者五六人,童子六七人。"郑君所谓幼者教于小学,长者教于大学。故《内则》十五成童,礼行未冠者,虽十九犹谓之童子,不备成人之礼。其死也。曰上殇。其丧也无缌服,绵缘布衣,不丧不帛。其杀礼如此,安能班之大学之中?《曲礼》:"问大夫之子。长,则曰:能从乐人之事矣。幼,则曰:能正于乐人,未能正于乐人。"所谓"能从乐人之事",正谓二十入大学,能受乐正之教也。幼则曰"能正于乐人",十五成童,舞《勺》、舞《象》也。"未能正于乐人",十岁幼学之时也。

综而论之,《曲礼》《内则》之小学有童、幼之分。十年则为幼学,则学书计,幼仪,所谓洒扫、应对、进退之节,未能正于乐人也。十五则为成童之学,学乐、诵诗、舞《勺》、舞《象》、学射御、能正于乐人也。二十而冠,为成人之学,学礼、舞《夏》、博学不出,能从乐人之事也。《书传》:"十五入小学,二十入大学。"盖为士大夫子弟言之也。若《保傅篇》文说,盖为世子言。《白虎通》亦缘《保傅篇》之说也。盖王公世子其为学与常人殊，其幼时不学洒扫之节，即有师、保教以六艺、六仪、三德、三行矣。其冠亦早于常人，十五而冠，齿于大学，与群士游，以广其见闻，熟其才俊，盖王子固宜早成，不可以寻常论也。太子既与国子习于司乐，诸子又辨其等，正其位，有事则师致于太子，兵甲、祭祀、会同、宾客、政事，群子皆从。是国子虽日在学，而于国之大礼、大政无不预闻，盖古者国子之尊重，与近世翰林吉士同，今翰林又与太子詹同官，皆古义也。以在乡学、小学中学问略成，但当以乐养其身心，以礼习其容节，以政习其见闻，然后举而授之以政，莫不绰裕也。夫修德学道，既非幼学可强，闻政习礼，亦非童子所能。自非王子，其为十五入小学，二十入大学，无可疑也。

程子不细考古义，误从《白虎通》《保傅》之说，以王子之学例施于士人。朱子误从之，其为《大学章句序》，曰："古者八岁而入小学，教之以洒扫、应对、进退之节，礼、乐、射、御、书、数之文。"既与《内则》十五学乐、射、御，二十学礼之义不合，又云："及其十有五年，则自天子之元子众子，以至公卿、大夫、元子之適子，与凡民之俊秀，皆入大学，而教之以穷理正心、修己治人之道。"考后夔教胄，司乐教国子，皆曰乐德、乐言、乐舞，未闻格物、致知、诚意、正心、修身、齐家、治国、平天下条目之精详，而八条皆为虚文。家、国、天下，既未有之物，身、心、知、意，非日课之功。而于后夔、司乐相传之教诵诗习乐，似以为粗器，而非关大道，无一言及之。则《大学》一篇，殆后儒论学之精言，而非先王学规之明制，微妙精深，尤非十五岁之童子所能肄业也。

学之师既以典乐，司乐、乐正、乐师各官死，则以乐祖名神，无之而非也。典乐既著于今文《虞书》，《大司乐》一篇，又为魏文侯乐人窦公所传，最可传信者也。《王制》则兼崇四术矣。而官曰乐正、大胥、小胥,仍以乐为主也。《文王世子》有典书执礼之官,而春夏学干戈,秋冬学羽籥。干则小乐正、大胥学之,籥则籥师、籥师丞学之,南则胥鼓之,语说则大司乐授之,皆乐也。《学记》《大学》之教,操缦安弦,博依安诗,杂服安礼,亦以乐为事,咸无八条目之虚妙精深,故谓《大学》非先王之学制也。

然则《大学》何书也?程子以为孔氏之遗书,近是也。先王创法立制,公卿世官,士庶世业,皆以粗踪实器相传。德义之精微,经纬之宏大,则惟卿士之贤者讲求辨析之,不遽以责天下之学子也。儒者不用于世,无官师可籍,故舍器而言道。又从学之士多英才,讲学日精,亦不能以寻常官学之科条为限。于是儒学规模阔大,条目精详,专为任道之学,此真王、公、卿、士、师、儒之大学。朱子曰:"大学者,大人之学,固非童子所能。"即古之大学,盖未能至于是矣。

大　　学(下)

余既以古之大学仅有乐,而以《戴记》中《大学篇》为孔门之书,诚为大人之学,而非古制十五岁学堂之所习也。然《大学》之义包涵宏大,条序精详,宜朱子搜求遗书而独尊之,令学者人人有圣贤之阶梯,诚有功于学者也。而其文义训诂尚有千虑之失,不无有可商者。

其争辩之至繁,莫如格物之训。郑君训为"来物",于义牵强。

朱子用程子穷理之说曰:"格,至也;物,犹事也。穷至事物之理,欲其所知,无不尽也。"夫至与穷异,事与理隔,始以至事代格物,继以穷理代至事,愈引愈远,渐忘本旨。不可解一也。

其《格物传》曰:"是故大学始教,必使学者,即凡天下之物,莫不因其已知之理而益穷之,以求至乎其极。"夫天下之物穷,一人之知有限,庄子所谓"其生也有涯,其知也无涯,以有涯求无涯,殆矣"。殆而求知,殆而已矣。尧、舜之知,而不遍物。圣人但为人伦之至,有所不知,原非所讳。非徒有讳,以谓之曰:人则受形禀气,自有界限。天地之外,六合之外,血气之内,毫发之内,无由知之,安有至极之理?以圣人神力所不能,而于始入大学之十五岁童子,责其尽格物理,即使今日格一件,明日格一件,安有至极之时哉?此阳明所以来格竹之疑,而古本之争以起。其不可解二也。

又穷理之义与致知合。古无致本心良知之说,则致知为多见多闻,自是穷理。若是,则条目有七而无八,格物为赘辞矣。其不可解三也。

朱子知其不可解,而必为是说者,盖理会未精,不知周学、孔学之殊,误以大学当周制之大学,昧于古者分官之义,乃误以后世读书穷理当之。朱子聪明绝世,精力过人,物物皆尝理会,故推本于《大学》格物之说也。不知穷格物理,惟朱子能之。义理既研极细微,训诂既精,考据亦详,经世之法,人事之曲,词章之美,书艺之精,多才多艺,博大宏富,无一不该,二千年来未见其比者也。而以之教学者,是犹腾云之龙强跛鳖以登天,万里之雕海鸯鸠以扶摇,其不眩惑陨裂,丧身失命,未之有也。故谓朱子格物之说非也。

然则格物何说为然也?曰:司马温公扞格物欲之说是也。《学记》曰:"扞格而则难通。"《乐记》曰:"人生而静,天之性也。感于物而动,性之欲也。物至知至而后好恶形焉。好恶无节于内,知诱于外,不能反中,天理灭矣。夫物之感人无穷,而人之好恶无节,则是物至而人化物也。人化物也者,灭天理而穷人欲也。"《学记》、《乐记》与《大学》,皆《戴记》中书,其训诂必同,则格为扞格,物为物欲,可谓确诂矣。且物为不美之义,而先圣深恶外物之动其中者,不止《乐记》,《孟子》亦然。《孟子》:"耳目之官不思,而蔽于物。"物交物，则引之而已矣，亦恶物之累于己也。《乐记》《大学》《孟子》，皆出孔子之传，深恶外物之动其中，而思扞格之，必孔门之大义无疑也。

《乐记》自"人生而静"探起，即言节欲，其为大学始教，又无疑也。召公曰："节性惟日其迈。"制节其性，所以扞格物欲也。孟子曰："其为人也多欲，虽有存焉者寡矣。""其为人也寡欲，虽有不存焉者寡矣。"《记》曰："欲不可纵。"周子曰："圣人可学乎？曰可。可者何？曰一。一者何？曰无欲。"无欲则静虚动直。然究性之欲所以生，由于感物而动。与其物感之后，而后节性制欲，不如于物来之先，预有以扞格之，使外物之繁，纷华之美，绝不少动于吾耳目，荡于吾心志。养其中者，清明纯净，绝无波澜，光莹精洁，绝无渣滓，守耳目如城，练血气如兵，拒物如贼，养心如将，浸之濡之，久之熟之，纯完坚固，然后清明在躬，志气如神。大学之始教者如此。然后教以致知，则中有主而不动，见闻虽杂，学识益开，冰雪既净聪明，雷霆自走精锐。然后教之诚意正心，修身齐家，势如破竹，自无所难。若本心未养，则外物易动，首投之物至知至之地，则知诱于外，无节于内，不能反中，天理灭矣。故多欲之人不能读书。即聪俊之士能博学强识，而见闻庞杂，嗜欲烦多，古今至夥，求其诚意正心，修身齐家，有若登天之难，几若殊途之事。而寡欲之人，有不动心之学者，即学问稍陋而多能治其身心，以任家国之事。朱子谓"杨亿、寇莱公、陈了翁养得心甚完固，可任天下事"是也。

即朱子论学之宗旨曰："涵养须用敬，进学则在致知。"曰："敬者，主一无适之谓。"又曰："敬者，惊也，时时提撕。因有取于瑞岩和尚主人翁常惺惺。"实则"主一无适""常惺惺"，即扞格外物，不使知诱于外也。陈白沙诗曰："吾道有宗主，千秋朱紫阳。说敬不离口，示我入德方。"朱子于论学则以敬为入德之方，而后次以致知为进学之事，盖已合扞格物欲而后致知之序矣。盖义理之当然，非辨说所能易，故知朱子穷理之说非，而司马扞格物之诂深可从也。

朱子改定古本，则条理秩然。"格物补传"，于义未协，殊为可删。必欲补传，则《乐记》"人生而静"一节，可以移来为确诂。且同是《戴记》之文，纯粹古雅，又于乐不切当，即《大学》之错简也。以此补传，不犹愈乎？（魏校有引《乐记》诂此物字，但言之不亮。）

后儒言格物之义纷如。王阳明："格，正也，格其不正以归于正也。"欧阳崇一以"格"为"感"，"感而遂通也"。黄佐引《苍颉篇》"格，木长貌"。巧说破碎，只增笑柄。王柏、季本、高攀龙、崔铣、毛奇龄皆改本，黎立武、董槐、叶梦鼎、车清臣、方正学、王阳明、李安溪皆主古本，则徒为纷纷，不若朱子之条理矣。

失　　官

道法备于周公，教学大备，官师咸修，盖学之极盛也。至于穆王，虽风俗稍浇，人才犹奋，穆王得肆其雄心，周行天下焉，学犹未废。自夷、懿以降，王迹日夷，官守渐失，藏于官者竹简易坏，传于人者口耳易忘。如三皇、五帝之书，外史所掌也，而史失之；孔子学于剡子，而后知焉。《诗》，太师所采也，而仅得十五国。韩宣子至鲁，观书于太史氏，见《易象》与《鲁春秋》，则曰："周礼尽在是矣。"则周之史失《易象》与四方之志矣。孺子黄之母死，哀公使孺悲问于孔子，《士丧礼》于是乎书，则宗伯职丧之官失矣。季札观乐于鲁，孔子闻《韶》于齐，自卫反鲁，然后乐正，雅、颂各得其所，则列国司乐之官失矣。盖鲁为周公之国，秉礼之邦，又有孔子生其间，早适宗周问礼访乐，环游列国，搜辑遗书，而诗、书、礼、乐、易、春秋六者大业，其时已难见如是，况其余官散湮日尽，固也。

子贡称："文武之道未坠，贤者识大，不贤者识小。"以《左传》观之，当春秋时，诸侯专恣，如行私政，周公之道器已散，列国官制、军制无一同者，一切文字、政法，已各有变政，国异家殊。班固曰："及周之衰，诸侯将逾法度，诸侯恶其害己而皆去其籍，自孔子时而不具。"许慎曰："诸侯力政，不统于王，恶礼乐之害己，而皆去其典籍，分为七国。田畴异亩，车途异轨，律令异法，衣冠异制，言语异声，文字异形。"虽有汲汲鲁中叟弥缝补其淳，然已破碎不完。所谓文武之道布在方册者，但其大略可为底稿，籍以润色耳。若使礼文完贝，则人皆习之，奚为六艺皆出于孔子哉？

至于战国，周已垂亡，政府尽湮，官守不备，扫地尽矣。虽以班爵禄之大典，北宫锜固不能知，即孟子亦不得闻其详矣。助法井田为周之大政，而言助法不能引周之会典、会要，仅引诗人之言以为证据。当代典章，失考如此，于是周公之道器不坠者，仅矣。

王章既失，学校乖夺，无以范围人士之心思，于是稷下之才豪，白马之谈辨，庄、惠、杨、墨、公孙龙、田骈、慎到、宋钘之流，各出其聪明，因所受学，附会三王，杂引书、记，虽有仲尼之徒挟其《诗》《书》《礼》《乐》，高自尊尚，以守先王之道，而器艺不备，不能纳于官师而折之，故六艺之传孤悬如线耳。儒者以守先王之道，然自为功夫，使先王之道灿著。

六官人人守之，奚俟一二儒生大呼自鸣耶？昔尝疑秦焚书而书存，周公不焚书，而夏、殷之礼，杞、宋无征。夏远勿论，宋为殷后，相去数百年，何得湮没已尽？以周观之，时王之制，至战国而尽没，则夏之末世，黄帝、尧、舜之礼已亡；商之末世，汤法已尽矣。周公之时，犹有二代以为监者。意夏有少康中兴而享年四百，故坏之未尽。商则贤圣之君六七作，时时整顿，故周公犹有可考欤。至经典引古，动言三代者，盖禹承禅位，用黄帝、尧、舜之政未有变更，故言三代足尽之。《王制》《明堂位》分虞、夏二制，疑后儒之附会也。

统会古今而知失官之患，为学术之大变。后世人民不被先王之泽者在此。然而诸侯力争，王政失统，所以失官者，是则天夫！是则天夫！

战国之时。天子失官甚矣，然刘向述九流之本。曰："儒家者流，盖出于司徒之官；道家者流，盖出于史官；阴阳家者流，盖出于羲和之官；法家者流，出于理官；名家者流，出于礼官；墨家者流，出于清庙之守；纵横家者流，盖出于行人之官；杂家者流，出于议官；农家者流，出于农稷之官；小说家流，出于稗官；兵家，盖出司马之职。"犹能溯其源于先王之官守，可谓深通学术之流别矣。惜其于六艺，如《易》掌于太卜，《书》领于外史，《诗》掌于太师，《礼》典于宗伯，《乐》掌于司乐，《春秋》为方志隶于小吏，小学出于保氏，不能溯其出于王官。自馀诗赋为诗之余，亦本于太师之职；历谱为《系》《世本》于小史。天文出于保章，五行蓍龟杂占出于方卜，医方出于医师，皆不本其所自出，岂以其明彰而易知欤？向、歆之识似未及是也。

盖汉人之尊六经至矣，以为先王之大道，不宜散隶于官守。盖犹未知周时公学、专学之别，泥于分经之博士。故云："古之学者耕且养，三年而通一艺。"其所以泥乎六经者，以为尽先圣之大道，而不知为天子之一官。孔子不幸生失官之后，搜拾文、武、周公之道，以六者传其徒，其徒尊之，因奉为六经。习其学，守其道者，命为儒。汉人搜遗经于烬火屋壁之中，得之也艰，宝之也至。至董仲舒、公孙弘请立学官，皆以六艺儒家为学，遂及二千年之大法。于是先王之官尽失，惟存司徒一官。司徒之官，于民治无不备，后世仅存司徒中师、保之官而已。然且三德不明，六艺尽失，六仪已散，八刑不举，仅得先王师、保之半官以治天下。故二千年来民彝未大泯，而养民治国之治荡矣无存，则失官之故也。

亡　学

周以六德、六行、六艺教士，以为公学。取士辨官，亦于是求之。族师书其孝弟睦姻有学者，闾胥书其敬敏任恤者，乡大夫书其贤且能者，而献于王。王拜受之，登于天府、内史贰之。其书必若汉人之署行义年，魏九品中正之品藻月旦，人有小传。若为仁知、圣义、中和之实德，若为孝友、睦姻、任恤之实行。如学案之文，已以六艺教士，则各有专书以肄之矣。至孔子时，天府所登，内史所贰，不知存否？今《吕览》《新序》《说苑》《韩诗外传》及诸子传，记述古人之行盖详，意亦从天府、内史流出者。然战国时，务巧诈，讲词辨，俗尚大非，册籍尽去，盖贤能之书已随守官之学而同亡矣。至于六艺同时离散，至孔子时礼已不具（班固之说）。乐则《雅》《颂》失所，笙诗已亡，其妄歌《湛露》，僭舞八佾，于时郑、卫淫慢之声并作，陵替不可胜数。

至于书、数，则为小艺童幼之学，师儒闲习之而不道，故《论语》未尝一言及书、数。射、御，则行礼自习之事，亦无奇妙可言，诸子闲言之而不详。战国学散籍亡，至于汉兴，设写书之官，以求遗书。射则仅有《逢门射法》二篇，《蒲且子弋法》四篇，然藏于秘府，存于兵家，不立于学官，非博士弟子所习。御则道路不修，阡陌尽变，车制亦更，既无其书，又非学者所习。书则惟存教学童书《史籀》十五篇，然与壁中古文不同，其为列国之文，而非先王之文，尚不可知。且建武时仅亡六篇，犹存九篇，而今《说文》所存籀文仅千字，则十五篇之遗文殆亦无多。汉人略识古文者，惟孔安国，张敞，向、歆父子，扬雄；东汉则杜林、卫宏、许慎、曹喜、崔瑗、邯郸淳、卫觊，其人盖寡。元始中所征，通小学者百数，扬雄因作《训纂篇》，及郡国出川往往出钟鼎，而传文盖寥寥。壁径所出，人无尽通之者。上阅古者,已如历数,书学实亡。

数学,儒家书不言,《汉志》已无传者,今所传《周髀》,《艺文志》不著录。天学惟《黄帝五家历》三十三卷,《颛顼历》二十一卷,《颛顼五星历》十四卷,《夏殷周鲁历》四十卷,《汉元殷周谍历》十七卷,《律历数法》三卷。皆畴人之书,秘府所藏,亦非学官弟子所见而能通习之地。盖周之六艺尽亡矣。

至周之悬法,自残经外,见于《汉志》者,有《周政》六篇,《周法》六篇,《河间周制》十八篇。然藏于秘府,虽东平王乞《太史公书》而朝廷不与,自非向、歆、班固、尹敏之俦任校书之职者,谁得见之?盖周之法亦亡矣。惟百学俱亡,而后"六经"益重,此残经之所昌于后世也。

六　　经

周公之制,有六德、六行、六艺读法之公学,有百官之专学,有王公、卿士、师儒之大学,天下人士习游于其中,术业日精,而养民经国之法亦美备。其法,人与天、祭器与道合,粗与精、均贯上下合,事物无不周遍,此周公所以位天地,育万物,尽人性,智周天下,道高生民,范围而不能过,曲成而无有遗。盖承黄帝、尧、舜之积法,监二代之文,兼三王之事,集诸圣之成,遭遇其事,得位行道,故能创制显庸,极其美备也。

孔子虽圣,而绌于贱卑,不得天位以行其捐益百世、品择四代之学,即躬当明备,亦不过与史佚之徒佐翊文明;况生丁春秋之末造,天子失官,诸侯去籍,百学放黜,脱坏大半矣。孔子勤勤恳恳,远适宗周,遍游列国而搜求之。问礼于老聃,访乐于苌宏,求三百五篇于太师,得三王、五帝及百二十国宝书于外史,得《易象》《春秋》于鲁太史,闻《韶》于齐,正乐于自卫反鲁之后,学《易》于五十之年，修《春秋》于获麟之岁。区区数者，不过先王一官一守破坏之余，孔子得之已备极艰难矣，况百官之学乎？孔子以一身备掌故之宗，嗣文王、周公之道，然既不得位，自无制作之事相迫而来。所与讲求者，皆天下之英才，但与讲礼乐诗书之道，道德义理之精，自无暇及农医琐细之业，不如有国者实事相迫也。

治家当备米、盐、灶、盎之物，治国并搜巫、医、农、牧之官，理势自然。有精与不精，无才与不才，皆不能缺少。必不能坐谈高义，舍器言道，遂可家有衣食，国备兵农也。周公以天位而制礼，故范围百官万民，无不曲备。孔子以布衣之贱，不得位而但行教事，所教皆英才之士，故皆授以王、公、卿、士之学，而未尝为农、工、商、贾、畜牧、百业之民计，以百业之学有周公之制在也。孔子未尝不欲如周公之为万民百业计也，曰："富之！""教之！""如有用我者，吾其为东周乎！""凤鸟不至，河不出图，吾已矣夫！""久矣！吾不复梦见周公。"此孔子朝夕欲学周公之为万民百业计也。天命不在，仅与七十子讲业，则取所得于适周环游之大业授之弟子，故所雅言，诗、书、执礼。又曰："兴于《诗》，立于《礼》，成于《乐》。"其教子鲤，亦以《诗》《礼》。《王制》出于孔门，故云乐正宗四术，立四教，顺先王《诗》《书》《礼》《乐》以教士。《列子·仲尼篇》曰："曩吾修《诗》《书》《礼》《乐》，以治天下，遗来世。"《庄子·天下篇》："其《诗》《书》《礼》《乐》，邹鲁之士、搢绅先生能明之。"《徐无鬼篇》曰："纵说之，则以《诗》《书》《礼》《乐》。"此四者，皆先王之典章，孔子修之以教学者。其所引导，《诗》《礼》尤先，而《书》亦常所称说，《乐》其稍后者也。《诗》在先王本与《乐》合，不能离析。至孔子时，《诗》篇益多，国政具在，词义深美，孔子拔出之以为一术，为教小子之先。故曰：小子何莫学夫《诗》？可兴、可观、可群、可怨。教子鲤曰："女为《周南》《召南》矣乎？"实为后世教学以词章教士之祖。故《诗》为词章，

《礼》为掌故，《书》为史学，后世之学统出于孔门，发轫于此。博我以文，读书为学，即此也。惟《诗》在声辞，随地随人可肄习之。乐教成德，且存于器数，布衣儒生既难备六代之声容礼器，况出游之日多。故在孔子，虽四术并教，已是诗教多而乐教稍微。弟子亦通《诗》《书》，精《礼》学者尚多，精于乐学者盖亦寡矣。孔门之言乐，太伯琴瑟犹存。至于六代之乐，恐亦当求之鲁太师，阙里未必备乐官、乐器矣。四者为先王典章，故称为经。经者，经纶之谓，非有所尊也（章实斋尝有是说）。又四者皆为士人日用，可为公学，以文王世子、大司乐考之，犹是先王之教也。

至于《易》也，掌于太卜，存于鲁史，春秋士大夫罕得见之。自非卜史，传习盖寡。孔子得之，为《十翼》以赞之。然微妙精深，于民生日用饮食不如《诗》《礼》之切。孔子虽韦编三绝，用功至深，然罕以告学者。故《论语》《戴记》所载孔门弟子学术言论，及《易》者绝少。曾子、子思、孟子皆有遗书，绝不及《易》。孟子似未尝见《易》者，惟尝传于商瞿，想高等弟子性近是者则授之，然不以遍教门人，决决也。然《易》亦为先王之典。惟《春秋》则孔子因鲁史而笔削，则全为孔子自著之书。

然至汉时，《易》不著于竹帛，惟以口耳相传授，又作于获麟之岁，孔子已垂暮，其不以遍教门人又明著也。《春秋》感乱贼，据《周礼》明君臣，取新义，明制作，然率为天下国家王公卿大夫，不逮士民，近于《大学》，尤非童偲民竖之公学。传之夏、丘明而习于齐、鲁者，于夏之传尤盛。是二学者，孔子寡以教弟子，非《诗》《书》《礼》《乐》比也。然因弟子有传习者，故一再传而益盛，道益尊。

庄子曰："孔子言治《诗》《书》《礼》《乐》《易》《春秋》。《诗》以道志，《书》以道事，《礼》以道行，《乐》以道和，《易》以道阴阳，《春秋》以道名分。"又曰："繙十二经以见老子。"荀子曰："夫学始于诵经，终于习礼。"于是孔门有"六经"之名。然庄子谓《诗》《书》《礼》《乐》，邹鲁之士、搢绅先生多能明之。秦人禁偶语《诗》《书》，于是《诗》《书》之传特盛（《儒林传》亦略可考），《易》《春秋》孤微，远非其比也。

《论语》记孔子行事言论，至汉时称传，未称为经。《孝经》特孔门后学所掇缉，文义浅薄，盖《学记》《经解》之类也。孔子既没，子夏、曾子有若子贡，皆能传其学而张之。七十子之徒散游诸侯，大者为卿相师傅，小者友教士大夫。子张居齐，子羽居楚，子贡居齐，子夏居西河。而子夏为魏文侯师，段干木、田子方、禽滑釐、李克、翟璜皆其弟子。战国名士大师，若墨翟、庄周、吴起、荀卿，皆传六艺于孔门。大贤子思以孔子之孙，又能世其家学，传子白、子上、子臧、子求、子鱼，皆能保守勿失。六经、《论语》传播益盛。故史迁曰："天下言六艺者，皆出于夫子，可谓至圣。"《经解》曰："入其国，其教可知也。温柔敦厚，《诗》教也；洁静精微，《易》教也；疏通知远，《书》教也；广博易良，《乐》教也；恭俭庄敬，《礼》教也；属辞比事，《春秋》教也。"于是以六经之教觇国政，盖六经衣被天下矣。然战国时，诸子之学犹昌；遭离秦火，百家并灭。汉兴，诸儒抱守遗经，甚挚甚尊，又先王之道也，故文、景未能尽弃之。至武帝时，董仲舒请立学，免不在孔氏之学者，田蚡、公孙弘成之。六经皆立博士，设弟子，自是决科射策皆以经进，天下士皆言经义，班孟坚以为禄利之道致然。然后世遂以六经为学，而治亦因之。周公避位，孔子独尊，以六经出于孔子也。然自是周公百官之学灭矣。

经虽出于孔子，而其典章皆周公经纶之迹，后世以是为学，岂不美哉！虽然，以之教学则可，然亡官守之学则不可。六经言官守之学，道本灿然。然封建已废，井田世禄不行，君日尊、民日远、地日大，虽用六经为教，而六经之治则扫地，是名虽尊孔子，而实非孔子之学矣。然六经之言治虽不宜用,而六经之言道则讲之日精,此则全为孔子之学,而不得属之周公矣。后世之民不幸,不得见周公之治,遇官学之全明在数系未度,蕃息蓄藏,备养民之理,称神明之容。后世学者犹幸存六经、《论语》,获知理道,此则孔子之功,而非孔子所愿也。

《论语》为言德行之书,间及礼、乐,寡及射、御,绝不及书、数及卜祝、农医、天文、地舆之学,纯乎其为师氏之学,为后世学之大宗。驱天下而纳之,自童骏至耆儒老师咸习之。至宗益盛。后世百治不举,而人心风俗犹有善者,赖此而已。此则全乎孔子之学也。至《易》道阴阳,《春秋》道名分,古之士大夫所未闻者,而使髫龀童子遍诵之,此则于民事无益,而徒亵先圣之言而已,似可商《易》者也。

自汉以后,周公之治道扫地,惟孔子六经、《论语》之义尚存于人心。惟治既不兴,则教亦不遍,且无以辅教,而孔子义理之学亦寝亡矣。今中国圆颅方趾四万万人,而荷担《论语》,负任道统,日以教为事者,竟寡其人,孔子之道亦可云衰矣。作君作师,本分二道,不必强合,反不能精。今复周公教学之旧,则官守毕举。庄子所谓百官以此相齿。以事为常,以衣食为主,蕃息畜藏,老幼孤寡为意,六通四辟,小大精粗,其运无乎不在,外王之治也;诵《诗》《书》,行《礼》《乐》,法《论语》,一道德,以孔子之义学为主,内圣之教也。二者兼收并举,庶几周孔之道复明于天下。

亡　　经

六经出于孔子。孔子时,礼乐虽间不具,然经孔子搜辑订正之后,其大节细目灿然复明。此孔子宪章祖述,缵承先王,光明天业之大功也。七十弟子分传其业,而子孙又能世其家学,当一再传而道大明,虽世乱弥甚,而儒风弥畅。以言德行,则颜、闵为优,以言传业,则言语子贡,文学游、夏之功最大也。不幸遭秦禁儒业,天下弃学,高、惠、文、景皆不好儒,中间百年,于是孔门大明之六经复成残缺矣。

今以《儒林传》《艺文志》考之。

孔子之《书》百篇,孝文时求之无有,伏生壁藏之,则百篇亡失,求得二十九篇。武帝末,壁中古文出,得多十六篇。无论传者之真伪,然残缺不得其半矣。(百篇说出于刘歆《七略》志,虽不足尽信,然杂见传记,决不止五十七篇也。)

《礼》尤破坏,惟高堂生传《士礼》十七篇,淹中多得三十九篇及《明堂阴阳》《王史氏记》,河间献王得《周官经》及七十子后学所记百三十一篇。然淹中经藏于秘府,不立学官,简册亦减,致推《士礼》而致于天子,坏崩甚矣。

至《乐》学,以音律为节,道尤微眇。经秦乱,遂无遗法。制氏世在乐官,颇能纪其铿锵鼓舞,又中乱于郑、卫之声,仅得窦公所献《大司乐》一章,《雅歌诗》四篇而已。《乐记》则河间献王所采作,非复孔子之经,虽有王定、王禹能传其学,歌吹诸生略存其典,而孔子之《乐经》则废灭已尽,虽武帝尊崇经学,分立博士,仅有五经,不能为《乐》立官矣。夫三代之教学,地曰瞽宗,官曰典乐、司乐、乐正、乐师,有道有德死者曰乐祖。盖学主教化人莫如乐,教学惟有乐。后世五经并立于学,而反无乐,此则古今悖异、变之莫大者矣。

惟《易》以卜筮不禁,《诗》以讽诵得全,《春秋》以口说流行。孔子之六经,实有三经存于后世而已。《易》道阴阳,明天人,掌于太卜,非教学者之书。《春秋》掌于小史,尚可为卿士之业。先王学官之业,实存《诗》一经而已。后世所以不及三代,实出事势之无可如何。大业崩坠,生民失托,仅以叔孙礼乐、萧何律为治数千年矣,岂非天之不祐吾民乎！

春　　秋

诸经皆出于周公，惟《春秋》独为孔子之作。欲窥孔子之学者，必于《春秋》。

《春秋》者，孔子感乱贼，酌周礼，据策书，明制作，立王道，笔则笔，削则削，所谓微言大义于是乎在。传之于子夏。《孝经纬》曰："商传《春秋》。"）《公羊》《穀梁》，子夏所传，实为孔子微言，质之经、传皆合。《左氏》但为鲁史，不传经义。今欲见孔子之新作，非《公》《穀》不可得也。

虽间有乖剌，如蔡仲行权、卫辄拒父之类，不无后师之误会。而讥世卿，明助法，讥丧昏娶，定百里之封，逮三等之爵，存三统之正，皆孔子制作之微文，与周公之礼颇绝异。孔子答颜子问"为邦"而论四代，答子张问"十世"而言"继周"。孟子述舜、禹、汤、文、周公而及孔子，则曰："王者之迹熄而《诗》亡，《诗》亡而后《春秋》作。"其辟许行，亦以孔子作《春秋》，继尧、禹、周公之事业，以为天子之事。孔子亦曰，"知我"以之，"罪我"以之。良以匹夫改制，无征不信，故托之行事，而后深切著明。庄子曰："《春秋》经世先王之志。"且尊孔子为先王。《淮南子》："殷继夏，周继殷，《春秋》继周，三代之礼不同。"直以孔子为一代矣。故自周、汉之间，无不以《春秋》为孔子改制之书。（《王制》者，素王之制也。其说与《孟子》《公》《穀》及汉前传记皆合，吾有《王制集证》。）尊孔子者，不类后人尊孔子之道德，而尊孔子能制作《春秋》，亦可异矣。

《春秋》既改制度，戮当世大人，自不能容于世，故以微文见义，别详口授，而竹帛不著焉，亦其势也。稷而烈山废祀，实则学有独显，礼亦宜也。

《春秋》之学,专以道名分,辨上下,以定民志,其大义也,自汉以后,《春秋》日明,君日尊,臣日卑。依变言之,凡有三世:

自晋至六朝为一世,其大臣专权,世臣在位,犹有晋六卿、鲁三家之遗风,其甚者则为田常、赵无恤、魏滢矣。

自唐至宋为一世,尽行《春秋》讥世卿之学,朝寡世臣,阴阳分,嫡庶辨,君臣定,篡弑寡,然大臣犹有专权者。

自明至本朝,天子当阳,绝出于上,百官靖共听命于下,普天率土,一命之微,一钱之小,皆决于天子。自人士束发入学,至位公卿,未尝有几微暗于之念动于中,故五百年中,无人臣叛逆之事。自亲王、大臣不能以怒妄杀一人,以喜妄予一官。士人虽不能通九职六艺之学,而咸以激厉气节忠君爱国为上,而耻于翼奸乱,附权门。自非夷狄盗贼之患,民老死不见兵革,不知力役,耕田凿井,长子抱孙,咸得保首领于牖下。士大夫取科等就位列,非有作奸犯科之事,皆能酣嬉于衣冠,以役其世。综计国朝三百年中,惟有三乱。康熙时曰三藩,嘉庆时曰教匪,咸丰时曰发逆。自尔之外,天下塞晏。仰视《春秋》,二百年中,弑君亡国,士大夫失家被戮,列国交伐,庶民死于征役之事,岁岁踵接,不可胜数,其治乱忧乐相去万里。此皆《春秋》所致,孔子之功所遗贻也。

且《春秋》之显孔子之功,非徒施于中国,又莫大于日本焉。日本自与隋、唐大通,以中国之经学为学,《春秋》及《通鉴纲目》大行焉。于是在宋时源赖氏以大将军霸天下,镰仓氏继之,足利氏继之,德川氏继之,凡所为封建、兵刑、用人、行政皆自将军出,历六百七十六年,其天皇守府,而卒不敢易名号、废其君。今王睦仁卒得起而废之。人士咸有《春秋》之学,莫不助王,而睦仁复其故统。盖所谓《春秋》之力,孔子之道,至是而极大矣。故谓后世皆《春秋》之治,诚所谓继周者也。

教学通义 | 061

立 学

余读汉史《儒林传》及《艺文志》，未有不色然而喜也，喜经学之兴，喜先王大道之有藉以传，喜孔子之学尊而大盛；及见明帝临雍亲讲，圜桥观听之士亿万人，东京风俗以厚，气节以昌，未尝不叹田蚡、孙弘立学之功，美武帝之崇儒，德汉儒之能抱遗经也；及考求学术之变，后世民治之坏，则不得不深罪汉之君臣，每读《儒林传》而湫然矣。

古者道与器合，治与教合，士与民合。公学务于有用，则凡民皆遍习而不限。以员专学，以吏为师，则入官有所专司，而世守其业。大学则世家名士所游，惟执礼学乐以养其和容，此才智所以盛，民治所以兴也。汉虽承秦败乱之后，礼坏乐崩，书缺简脱，然所以为治之意纤悉毕备，未有能外于先王者也。萧何为律令，张苍造章程，叔孙通起朝仪，治国之法，何尝能少须臾哉？且去古未远，先王遗文坠典，杂见于诸子传记者，往往而有，故河间所采礼乐古事至五百余篇，贾生又尝草具其仪。若采搜古经雅记，定六艺之公学，制百职之官书，斟酌先王，施于当世，然后立学而教之，使后世有所藉，以增长润色，不必复周公之道，何尝不可美备也？

鲁两生谓："礼乐，百年治洽而后兴。"此真迂儒不通治体之言也。夫礼乐不兴，治何能洽？不待礼乐而能治洽，则礼乐何用？何必兴哉？食不必精，要可以饱；衣不必绣，要可以暖；礼乐虽不及先王，要可以移民。刘向谓："叔孙通制定礼仪，初见非于齐、鲁之士，然卒为汉儒宗。"此至论也。

自贾生以后，董仲舒、王吉、刘向皆数言礼乐之宜兴，以移化民风，而刘向之言为最深切也。向之言曰："或曰不能具礼。礼以养人为本，如有过差，是过而养人也。刑罚之过，或至死伤，今之刑非皋陶之法也,而有司请定法,削则削,笔则笔,救时务也。至于礼乐,则曰不敢。是敢于杀人,不敢于养人也。且教化所恃以为治也,刑法所以助治也,今废所恃而立所助,是舍所重而急所轻也。以为敢养人而不敢杀人,甚矣。"向之言切也,然且不用。惟孙弘立学之说施行。立学又不备,惟五经课试,补博士弟子仅五十人,则天下万里通经者盖已寡也。

六艺既不定成书,百官亦无专业,小民不能下逮,虽叔孙礼仪藏于理官。法家又复不传,与萧何律令、张苍章程,《艺文志》皆不录,则轻当王之典为已甚也。

古人之治教,务使学者诵一王之典,以施于用而已。六经者,皆王教之典籍也。自《典》《谟》《夏正》《商颂》而外,夏、殷之礼无征,无往而非"大周会典""大周通礼"也。能守其业者曰官,能通其意者曰师儒,能肄其学者曰士,能知其法、守其法者曰民。故学切而有用,治以日兴也。先王之道,非不美也;而时王之制已大变改,徒使通经学古广为调说,高为论议,而不许施之于用。时王之制既不完备,稍完备矣,而人士不学。所用者在此,所尊高者在彼,此儒术所以诮迂疏而无用,而不知非先王之制也。

且治国如治家,然米、盐、醋、酱纤悉皆备,而后可以为理也,不如儒者无家国之任,惟高陈大道也。礼、乐、射、御、书、数,切于民用者也,而不下究于民。《易》《春秋》,大儒卿士之学,而责之童子。是用者不学,学者不用也。不采先王之道,而教其说不完不备之文以相争胜,是使民争为无用也。"若稽古"三字说至万言,而乐、射、数三艺不留一字,此人才所由不兴也。其弊如此,故弟子员日有所增,周遍郡国,文学之士或多彬彬,迄于后世数千年,而治卒莫兴也。

武帝既立五经博士,嗣是经学寖盛,世有增置。《易》有施、孟、梁邱、京、费,《书》有大小欧阳、夏侯,《诗》有齐、鲁、毛、韩,《礼》有庆氏、大小戴,《春秋》有公羊、穀梁、左氏。并置博士,增弟子员,设科射策,劝以官禄,公卿庶吏皆自此出。成、平之时,增员千人,筑舍万区,经业蕃盛,一经说至百余万言,大师众至千万人。贡禹、匡衡定庙制,刘歆立三雍,增置诸古文博士。明帝临学,大射养老,执经自讲,为四姓小侯立五经师,自期门、羽林之士,悉令通《孝经》章句;廷臣自大将军以下,外夷若匈奴,皆遣子入学;又征拜年十二通经者为童子郎,郡国学明经者,五十至七十皆太学;四方学士云集京师,至三万余生。古今设学,号称极盛。然实浮华相扇,空说经文。偏郡下邑,虽设校,官不常置,民不识学,况于国之法典六艺之用乎?视周时百官各有专业,小民皆知六艺,相去何远也!

经学行义莫有如东汉之盛,然已去古远甚。自是江河日下,益不可复。晋杂庄、老,六朝加以佛学,淫于词章,盖不足论。唐因魏文之制,立国子、太学、四门之学,外则府、州、县并置学生,内则置弘文、崇文之馆,又置律学、书学、算学之生。国子学生三百人,以文武三品以上子孙,若从二品以上曾孙及勋官二品,县公京官四品带三品勋封之子为之。太学生五百人,以五品以上子孙,职事官五品期亲,若三品曾孙及勋官三品以上有封之子为之。四门学生千三百人,其五百人为勋官三品以上无封、四品有封及文武七品以上子为之;八百人以庶人之俊异者为之。律学生五十人,书学生三十人,算学生三十人,以八品以下子及庶人之通其事者为之。京都学生八十人,大都督、中都督、府上州各六十人,下都督、府中州各五十人,下州四十人,京县五十人,上县四十人,中下县各三十五人,下县二十人。国子监生、尚书省补祭酒统焉。州县学生,州县长官补长吏主焉。门下省弘文馆生三十人,东宫崇文馆生二十人,以皇缌麻以上亲,皇太后、皇后、大功以上亲,宰相及散官一品功臣身食实封者，京官职事从三品，中书黄门侍郎之子为之。凡博士助教分经授诸生，未终经者无易业。凡生限年十四以上、十九以下，律学十八以上、二十五以下。凡《礼记》《春秋左氏传》为大经，《诗》《周礼》《仪礼》为中经，《易》《尚书》《春秋》公羊、穀梁传为小经。通二经者，大经、小经各一，若中经二。通三经者，大经、中经、小经各一。通五经者，大经皆通，余经各一。《孝经》《论语》皆兼通之。凡治《孝经》《论语》，其限一岁；《尚书》《公羊》《穀梁》传，各一岁半；《易》《诗》《周礼》《仪礼》，各二岁；《礼记》《左氏传》各三岁。学书日纸一幅，间习时务策，读《国语》《说文》《字林》《三苍》《尔雅》。凡书，学石经三体，限三岁；《说文》，二岁；《字林》，一岁。凡算学，《孙子》《五曹》，共限一岁；《九章》《海岛》，共三岁；《张邱建》《夏侯阳》，各一岁；《周髀》《五经算》，共一岁；《缀术》，四岁；《缉古》，三岁；《记遗》三等数皆兼习之。旬给假一日，前假博士考试，读者千言试一帖，帖三言，讲者二千言，问大义一条，总三条，通二为第，不及者有罚。岁中通一年之业，口问大义十条，通八为上，六为中，五为下。并三下与在学几岁，律生六岁，不堪贡者罢归。诸学通三经，俊士通三经，已及第而愿留者，四门学生补大学，大学生补国子学。岁五月有田假，九月有授衣假。二百里外路程，其不师教，及岁中违程满三十日，事故百日，缘亲病二百日，皆罢归。既归罢，条其状下之属所，五品以上子孙送兵部准荫配色。每岁仲冬，州县馆监举其成者送之尚书省。其法盖密矣。当贞观时，学舍一千二百间，博士三百六十员，屯营飞骑皆授经业，高丽、百济、新罗、高昌、吐蕃遣子入学，学内凡八千余人，可谓近古之盛矣。贞观之治，人材之盛，良由于此。然书、算之学人人宜通，而额设仅二三十人。高宗即改以书学隶兰台，算学隶秘阁，律学隶详刑，则学士之通书数者盖鲜矣。故自永淳以后，国学废散，胄子衰缺，太宗之泽亦不长矣。

夫以太宗学制之详，诸生之盛，未尝不仿佛三代之规也，然卒远不及古人者，则小学非德行道艺之教，大学无乐德、乐言、乐舞之学故也。善乎！水心叶氏曰："古之为教，若舜、周公之制是也。汉以后，传经师章句而已。材者由于学则枉以坏，不材者由于学则挫以成，教之无本而不行，取之虽骤而不获，则学之盛衰兴废未易言也。"夫经师章句既不足以成就人材，况虽有是制，而唐人实重进士，清资要选，皆出于是。而所谓进士者，不过为淫哇之诗赋而已。进士之试，始于隋炀。其去道益远，其所以成就人才者益非。尔后千岁，为经义，为诗赋，虽有小变，而皆取士以文辞，士皆骛于文以为学，学既奇谬而文亦不工。此又出汉人试笺奏之外，而为古人所不及料矣。

宋仁宗时，天章阁侍讲王洙言："国子监每科场诏下，品官子弟投保官家状，量试艺业，给牒充广文、太学、律学三馆学生，多或致千余人，即随秋试召保取解；及科场罢日，生徒散归。"若此但为游士寄应之所，殊无国子肄习之法，遂为后世国学之例，于今同之。盖虽别三舍，纳天下之科举，全为禄利之梯，非复教士之学矣。中间非无通道德之师儒，若胡安定、程伊川其人。安定分经义，治事之斋曰，会于首善堂，令雅乐歌诗，诸斋皆有琴瑟歌诗之声，盖有古人进德修业之意矣。朱子《学校贡举议》，请罢解额舍，选待补、混补、季书、月考之目，以塞怀利干进之心，选道德之士及诸生之贤者，而命以官，讲明道艺以教训其学者。而所谓教之之法，亦仍汉、唐章句史学之旧，而非能复三代学校之教也。胡翼之、朱晦庵庶几于道德之师，而不足言古者公学、官学之盛。

盖自周末王制破坏，自是礼乐不兴。不幸立学者为田蚡、孙弘以分经教士，诱之禄利，课以章句，于是先王教学之大体不可复起矣。东莱吕氏曰："先王之制度，自秦汉以来皆弛废坏绝，然其他法度,尚可因影见形,因枝叶可以寻根本。惟是学校,与先王全然背驰。只举学官一事,舜命夔典乐,周时大司乐掌成均之法。何故皆是掌乐之官掌教?盖其优游涵养,鼓舞动荡,有以深入人心。故一年视离经辨志,三年视敬业乐群,五年视博习亲师,七年视论学取友,九年知类通达,强立不反,其本末全不同后世。虽是法度具举,不过以法制相临,全无深入人心道理,所以后世之学不可推寻秦汉之事,当束之不观。"若武帝表彰六经,光武投戈讲艺,魏孝文欲改戎狄之俗,唐太宗文饰治具,皆铺张显设以为美观,非见得理义之在人心不可已处,东莱于是知本矣。又谓:"周公设官,下至射矢鸟至纤之事皆具载。至于州序党遂是何人掌之,其法如何,不见明文。惜无鸿儒硕师发明之。"愚案:州党所教之法,则《周礼》叙六德、六行、六艺之法甚详。其教之之人,则自乡官外,书传略说,所谓大夫为大师,士为少师。《乡饮酒礼》:"以告于先生君子。"郑君注:"先生,乡中致仕者;君子,国中有盛德者。"《王制》:"耆老皆于庠。"郑君注:"耆老,致仕及乡中老贤者是也。"不解东莱何以未思及之?欲复古人之学,诚宜有鸿儒硕师复讲古制,重定礼乐,而后学可复也。

今沿宋明之旧,以科举选士,士咸在学校中;课《四书》《五经》之义以为文,士皆在义理中;魁杰之士,舍此无可复进,故时出其间,以为可以育材得士矣。然士皆溺于科举,得者若升天,失者如坠渊,于是驱天下之人习哇滥之文。《易》之奥眇,古人掌之大卜者,《大学》《中庸》之深博,古之公卿师儒所学,而今强童龀之子习其文,诵其义,以为科举之阶。久而自为童生至其得等,并六经之文而不能诵之。不知古今,不通艺学,怅怅然若聋瞽,然可长驱登高等,为公卿。后生师慕,争相仿效,谬种相传,滔滔不绝,沛若江河,泛弥天下。学官不讲,则广设书院以奖翼之;进士不足,则多为举人、拔贡、优贡以选举之;然亦不过多增咿唔求爵禄之肆而已。上者既无古人德行道艺之教,下之并无后世章句文史之学。聚天下而为臭诟亡耻嗜利无知之骏徒,国家其谁与立?由今之学,不变今之法,而欲与之立国牧民,未之有矣。此又汉宋人所不及料也。

不孝、不友、不睦、不姻、不任、不恤之刑,切于人伦者也。《尔雅》《少仪》、礼、乐、射、御、书、数之学,切于人事者也。今皆不举,以科举取士,是为剪彩为谷而望其得食也。天下之士既习于科举,故以之授学,凡马医夏畦之子,农工商贩之竖,志欲识字谋食者,皆授之以《周易》《春秋》《大学》《中庸》,是谓以钟鼓飨爰居,学之数年不能得一字、作一札,父母责其不才,乡党笑其无用,乃弃而为牧竖,则所谓悲忧眩视,不食而死也。天下之士,既习于举业,故以之授学,凡马医夏畦之子,农工商贩之竖,志欲识字谋食者,皆授之以五言之诗、八股之文,是谓以冕服冠沐猴,学之数年不能解一字、作一札,父母责其不才,乡党笑其无用,乃弃而为牧竖,则所谓决裂而去者也。

夫礼、乐、射、御、书、数者,凡人类不得已必然之公学,得之而后有用。有生失之,则无以为用,无以为生。而今自学士不能通之,何论民庶也?是大寒天雪,终岁织铁而不能为衣;大旱饮馑,终日种玉而不能为食。后世礼乐虽失,而未失于朝廷之上;义理虽坏,而未忘于魁垒之儒。此汉、唐二千年来所由苟且为治也。惟养民教民之学,则无复几微少存者。

故今日朝廷、公卿、大夫、士,犹时有才,未遽为患。患专官无才吏,专学无才士;患田无才农,城无才工,市无才商,山无才虞,百艺技巧无才奸;国家无所藉以为治。此今日学之大患也。

从　　今

古之王者,创业垂统,安定其民,上出其宪章以为教,下奉其宪章以为学,皆一朝之法令典章也。创之于君,存之于官,守之者师儒,诵习奉行者士民。上之法令易知,下之情意易通,其学之之势至易,其施于用也至便,此先王所以致治也。

今所称经义皆周道也。《易》掌于太卜,《书》掌于外史,《诗》掌于太师,《礼》散存于官守,《乐》存于司乐,《春秋》掌于小史,皆周之典章也。惟《书》有三皇五帝,为前朝之典,然苟非身为国史,如倚相之伦亦无得而见,故孔子叹夏、殷礼之无征。春秋时去殷不远,然夏、殷之书存者惟《小正》《坤乾》二种而已。遍考诸经所引夏商之礼盖寡矣,不特《春秋》也。宋为殷后,又有微子、微仲之贤继之,优以宾客,许用白马,前朝礼乐宜而亦无存焉。五传至正考父,已无一诗之传,必待求之周太师,然后得《商颂》十二篇;至戴公失其五,而亦无副本补足。考其时,去殷之亡不过百年,而象贤之孙子不能守祖宗之遗文,新王之册府及仅存胜朝之数什,《韩诗》则以为宋襄公诗矣。自此而外,九州万国更无一字流闻。

夫秦始焚书而六艺九流灿然并在,周公修学而夏礼殷乐荡尽无传,亦可异矣。以为竹简易蠹,何以中秘古文下逮汉、晋?且遗耆顽民,口、耳讽诵,亦何能遽灭?皆无可解。

然考其故,周制以时王为法,更新之后,大势转移,大周之通礼会典一颁,天下奉行,前朝典礼废不可用,然孔子所谓好古敏求者,守先王之道。古之人有言曰古字,皆指周先哲而言,未尝及夏、殷也。惟子思反古之道,乃称前朝耳。人皆弃之如弁髦土梗。且三代时,新王变更礼制,下及杯勺、颜色、体制,无不变更。有如周朝既变章服,后熙、正之交,问人以明代冠服,盖寡知者;朱子于幞头之制已不能考,殆类是也。又其政令、数学皆掌于官,故移风易俗自出于一,前朝典礼自无所容,不待焚而自废;不若后世当官言律例,而士人专通故书雅记,故古书赖以得传也。

然周制之所以熔铸一时,范围百代者,盖自文、武、周公义理精纯,训词深厚,而制度美密,纤悉无遗,天下受式,遏越前载,人自无慕古之思也。汉高起于无赖,其臣萧、曹、绛、灌皆刀笔屠狗纬箫之徒,叔孙通俗学鄙夫,安有范围一世之学术?抱经老儒腾跃而去,称先则古,以抵时主之隙。时主本空无所有,而辙迹已深,万无可改,于是阴绝之而阳尊之,以其义足以尊主庇民也,于是私诱而微饵之。汉家杂用王霸者,以今霸为治,以古王为教,于是教学与吏治分途二千年矣。师儒士夫专以通经学古为贤,于是训诂考据之学,说"尧典"二字以二万言,"仲尼居"三字以数万字。大则三雍七庙之制,小而深衣车戈之考,连篇累帙,可汗牛马。积岁穷年,至于白首,通于是业,得预学人,树党轻材,谀闻立誉。其有学术通才,道德大师,济时伟器,不沾沾于是者,则摈为未学,不得预会。巨子倡风,党徒繁众,植颏树颊,攻毁风生。然质之先圣教学之原,王者经世之本,生民托命之故,则无一当焉。虽以巨学耆儒,问以国政而不通,询以时事而不知,考以民生而不达,小闻《汉书》可证经义,先儒之中未闻王桀,盖自六朝陋儒风尚已如此矣。

以好古贱今之故,故法令律例委于吏胥。吏胥庸猥,益以今事为笑,故相率习于无用之学,而待用者亦遂无材。顾亭林之言曰:"昔之清谈在老、庄,今之清谈在孔、孟。"夫学而无用谓之清谈。清谈孔、孟然且不可,况今之清谈又在许、郑乎?今天下人士多迂愚而无用,岂其质之下哉?殆亦高言学古为之累也。今一郡一邑乡曲间,求一《大清通礼》《大清律例》不可得,求《会典则例》、《皇朝三通》诸方略书,有并无之者,况欲得通古今、周四方之故者哉?以此为教,而欲求治才,何异北行而之楚,缘木而求鱼也?时制之暗如,而欲求其损益今故,变通宜民,不亦远乎?孔子曰:"吾从周。"故从今之学不可不讲也。今言教学,皆不泥乎古,以可行于今者为用。

六艺官守,咸斯旨也。朱子曰:"古礼必不可行于今,如有大本领人出,必扫除更新之。"至哉,是言也!

尊　　朱

自变乱于汉歆,佛老于魏、晋、六朝,词章于唐,心性于宋、明,于是先王教学之大,六通四辟,小大粗精,无乎不在者,废坠亡灭二千年乎! 无人得先王学术之全、治教之密,不独无登峰造极者,既登麓而造趾者,盖已寡矣。

惟朱子学识闳博,独能穷极其力,遍蹑山麓,虽未遽造其极,亦庶几登峰而见天地之全,气力富健又足以佐之,盖孔子之后一人而已。其学原始要终,外之天地鬼神之奥,内之身心性命之微,大之经国长民之略,小之度数名物之精,以及词章、训诂,百凡工技之业,莫不遍探而精求,以一身兼备之。讲求义理,尽其精微而致其广大,撮其精粹而辨其次序。

其教学者,以《论》《孟》为本,《大学》《中庸》中为之精注而提倡之,使学者人人皆有希圣希贤之路。(《汉·艺文志》有《中庸说》二篇,《隋·经籍志》有戴颙《中庸传》二卷,梁武帝有《中庸讲疏》一卷,《书缘解题》有司马光《大学于义》一卷。)《大学》《中庸》虽本《戴记》,久已刊行,然名之为《四书》,天下风行,实自朱子始。

于幼学,则有小学之书。六艺则经传通解,既详考古今之礼学,复载钟律声乐,与元定论乐甚详,故推许元定。甚至又欲取许氏《说文解字》序说,及《九章算经》为书数篇,于古者之学,已知其源而举其梗概矣。

至于诸经,皆有传注。之及《楚辞》、韩文。《参同契》并加注释。吏治精绝,文章诗赋书艺又复成家。外及阴阳、书画、方技,莫不通贯,真兼万夫之禀者也。

其学行于当时，元延祐六年立为科举。明洪武因之。永乐时，《四书大全》《五经大全》《性理大全》皆立学官。《四书》以之取士，《纲目》《家礼》亦为后世所遵奉。圣祖尤尊之，悖朱者以违功令论。一言一话法于世，自孔子而后未之有比也。

惟于孔子改制之学，未之深思，析义过微，而经世之业少，注解过多。而学慕礼，此当暮至于死时，尚恨礼之未成。幼学则未之思及。设使编成，后世本为师法，于今礼业之精，当不后古人也，此所以为朱子惜也。孔子改制之意隐而未明，朱子编礼之书迟而不就，此亦古今之大会也。朱子未能言之，即言之，而无征不信，此真可太息也。

德　行

古者以六德、六行、六艺兴民。孔子以四教，文即执也，忠信即德也。孟子曰"孝弟忠信"。孝弟，行也；忠信，德也。然周之六行，睦、姻、任、恤居其四，其不然者则有刑，所以劝民尤为周遍。盖孝友本于天性，不待教而能；睦、姻、任、恤，则民相保相受相赒相救，则待教而后能，待奖劝而后兴。先王重之，至与孝友并，所以补王仁所不及，而教之和亲，其意备矣美矣！

德在性情，如尧之钦明文思，皋陶之九德，箕子之三德，文王之元亨利贞、刚健中正、纯粹柔顺，孔子之恭宽信敏惠温良俭让，皆是美德。《周礼》六德，未为包举，义理日新，可无泥也。然以仁为上，知次之，忠、和终之，刚健勇毅皆所不取。益仁为爱德，民之所贵，尤在和亲。勇敢强严，□斗争竞，固不贵也。节廉之行，但课吏士，吏士有权，患其贪取；民则无权，患其不广施，故以睦、姻、任、恤为重也。然意以德行举人劝学，当时必有诲人德行之书，及德行获举之案，汇缉成编，如《说苑》《新序》者。今先儒义理语录，古今先贤传记,皆言德行之书也。朱子《小学》一书,名虽小学,而中引古今嘉言善行,实言德行之书也。若汰其高深,别其体例,叙六德为统宗,以诸法拊之,分六行为门目,缀嘉言善行于其下,以经为经,以儒先之言行为传,兼明祸福之报,以耸天下之民,颁之于乡学,令民皆讽诵,州里僻壤广设学堂,朔望与圣谕国律同讲,民无有不听。不听者以为无教,人共摈之。契之敷教,不过百姓亲五品逊;孟子谨庠序之教,不过修孝弟之义。人人宜学者,莫如德行;人人宜讲者,莫如德行,至易至简,化民成俗,莫善于此,莫捷于此,风俗人心将蒸蒸于善而不自知。非如博学多能,学之既难,而又非尽人当学也。

乡曲小民陶于礼乐之化,少气质,多粗暴强梁,故和为美德,可以兴也。

自汉以后,孝弟尚与力田并举,而睦、姻、任、恤之美不复见兴,不睦、不姻、不任、不恤亦绝无刑。人道恶薄,赒救遂绝。不知古义之人,以为宜然,而不知三代时,已身陷于刑也。宾兴以诱之,刑罚以督之,谏救以劝之,民安有封己自利,坐视其亲友邻比之穷者哉?古有井田恒产,而劝任恤之急已如此;合世无恒产,则任恤之义益急。而后儒不知推广先王之道,则后儒之责也。

读　　法

古者六官悬法,州党月吉读法,凡国之政令禁律,民熟知之。上下之情交通无阂,故下易知而令易行,民服习其政,莫不远罪而奉法,治化所由易成也。自汉萧何律、张苍章程治天下,以三老掌教化,无复读法之条。今虽有《会典》《通礼》《律例》昭示天下,而郡县往往绝无其书,非通人学士不通典礼,非吏幕不知律例。民冥然远绝于教化,及陷于法,从而加诛,是岂治民之意哉?今惟有康熙圣谕十六条，尚有颁行宣讲，自馀则绝无之矣。既失古者读法之意，亦治事之疏也。

礼虽在六艺，而自冠、昏、祭、葬、饮酒、相见诸礼节，祀典体例，丧服、祭品、图器、祠庙、堂屋、衣服、车旗制度，皆宜从《会典》《通礼》切于民事者摘出颁行。如屋不得四阿，袍褂不得左右裾，雨帽不得用全红，黄色龙凤形不得僭用，猞猁狲、妆缎等不得妄著，洋烟不得食，水烟亦禁（嘉庆十七年），闽、广生监文童不通正音不许应试。他如奸盗、聚赌、妄控，一切不应为之事，载于律例者，咸别摘出刊成一书，与圣谕十六条一体宣讲。其有不备，量加增修，简易宜民，务便宣布；远方山谷，骏男稚女，咸令周知，犯禁自少，俗化自美。

古者范围其民，纤悉毕至，今禁网疏阔，亦后世地大物博，治体所宜。然今奸民奢僭无限度，倡优隶皂舆服僭于公卿，本末舛逆，风俗败坏，非所以为治也。上愚，民无知而犯网，风化不成，皆宜以读法浸濡之者也。

吾粤吴荷屋中丞《吾学录》兼采礼律，颇有此意。但言礼则征引太繁，于禁律则搜采未广，宜加修补，俾易通行，实化民成俗之善政也。

六艺(上)礼

孔子曰："安上治民，莫善于礼。"礼也者，人道之自然，物理所必著，上自太古狉榛之世，外至蛮夷蕃部之愚，未有能绝去之也。人生而有父子长幼，则坐立必有等焉；群居五人，则长者必异席是也。人生而有饮食、衣服、宫室，则制度必有别焉，人聚则有部落、役服，则君臣上下朝聘相见之仪出焉。人道有生必有死，则慎终追远而祭尊之礼兴焉。自上世以来，未有能知其所自始者也。虽古今不同,中国、夷狄殊异,其所以合好去恶,安上治民,其揆一也。然精粗疏密,自有是非。

《周礼》所以范围后世而尊之无穷者,诚美备也。后世以时王之制不能笼盖儒生者,诚疏粗也。自汉高起于马上,汉文谦让,未遑制作,故礼最简陋。贾谊、仲舒、王吉、刘向之徒,数请定制,而卒不行。刘向曰:"今有司敢于制律而不敢制礼,是敢于杀人而不敢养人也。"其言至切,然讫不用。其粗疏若此,宜儒生因得援据古礼以讽刺时政也。

世主于儒生好古言礼者,以利禄笼之,而时政自杂王霸,绝不向用。又立经于学,以教天下之士,立典于官,以率天下之人。于是士之所学,非时之所制;时之所制,非士之所学。而时王之制,仅详于天子,而于公卿士夫已陋略殊甚。至于小民盖薄,为之禁则有之,未尝详定其仪节,间有制度一二,不过垂之令甲,自士夫已不用,况民间乎?士民不行,有司亦不督责,而妖巫异氏之礼、蛮夷之俗,听民自择所从而不之禁,至其所制《会典》《通礼》诸书不立于学官。郡县僻远,未尝见官书,小民愈无所知识,一切礼制惟俗所尚,诞妄可笑,奢僭无度,礼于是销亡极矣。

夫以王者制礼,轨范万方,谁敢僭逾?而今皂隶、室庐、舆服无限度,甚乃光耀过于卿相。冠、昏、丧、祭、相见、饮酒诸仪,上下所用者,考之典礼,无所凭式。学士谈古尊经,以其鄙俗不考,至有丧、祭、冠、昏,则俯首从俗,而妇人妖巫习主其事,反得以司其权。其恶俗怪谬,地地相殊,不胜数也。良由礼制不备立,立矣而不立于学官,不掌于有司,不督于小民,故俗败坏,礼放失,积久而不之怪,此有司之责,而亦学士尊古之过也。

唐《开元礼》,宋《开宝礼》,皆设学究专科,得预释褐。今宜将国朝《会典》《通礼》广加增备,及公私仪式定为一书,颁发郡县,立于学官,自穷乡远方社学义学咸令诵读。岁时饮酒,乡老学师率其子弟会而习礼,择其精熟,上名于教官,而后许入学试吏;其有公私仪式不从官书者,以违制论。有司时时举罚之,则国礼之行遍于遐壤,风一道同,庶几复周时六礼防民之义也。

朱子曰:"礼,时为大,使圣贤者有作,必不从古之礼。只是以古礼减杀,以今世俗之礼,令稍有防范,节文不至太简而已。"又曰:"夏、商、周之礼不同,百世以下有圣人作,必不踏旧本子,必须斩新别做。"又曰:"礼坏乐崩二千余年,若以大数观之,后来必有大人出来尽数拆洗一番。"夫新王改制,修定礼乐,本是常事,而二千年中,不因创业之未暇,则泥儒生之陋识,有王者作,扫除而更张之,亦何足异乎?朱子谓:"不知迟速在何时?"此晦盲否塞至于今日,此其时也。

朱子曰:"孔子欲从先进。"礼之所以亡,正以其太繁,周文已甚。太史公、董仲舒皆欲改用夏之忠。苏子由《古史》说忠质文处,亦此意。吾谓古今递嬗,不外质文递更:前汉质,后汉文;六朝质,唐文;五代质,宋文;元、明质,国朝文。然对三代较之,则二千年皆质也。后有作者,其复于文乎?

国朝礼学最精,自饮食、弁裳、车戈、房室之制,考之至详,而大之若丧礼之三年,祭礼之届数,明堂禘祫,各守先儒之说,仍自不决。然学者著书隆隆,以三礼名家者亦多矣,而考其身所行,则与流俗市井人无异。后生学礼,聚讼不已。朱子曰:"古礼必不可行于今日。"不独古今异宜,文为须称,实则三古异时,周孔异制,诸经乖互,理不可从,后师附会,益加驳杂。若定新制以宜民,则不假于是;若以古人为据,则经义各殊,以何为依归乎?

礼家殊说,诸经皆是。若《王制》《周礼》《左传》《孟子》,牴牾尤甚。如封建之制,《王制》《孟子》以为不过百里,《周礼》则诸公之地五百里。丧中祭娶之礼,《左传》文二年:"公子遂如齐纳币。"传云:"礼也。凡君即位,好舅甥,修婚姻,娶元妃,以奉粢盛,礼也。"宣元年,公子遂如齐逆女,传无讥,而《公》《穀》讥丧娶。襄十五年,晋悼公卒;十六年,烝于曲沃;郑公孙虿云:"溴梁之明年,公孙夏从寡君,以朝于君,见于尝酎,与执燔焉。"是《左氏》得丧祭,而《公》《穀》讥之。《王制》亦曰:"惟祭天地社稷,为越绋而行事。"《周礼》无禘祫,《王制》有祫,以禘为时制。《大传》:"礼不王不禘。"三传言禘祫,《穀梁》不谓鲁禘非礼。《左传》大夫皆世;《公》《穀》于尹氏卒,讥世卿。《王制》诸侯贡士于天子,《射义》试之于射宫,则以射为选举之事;《左传》《周礼》无之。《国语》有日祭,《左传》有先君之庙曰都,无曰邑;诸经无之。《王制》不封不树,与《丧服传》异。《周礼》朝觐宗遇分四时,《左传》有朝遇无觐宗。《书·禹》《诗·车攻》《周礼》《论语》有会同,《春秋左传》有会无同,《国语》无之。朝聘,《左传》《公羊》不同。诸侯夫人梦,《左氏》《公羊》不同。明堂位,《考工记》《五帝德》不同。凡若此者,修礼何依焉?至其裼裘袭裘,治朝有堂无堂之异,六宗之名,社主之松柏,爵之大小,东西房之有无,琐文碎义,无关大体,可存不论。然则欲行古礼,徒增聚讼,终无是也。而使天下学士穷老尽气,钻研于不可行之学,精于是业者,措之尚不适于用,甚非王者教士治民之宜也。

杜佑曰:"上古中国与蛮夷一般,圣人改之未尽,尸其一也,今蛮洞中尚有之。"朱子谓《仪礼》非一时所能作,逐渐添得精密,然后圣人写出本子,皆以称情立文也。后世制度既殊,情文绝异,惟有酌古今之宜,定质文之中,存尊卑隆杀之数,使人人可行;总会百王,上下千古,定为一书,立于学官,行于天下,习于士民,督于有司。至古之礼经,藏于秘府,分存名山,但以待博学好古之士、专门名家之人,不复立学,不复试士。庶几耳目一而风俗同,士习为有用之学,从今之道,彬彬之风,炳然将同于三代矣。

王者既制令礼颁之于天下,则上自朝廷,下及州县之吏、乡党之师,必有专习礼科者。若六朝贺循、熊安生、皇侃、崔灵恩之属,专门礼学,以备仪礼采问之选。而士人之通博者,亦欲考知古今,得以推礼制损益之故,则当采集经传,分四代之古礼,别周、孔之异制,下及汉、唐二千年来礼制之因革沿革,定为一书,谓之《礼案》,俾学者有所考求,而不致庞杂于耳目,烦劳其心思,白首而不能言,穷老而无所用。今刑律有《刑案汇览》,以参定疑狱,岂可无《礼案汇览》乎?

夫存案之设,所以备时行律例之穷,为参考酌改之用,非以博闻见之。博闻见者,无用之学,谀闻动众,非以语王者之治也。存案之事,不厌其博,而贵其条例章明,分别有序,然后易于检查,而不致舞文弄法也。朱子《经传通解》,从事晚暮,不及成书而卒,大体虽举,未免疏略。秦蕙田《五礼通考》,网罗众说,征引博矣;然《嘉礼》载入古今州国、都邑、山川、地名、天文、推步、勾股、割圆,近于旁涉,无关礼典;至所征众说,今古之学不分,殷、周之制莫辨,萧兰杂陈,互相乖刺。令学者远睹之而茫洋,近视之而瞀惑,此盖《通鉴长编》之类,但为修史者之稿本,而非可以为《礼案汇览》者也。

今修《礼案》,欲决诸经之讼,平先儒之争,先在辨古今之学。今古之学,许叔重《五经异义》(今陈氏辑本尚存百余可据)、何休《公羊解诂》辨之,近儒陈左海、陈卓人详发之。古学者,周公之制。今学者,孔子改制之作也。辨今古礼,当先别其书。古学者,周公之制,以《周礼》为宗,而《左》《周》守之。孔子改制之作,《春秋》《王制》为宗,而《公》《穀》守之。孟子、荀子及战国诸子多今学,盖皆从七十子出也。《仪礼》,经为古,记为今;盖经为周公所制,记为七十子后学所记也。戴记今古杂出:《曲礼》《檀弓》《祭法》《杂记》,近

《左传》;《玉藻》《朝事》《深衣》《盛德》,近《周礼》;及《礼器》《郊特牲》,亦古学也。《祭统》《三朝记》《冠》《诗》《论语》,兼有今古,而与《王制》《周礼》不同。各经又自不同。以周多历年祚,《会典》《则例》屡修,而时有增改也。《尚书》若《史记》所引古文说,《诗》若《毛传》及今《易》、《诗》、《书》之古学也。汉初诸儒,率皆今学,伏生《尚书》、三家《诗》、董子《繁露》是也。后汉多古学,许君《异义》,杜、郑、贾、马《周礼》《左传》《尚书》注是也。《白虎通》所引先师说,可以此例推之。

次当考今古礼之有无同异。某礼于古为某,于今为某;某礼为今古同有,某礼为今古同无,某礼为名异而实同,取之。郑康成"二礼"注,其编次不从原文,颇得行礼之节次。惟郑注"三礼",所引尚有《天子巡狩礼》《烝尝礼》《军礼》《朝贡礼》《逸奔丧礼》,共八篇,草庐同三遗五,皆当据阎若璩《尚书古文疏证》第二十一篇补入。刘敞有《士相见仪》《公食大夫仪》《投壶仪》,朱子美之,并宜采入。下至诸锦《补飨礼》、任启运之《肆献祼馈食礼》,皆当全篇录之。若是者,纲条并举,眉目清晰。顺之以四代之次,考之以各经之异。其古学之殊者,存之以沿革之增改,其汉儒之说者,别之为先师之推例;旁推诸子,下搜汉注,尊周、秦之古说,别汉师之附会。其诸儒之混合今古者,则据经以正之,后儒之各有依据者,分类而从之。条秩不紊,分数斯明。然后按《通考》之例,斟酌而增改之,悉归部伍,约束分明,二千年纷如乱丝之礼,皆可治也。是以存案,不亦清乎!

学《礼》莫要于《戴记》矣。《仪礼》虽为古经,而琐屑不见先王制度之大。《周礼》制度精密,朱子称为盛水不漏,非周公不能作,而不能知礼之本原,且于家礼、乡礼无所考,修身善世之义未及著。大哉《戴记》!天道人事,圣德王道,无不备矣。其精者,为孔子之粹言；其驳者，亦孔门后学之师说。学者通制度，识义理，未有过于此书者也。孔仲达、王荆公之废《仪礼》，固必不可能，其尊尚《戴记》则有高识，正不得谓其舍本而取末。惜其不兼合《大戴》而并注之，此则令甲之所限、利禄之锢人耶。但《礼记》庞杂揉乱，次序既乖，篇章错误，今古不辨，制度互迕，学者终身寻之不能得其门户秩序，非垂经训以教士之意也。故自更生、康成，已更录目，孙炎、魏徵，并为《类礼》。欲学《礼记》，必自《类礼》始矣。魏征《类礼》，元行冲靳为义疏，虽未必精，使其行之，礼学易明。竖儒张说乃云："今之《礼记》，历代传习，著为经教，不可刊削。"驳不许行。夫所尊乎经教者，欲以教学化民也。尊经则欲其整齐而有条理，化民则欲其易简而易通晓也。篇简错乱则非所以为尊，文义庞杂则非所以为教，以为愚儒守古则可，以为教学便民，则大非也。

后世不知守先王之道在于通变以宜民，而务讲于古礼制度之微，绝不为经国化民之计，言而不行，学而不用。刻镂尧、舜、周、孔之象，设鞠鞽拜之，退而弑其君父。烹羊宰牛为祖考之祭，退而避母参兄。以斯为学道，以斯为考思，未之闻也。二千年来不收先王之泽，则竖儒阳尊之而阴拒之之为害也。

夫圣人之作，犹生民之立君，非以称尊以便民也。若徒陈黄屋左纛之制，深居九重，不与民事以为尊，是刻木为神，被组为衣，翼之以泥隶，而责其治民也。奚用此尊为哉？今学士之为经，说"尧典"二字至于三万言，说"仲尼居"三字至十余万言，下至深衣、车制、明堂诸考，皆无用之物，而人人务说之，而不以为行。瓮无粒米，而陈三代彝鼎簠簋之器；衣无寸缕，而谈王者弁冕龙衮之服；其不以饥寒丧身不止也。好虚而不务实，竞浮华而不周于用，晋人以清谈亡国。不周于用，亦清谈也。琐琐经学，相习成风，非此不尊，其不以之亡中国之教也几希！

且尊之而不用之,此用王混于尚书令而拔茹法真于中书也,加真卿为太师而出之以远使也。譬今制夺其军机之权,而加以大学士之衔也。其为尊经亦若是。此真曲儒之积习,三代无是也。

且《礼记》本异于诸经。戴德删一百三十一篇为八十五,戴圣又删为四十九,今四十六篇之记不存,若科删经之罪,二戴当先为魁也。又辑《类礼》别为一书,与《戴记》并行,无损于经。《中庸》、《大学》,裁篇别出,始于梁世,已近千年,于经何损?以为僭圣,毋乃葸乎!

朱子《经传通解》,盖亦有《类礼》之意,但以《仪礼》为经,《礼记》为传,不知今古错杂。《冠义》六篇,与《仪礼》绝不相蒙,何可为传?而义理之言亦见遗漏,故终不免拔《大学》《中庸》而另出。又云:"若欲观礼,须将《礼运》节出。"盖《类礼》之意也。

吴澄《礼记纂言》,分《礼记》为三十六篇,通礼九篇,丧礼十一篇,祭礼四篇,通论十一篇;排比伦次以类相从,俾上下意义联属贯通,颇有条理,而苦于不知今古礼之乖异,谬合为篇;《冠义》与《仪礼》义相牴牾,妄附为传。故用心虽勤,卒无当也。

以上礼学三书、国朝会礼,颁行天下之士民诵之、习之、隆之、由之;不诵习者,不得列为生徒。《礼案》设科,以待专门之搜讨,存之于吏,以备考案之检查。虽以康成之才,仅备礼曹之佳吏耳。不精熟于《礼案》者,不得选举为礼吏。(其选吏之法,别详《通变议》。)《类礼》立于学宫,使天下之士诵之、通之;不通者不得预为士人。其三《礼》古经,存于秘府,藏于名山(若文澜、文汇等阁,藏四库书处),听天下藏书家藏之,不以试士,以一耳目,齐风俗。

六艺(中)射、御

立国则主立兵,故兵事之束甚古矣。古者民皆为兵士、为偏裨,公卿大夫为将帅,故射者为尽人共学之艺。男子生则具弧矢,托典礼于初生;燕饮行则立射耦,寓武备于无事。礼之大小,乡国并用,不能则辞以疾,于是射益重矣。然世变日异,以筝琶易琴瑟,以槃椀易笾豆,以椅案易几席,以枪炮易弓矢,至于今日,射遂为极无用之物矣。然推古人之意,不在器而在义也。射之义在武备,今之武备在枪炮,则今之射即烧枪也。则烧枪为凡今男子所宜有事也。古者有乡射礼、大射礼,则今宜立乡烧枪礼、大烧枪礼。燕饮有射,选士有射,则今燕饮以烧枪,选士亦以烧枪也。射有正、有耦、有鹄、有乏、有获、有鼓,烧枪亦立正、立耦、立鹄、立乏、立获、立鼓,皆以寓武事于承平,寓将卒于士夫也。为射之器者,有乡人、矢人,讲求之精,则枪厂制造亦宜精也。射为"六艺"之一,天下男子所共学,今亦以枪为"六艺"之一,天下共学之可也。师古人之意,不师其器也。

至于御者,今之驾驰,非尽人宜学者也。或在道路大通、车轮盛行之后乎?今则无用。"六艺"之一,当以图画补之,为尽人所宜学,今附之数学之后。

敷　　教

自黄帝制舟车,制文字,即有以教民,旁行四海,民服其教。帝舜命契曰:"百姓不亲,五品不逊,汝作司徒,敬敷五教在宽。"盖忧天下民之不教,故命司徒总领敷教之事。既曰"敬敷",则必有章程行其敷教之法,必有官属宣其敷教之言,必有堂室以为敷教之地,然后能遍于天下之民。若学校,则有典乐之夔,绝不相混也。《周官》尚有岁月读法,谏救劝德,犹是敷教之余法,不与学校相杂。孟子言"谨庠序之教,申之以孝弟之义",则专申教,而误以学校系之,皆未知教学之流别也。自尔之后,误以教属于学校,读法、谏救之典皆亡,小民于是无由被王者之泽。

以专经为学,学虽失其实而犹存其意,教则殆尽亡之。僻远荒漠之区,尚有诵经者,徒为识字之计,其有行义,则秉彝天性之良,实则未尝有敷教之政被之者也。今穷乡小民多不识字,其诵经识字者,经学奥深,事诣不属,亦岂能通其义理?若嵊峒、林箐、苗猺、黎獞,圆颅方趾,亦人类也;在中国区域中,亦我民也,而亘数千年不被教化;语言文字不通,礼制不同,争夺好杀,斗狠桀诡,有若兽畜。其耳目与民同,而性行与民异者,无教之所致也。夫学校之深美,只能教士,未可化民,况欲化自古不通之苗民哉!况未尝有以教之哉!

夫学患不深详,教患不明浅;学患选之不精,教患推之不广,义皆相反。以学为教,安能行哉?

既无敷教简易之书,又无专领敷教之官,宣讲敷教之人,广开敷教之地,此所以绵更千祀,山谷不被教,而苗黎隔化也。且古者敷教虽宽,然有官领之,有人任之,读法则岁月有期,谏救则劝勉切至。其不然者,则有让罚,圜土明刑,未为尽宽也。今无官领之,无人敷之,无岁月读法之期,无谏救让罚之纠,故曰教已亡也。滇、粤之间,百里无一蒙馆,以巫为祭酒,为其能识字也,故耶稣教得惑之。今遍滇、黔、粤间皆异教,以民无教化故也。豫、陕、燕、齐之民,亦少识字者,皆无教故也。

官不敷教则民自设之。今民间善堂多为宣讲善书之举,此古敷教之义。其耸动民心,而劝之迁善悔恶不少。惜宣讲之书既杂以释道,大率袁了凡之学,不要于正,又无官劝之。士人高者讲研经史掌故,下者为词章科举,非斥其不典,则鄙其俚俗,笑而置之。不知人心风俗所寄,国家治乱之所关,视学校选举之政,未巨有宏于兹者也。

选举止及于士,敷教下逮于民。士之与民,其多寡可不待计也。而士大夫多轻视之,此所谓本末舛决,目不见丘山者也。乱国之政不务本,亡国之政不务实,其以此夫!

今为敷教之书,上采虞氏之五伦,下采成周之六德、六行,纯取经文切于民质日用,兼取鬼神祸福之报,分门列目,合为一经,详加注释,务取显明;别取儒先史传之嘉言懿行为之传以辅之。以诸生改隶书院,以教官专领敷教事,学政领之,统于礼部。每州县教官分领讲生,隶之义学,以敷教讲经为事。以大清《通礼》《律例》《圣谕》之切于民者,以幼雅书数之通于世事者辅之。常教则为童蒙。朔望五日敷宣,则男女老孺咸集。朔望大会益盛。其仪其义,简而勿繁,浅而自深,务使愚稚咸能通晓,推行日广,远方山谷,务使遍及,苗黎深阻,一体推行。愚氓朴诚,耸劝为易;性善之良,人所同具;兴善远罪,共兴于行;下美风俗,上培国命,为政孰大于是!讲生开一善堂,于德行道艺宜许之以彰瘅之事,以劝风化。其大者上之教官转达学政,有所奖罚,兴行自易,此谏救让罚之义也。

言　语

文章至孔子后始成也。古者惟重言语,其言语皆有定体,有定名。其欲为言者,皆有学也。四科有言语。《论语》曰:"为命,裨谌草创之。"《左传》子产有辞,仲尼曰"言而无文,行之不远",《诗》曰"巧言如簧",喋喋善便言,"唯号斯言,有伦有脊",皆谓言也。凡经传所记,君臣论治,敌邻聘问,朋友赠对,师弟答问,惟叔向寓书,吕相飞檄,为有文字,自馀皆面相言语也。《戴记》《国语》所载,文词繁复,似后人润饰增附成文,自馀皆该简,其为言语,无可疑也。自六经为文言,此外虽《论语》亦语录耳。庄子曰"辩士无谈说则不乐"。又曰"子之言者似辩士"。于是纵横家流,如仪、秦、陈轸抵掌说时主,皆以言语。谈天衍,雕龙奭,坐稷下谈者千余人,皆以言语。惠施、公孙龙陈坚白,谕马指,皆以言语。宋钘、墨翟游说人国以言语。今考其辞气,皆可按也。

凡以言语为用,必有定名,天下同一,而后可行。孔子正名,"刑名从商,爵名从周,散名从诸夏之成俗曲期"。后儒传学,名归于一,故知方言之书,非治国所宜有也,治者所以治不齐者,而使之齐也。具言达名,施行听受,使天下一齐,则周行九州莫不通晓。譬如今所谓正音,官话也。天下皆依于正音之名,而绝其方言,则莫不通矣。

言之名贵治而归于一,然学士大夫朝庙坛席相周旋,又尚雅焉。曾子曰:"出辞气,斯远鄙倍矣。"仲尼曰:"言之无文,行之不远。"又曰:"修辞立其诚。"曰"远鄙",曰"文",曰"修",皆雅之谓也。《左传》仲孙之言,粪土也,不雅也。之、乎、者、也、矣、焉、哉等字,后世以为文章之助辞,古人以为言语之助辞,不如后世个、怎地底之满口鄙言也。《北史》:"王楷发言必雅,时人笑之。"楷实有古义。即晋人清谈,小多雅言,亦未失士夫气象,但不可以浮文妨要耳。

言有定体,如祝告之辞:"孝子某敢告于皇祖某甫";加冠之辞:"吉月良日既加尔服,弃尔幼志,嘉尔成德";相见之辞曰:"某愿闻名于将命者";贺娶妻者之辞:"某子使某闻子有客使某羞。"若是皆有一定之辞,一字不改,天下公行,如今日帖式之类。盖后人以文字,古者皆以言也。《孝经》曾子曰:"参不敏,何足以知之?"哀公问:"寡人固不固,安得闻此言也?"《乐记》曰:"乙,贱工也,何足以问所宜?抑诵所闻,而吾子自执焉。"此辞让而对之体,虽无一定,而大略必同。其他如盟词、使词,亦大致相同,首尾不易,如今书札体式。今泰西吉礼,中席必起,陈颂祝之辞,亦有定体,盖与古为近。盖古人有撰定成式，如今家礼书仪，为彼此通行。近儒考礼辨析甚精，而行礼之简略鄙倍，殆不可见。盖相与言学仪礼，则尊言；学书仪，则鄙其实，如画饼不可食也。言语有体，亦其一端也。

言语之体，亦有时异。唐、虞都俞之体，精简而深雅；盘庚、商、周誓诰之体，质朴而浑厚；春秋对问之言，缛秀而简重；战国说辩之言，飞宕而流跃。言虽有体，亦与时而迁焉。

古者言语之重，盖有专学焉。《书》曰："辞尚体要。"孔子曰："不学《诗》，无以言。"大司成学论说在东序，而养老示之以乞言合语之体，遂发咏焉。盖古之于言也，礼以定其体，乐以和其气，博依以致其喻，专师以致其精。其行于学者既如此，所以施于民者必不大异。天下同风，无有阂隔之患，无有无用之学。其容貌辞气，其文足观也，其实足既也。言者宣也，上下相宣而无有不治矣。

夫所谓实者何也？昔尝疑四科之目，言语何以在政事、文学之上。既而观乐正教国子言语，必本于乐德，则知古以能宣德行为言语也。如阴饴甥之盟国人，国人皆泣。臧洪登坛读盟词，辞气慷慨，观者感动。是知言语之效也。古者遒人以木铎徇于道，官师相规，工执艺事以谏，皆言行也。至于先圣垂训，贤师论道，若《戴记》所载，诸子所记，圣为天口，贤为圣译，则言德行，皆言之可贵也。至于治事，上下相际，官民相通，讯讼狱，问疾苦，宣上德，达下情，必言语同声，名号同系，然后能交喻也。若夫敷教读法，苗蛮山谷咸使解悉，言语之用，尤为要矣。

今之有文笔、联字、缀章而代言语者也。自秦汉后，言语废而文章盛，体制纷纭，字句钩棘。盖作始也以代言，其承变也以驾异。其始之达书名也，恐人之不遍解；其后之务文词也，恐人之易解。是故一文也，诗赋与词曲不同，散文与骈文不同，散文与书牍不同，公牍与书札不同，民间通用文字又与士人之文、官中之牍不同。是谓文与文不同。

学士大夫,通学问、能文章者也。至其语言名号,则鄙恶,与其为文绝不同。而士大夫之语言仍有雅言,与吏士不同。吏士之言,与市井山野之言又不同。是谓言与文不同,学人与人言不同。

北方有北话,南方有南话,官人有官话,其称名各不同。若夫同为北话,燕、齐、秦、晋、陈、豫各各不同。同为南话,而吴、越、徽、皖、楚、粤各各不同。闽、广为五岭之外,又其音之别为种类者也。即以吾粤新会、香山,皆去会城不百里,而南番之人不解其言语,其远□勿论,此尤可异者。……曾侯日记称到声架坡,理事官粤人胡璇泽来见,胡不解官话,乃相与操英语问答。夫以中朝大使,而中土语言不能相语,致藉英言以为交质,此可叹息者也。今闽广、江浙人交臂于外国,虑其皆不相通,而咸藉夷言以通语也,其辱国甚矣。而学士徒讲古音古义,而弃此不讲,恐其论胥于不可言也。印度,古名国也,其文字六十四种,语言八百余种,是以弱亡,不能联合齐一人心故也。南方有客民者,三苗五豁蛮之族也,迁徙州县,无常居户口,孤零无大聚,而语言出于一,百迁而不失其本音。此其所以横行编户间,而莫之谁何也。

雍正八年,以闽、广人不通官话,令于四城开正音馆教之,著令举贡生童不能官语者,不准考试,以三年为限。十一年,再展限三年。此诚王者整齐民风之政也。今当编书名之书达于四方,凡天地、鬼神、人伦、王制、事物,酌古准今,定为雅名,至于助词皆有定式,行于天下。先行于善堂义学,自远方山谷专国地与地各不同,咸使周遍通晓,操此为言,行之直省藩部,罔有不通。上德易宣,下情易达,商贾易通,情伪易悉,无有阂塞之患,辱国之事。此亦为政之先务也。

书名既定,凡公私文牍、传记、序论、百凡文体,皆从定式。府县不得称都邑，官不得称守令，山西、陕西不得称秦、晋，一切名号断从今式，不得引古。俾学士野民咸通其读，则民智日开，学问益广。至文体、文句皆有制度，不得□□。盖古之为文，使人易诵，故《易》《诗》《礼》辞皆多韵语。孔子之为《文言》曰："元者，善之长也；亨者，嘉之会也。"又曰："云从龙，风从虎，水流湿，火就燥，圣人作，万物睹。"皆韵语短句。《老子》："道可道，非常道；名可名，非常名。"又曰："金玉满堂，莫之能守。富贵而骄，自遗其咎。"《尧典》曰："光被四表，格于上下。"《曲礼》曰："俨若思，安定辞，安民哉。"皆韵语短句。此为文之体也。至于语言，见于《左传》《国语》者，以四字一句为多，其不能蓄缩，乃以五、六字畅之。中惟战国骋辨，稍有驰骤变化。自汉至隋、唐，文词莫不以四字为中，而以五、六字申佐之。古古相承，殆数千年，惟宋后至今，乃不然耳。文曰一言令，所以四字至六字者，以人气之相属，一、二字则寡滞而不畅，八、九字则长繁而不达，宣于喉舌既不便，存于心入于耳而多碍。故以四字为宗，五、六字佐之，实天地之自然，人声之中度，不期然而然，非有人为作而致之。而后人奉天，孰能违之？夫文言，譬则乐也，乐有中声，以人为节，大不过宫，细不过羽，至于梆子以上，大晟乐以下，则非宜。过其节级，乐不能为，听之不美。盖人为之事，皆顺于人，即奉于天也，非好为新异也。好新异者不行。

师　　保

孔子曰："性相近也，习相远也。""唯上智与下愚不移。"岂不然哉！由斯谈中人之资，视其所习。《周书》曰："习之为常，自血气始。"《贾子》曰："习与正人居，不能毋正，犹生长于齐，不能不齐言也。习与不正人居，不能毋不正也，犹生长于楚，不能不楚言也。"习与智长，故切而不攘；化与心成，故中道若性。所谓习者，视所与居游之人,而己以率之。其在天子,则有三公、三少,明孝仁、礼义,以导习之。不谕先圣王之德,不知畜民之道,不见礼义之正,不察应事之理,不博古之典传,不娴于威仪之教,诗书礼乐无经,学业不法:太师之任,所谓导之教训也。无恩于父母,不惠于庶民;无礼于大臣,不中于刑狱;无经于百官,不哀于丧,不敬于祭,不信于诸侯,不诫于戎事,不诚于赏罚,不厚于德,不强于行,赐与侈于近臣,遴爱于疏远卑贱,不能惩忿窒欲:太傅之任,所谓傅之德义也。处位不端,受业不敬,言语不序,声音不中律,进退节度无礼,升降揖让无容;周旋俯仰,视瞻无仪,妄顾咳唾,趋行不得;色不比顺,隐琴瑟:太保之任,所谓保其身体也。天子宴时,其学左右之习,反其师,若远方诸侯,不知文雅之辞应,群臣左右,不知己诺之正,简闻小诵,不传不习:少师之任。居处出入不以礼,冠带衣服不以制,御器在侧不以度,上下杂采不以章,忿怒说喜不以义,赋与集让不以节:少傅之任。宴私安而易,乐而湛,饮酒而醉,食肉而饱,饱而强,饥而惏,暑而惕,寒而嗽,寝而莫宥,行而莫先莫后,天子自为开门户,取玩好,自执器皿,亟顾环面,御器之不举不藏:少保之任也。皆选天下端士孝悌闲博有道术者为之,与之居处出入,逐去邪人,不见恶行。故日见正事,闻正言,行正道,左视右视,前后皆正人。又有司过之史,亏膳之宰,进善之旌,诽谤之木,敢谏之鼓,瞽夜诵诗,工诵正谏,士传民语,其习之之严且谨者如此。

读成王之诗曰:"呜呼悠哉,朕未有艾,将予就之,继犹泮奂。"曰:"闵予小子,遭家不造,茕茕予在疚。呜呼皇考,永世克孝。"又曰:"敬之敬之,天维显思,命不易哉。"又曰:"日就月将,学有缉熙于光明。佛时仔肩,视我显德行。"又考《书》之《顾命》曰:"在后之侗,敬迓天威,嗣守文武大训,无俾世迷。""思夫人自乱于威仪,尔毋以钊冒贡于非几。"率皆敬天思祖、修学填德之词。于是叹师保之功也,亲近之时过于宦官宫亲,规诲之密足以顺美绳愆,磨硙浸润,日有光明。自非丹朱之顽傲,越椒之野心,安有不服仁迁义者哉?夫太甲、成王不过中才耳,蒙伊尹、周公之训则成德,否则披倡。荀子曰:"兰芷由所渐诚哉。"《诗》曰:"如临师保。"尹铎曰:"委土可以为师保。"鬻子曰:"与师处者王,与友处者霸,与奴隶处者亡。故尧师许由,舜师王倪,汤师务成,文王师鬻熊;周公执贽而见者三人,还贽而相见者七十人;子贱父事者三人,兄事者五人,友事者三十余人。"孟子曰:"汤之于伊尹,学焉而后臣之,故不劳而王。桓公之于管仲,学焉而后臣之,故不劳而霸。"总会古哲,莫不以得师保而治,无师保而乱,披艺按谱,其效至明也。

后世即寡闻严立师保之义,而皆有魁垒骨鲠、议论通古今之人,置于左右。武帝必冠而见汲黯,而淮南寝谋;太宗怀鹞而见魏徵,而贞观致治。下至王凤之用王尊,邓骘之任鲍永,虽非师保,亦皆有敬悼之人。日闻正言,自黜邪事,此所以迁善远恶而不自知也。

今惟童幼诸生乃有师保,舍是而号称师者,非考试之举主,则贵要之奥援,绝无教训德义之学,徒为系援贵富之阶。自是而外,苟一命之吏,只有钱谷刑名书札之幕友,未闻教训德义之师保;终日所接,苟非寮吏,则隶役也;所闻者,非杀杖流笞,则斗斛毫厘也。圣德要道,无所人于耳,前言往行,无所启于心;案牍累其神,酬接眩其志,虽有旧学,斫丧销磨尽矣;于何而玲珑其心,芳馨其情哉?至于监司以上,公卿以尊,与士愈绝,所接皆门生属吏,趋跄唯诺,面谀颂德而已,加以耆年老学,俯临天下愈甚,求有宾友道古今,讲治体,规过非,未之前闻,况奉以师保哉!甚非所以光辅明德也。至于天子,其尊愈甚,虽有师保,仅言六艺,崇阶闳殿,尊如天帝,懔若大神,鞠跪而对,点首而退,元老大臣树牙立□,逡遁隐缩,胸藏万策,不敢一言,皆古所谓与奴隶处者也。若是者,必皆上圣之资,不待辅弼而后可。不然,挟斯为治,何异缘木而求得鱼,北辕而求之楚哉!夫人才之高下,视其所与居之人而知之。故师保之设,凡有官君子所不可少者也。

秦焚六经未尝亡缺考第一①

按：后世《六经》亡缺，归罪秦焚，秦始皇遂婴弥天之罪。不知此刘歆之伪说也。歆欲伪作诸经，不谓诸经残缺，则无以为作伪窜入之地，窥有秦焚之间，故一举而归之。一则曰"书缺简脱"，（《汉书·艺文志》、《楚元王传》。）一则曰"学残文缺"，（《汉书·楚元王传》。）又曰"秦焚《诗》、《书》，六艺从此缺焉"②。（《汉书·儒林传》、《史记·儒林传》亦窜入。）又曰"秦焚书，书散亡益多"。（《史记·儒林传》窜入。）学者习而熟之，以为固然，未能精心考校其说之是非。故其伪经得乘虚而入，蔽掩天下，皆假校书之权为之也。今据《史记》及诸传记条别证之如下。

三十四年。丞相臣斯昧死言："臣请史官非秦记皆烧之。非博士官所职，天下敢有藏《诗》《书》、百家语者，悉诣守尉杂烧之③。令下三十日不烧，黥为城旦。所不去者，医药、卜筮、种树之书。若有欲学法令，（《集解》，徐广曰："一无'法令'二字。"）以吏为师。"制曰："可。"（《史记·秦始皇本纪》）

---

① 此文选自《新学伪经考》第一篇。
② 《汉书》作"及至秦始皇兼天下，燔《诗》《书》，杀术士，六学从此缺矣。"
《史记》作"及至秦之季世，焚《诗》《书》，坑术士，六艺从此缺焉。"
③ 引文中略"有敢偶语《诗》《书》者……与同罪。"二十四字。

按：焚书之令，但烧民间之书。若博士所职，则《诗》《书》、百家自存。夫政、斯焚书之意，但欲愚民而自智，非欲自愚。若并秘府所藏、博士所职而尽焚之，而仅存医药、卜筮、种树之书，是秦并自愚也，何以为国？《史记》别白而言之，曰"非博士所职藏者悉烧"，则博士所职，保守珍重，未尝焚烧，文至明也。又云"若有欲学以吏为师"，吏即博士也。然则欲学《诗》《书》六艺者，诣博士受业则可矣。实欲重京师而抑郡国，强干弱支之计耳。汉制，"郡国计偕，诣太常受业如弟子"，犹因秦制也。夫博士既有守职之藏书，学者可诣吏而受业，《诗》《书》之事尊而方长。然则谓"秦焚《诗》《书》，六艺遂缺"，非妄言而何？然而二千年之学者遂为所惑。虽魁儒辈出，无一人细心读书，祛其伪妄者，岂不异哉！

或疑《始皇纪》云："今天下已定，法令出一①。士则学习法令辟禁。今诸生不师今而学古，以非当世。"然则秦焚书之意，盖深忌士之学古，而专欲其学习法令，岂焚书之后，尚有听习《诗》《书》之制？则所谓欲学者"以吏为师"，必为学法令明矣。释之曰：秦焚《诗》《书》，博士之职不焚。是《诗》《书》，博士之专职。秦博士如叔孙通，有儒生弟子百余人。诸生不习《诗》《书》，何为复作博士弟子？既从博士受业，如秦无"以吏为师"之令，则何等腐生，敢公犯诏书而以私学相号聚乎？"不师今而学古"，乃一时廷议之虚辞；至诣博士受《诗》《书》，则一朝典制；佐验显然，必不能以虚辞颠倒者矣。（《朱子语类》亦有"秦只教天下焚书，他朝廷依旧留得"之说，见卷一百三十八。）

"古者天下散乱，莫能相一，是以诸侯并作，语皆道古以害今，饰虚言以乱实，人善其所私学，以非上所建立。今陛下并有天下，

---

① 下删"百姓当家则力农工"八字。

辨白黑而定一尊。而私学乃相与非法教之制，闻令下，即各以其私学议之；入则心非，出则巷议；非主以为名，异趣以为高，率群下以造谤。如此不禁，则主势降乎上，党与成乎下。禁之便。臣请诸有文学、《诗》《书》、百家语者，蠲除去之。令到，满三十日弗去，黥为城旦。所不去者，医药、卜筮、种树之书。若有欲学者，以吏为师。"始皇可其议，收去《诗》《书》、百家之语，以愚百姓。使天下无以古非今，明法度，定律令，皆以始皇起。《史记·李斯传》）

按：《秦始皇本纪》云："若有欲学法令，以吏为师。"徐广曰："一无'法令'二字。"以《李斯传》考之，云"若有欲学者以吏为师"，无"法令"二字；此为当时令甲，故史公录之无一字异。二文互证，然则"法令"二字为刘歆所窜乱者可见矣；徐广所见，犹是史公原本。《十二诸侯年表》云："为成学治古文者要删焉。"徐广曰："一云'治国闻'。"亦是史公原本如此。然则《史记》若是之类，其为歆所窜者，皆可以此推之矣。

侯生、卢生相与谋曰："始皇为人，天性刚戾自用，起诸侯，并天下，意得欲从，以为自古莫及已。专任狱吏，狱吏得亲幸。博士虽七十人，特备员弗用。丞相诸大臣皆受成事，倚办于上。上乐以刑杀为威，天下畏罪持禄，莫敢尽忠。上不闻过而日骄，下慑伏谩欺以取容。秦法，不得兼方，不验辄死。然候星气者至三百人，皆良士，畏忌讳，谀不敢端言其过。天下之事，无大小[①]皆决于上，上至以衡石量书，日夜有呈，不中呈不得休息。贪于权势至如此，未可为求仙药。"于是乃亡去。始皇闻亡，乃大怒曰："吾前收天下书，不中用者尽去之。悉召文学方术士甚众，欲以兴太平，方士欲练以求

[①] 《史记》原作"小大"。

奇药。今闻韩众去不报，徐市等费以巨万计，终不得药，徒奸利相告日闻。卢生等，吾尊赐之甚厚，今乃诽谤我，以重吾不德也。诸生在咸阳者，吾使人廉问，或为妖①言以乱黔首。"于是使御史悉案问诸生；诸生传相告引乃自除；犯禁者四百六十余人，皆坑之咸阳，使天下知之，以惩后。益发谪徙边。(《史记·秦始皇本纪》)

  按：秦虽不尚儒术，然博士之员尚七十人，可谓多矣。且召文学甚众，卢生等尊赐甚厚，不为薄也。坑者仅咸阳诸生四百六十余人，诬为"妖言"，传相告引，且多方士，非尽儒者。②汉钩党杀天下高名善士百余人，然郡国不遭党祸之士尚不啻百亿万也。伏生、叔孙通即秦时博士，张苍即秦时御史；自两生外，鲁诸生随叔孙通议礼者三十余人，皆秦诸生，皆未尝被坑者。其人皆怀蕴《六艺》，学通《诗》《书》，逮汉犹存者也。然则以坑儒为绝儒术者，亦妄言也。

二世皇帝元年，"令群臣议尊始皇庙。群臣皆顿首言曰：'古者天子七庙，诸侯五，大夫三，虽万世世不轶毁。今始皇为极庙，四海之内皆献贡职，增牺牲，礼咸备，毋以加。先王庙，或在西雍，或在咸阳。天子仪，当独奉酌祠始皇庙。'自襄公已下轶毁，所置凡七庙。"(《史记·秦始皇本纪》)

此议与《穀梁》《王制》《礼器》《荀子》合。博士之议固存也。

"乃从荀卿学帝王之术"。太史公曰："斯知六艺之归"。③(《史记·李斯传》)

沛公至咸阳，诸将皆争走金帛财物之府分之，何独先入收秦丞

---

① 初刻本作"訞"，与《史记》原文同。
② 以上八字，初刻本作"此亦汉钩党之类耳"，下无"汉"字。
③ 本节引文乃截取《李斯列传》首段和论赞中二语。

相御史律令图书藏之。(《史记·萧相国世家》)

按：焚书在始皇三十四年，坑儒在始皇三十五年，始皇崩于三十七年七月，戍卒陈涉反于二世元年七月，李斯诛于二世二年七月，汉高祖入咸阳在二世三年十月①。自焚书至陈涉反凡四年，至高祖入关凡六年；自坑儒至陈涉反凡四年②，至高祖入关凡五年。坑焚之后，尚有荀卿高弟"知六艺之归"李斯其人者为丞相，死于陈涉反后。坑焚至汉兴为日至近，博士具官，儒生甚夥。即不焚烧，罪仅城旦，天下之藏书者尤不少，况萧何收丞相、御史府之图书哉！丞相府图书，即李斯所领之图书也。"斯知六艺之归"，何收其府图书，六艺何从亡缺！何待共王坏壁忽得异书邪？事理易明，殆不待辨。

后陵迟以至于始皇，天下并争于战国，儒术既绌焉。然齐、鲁之门，学者独不废也。……③及高皇帝诛项籍，举兵围鲁，鲁中诸儒尚讲诵习礼乐，弦歌之音不绝，岂非圣人之遗化，好礼、乐之国哉！故孔子在陈，曰："归欤，归欤！吾党之小子狂简，斐然成章，不知所以裁之。"夫齐、鲁之间于文学，自古以来，其天性也。故汉兴，然后诸儒始得修其经艺，讲习大射乡饮之礼。叔孙通作汉礼仪，因为太常，诸生弟子共定者咸为选首。于是喟然叹兴于学。然尚有

---

① 此误，当在秦子婴即位后之十月。秦二世已于三年八月被杀。
② 初刻本作"凡三年"。按，秦朝以十月为岁首，秦始皇三十七年七月与秦二世元年七月相去一年零一月；如以坑儒事件在始皇三十五年七月前，则首尾通计，可称四年。
③ 此处删略《史记》原文"于威宣之际"以下一百四十字，内有："及至秦之季世，焚《诗》《书》，坑术士，'六艺'从此缺焉。陈涉之王也，而鲁诸儒持孔氏之礼器往归陈王，于是孔甲为陈涉博士，卒与涉俱死，陈涉起匹夫，驱瓦合适戍，旬月以王楚，不满半岁竟灭亡，其事至微浅。然而缙绅先生之徒，负孔子礼器往委质为臣者，何也？以秦焚其业，积怨，而发愤于陈王也。"

干戈,平定四海,亦未暇遑庠序之事也。孝惠、吕后时,公卿皆武力有功之臣。孝文时颇征用,然孝文本好刑名之言。及至孝景,不任儒者,而窦太后又好黄老之术。故诸博士具官待问,未有进者。(《史记·儒林传》)

　　按:《儒林传》言战国绌儒,然齐、鲁学者不废,又言高帝围鲁,诸儒讲诵习礼乐不绝,又言圣人遗化,好礼乐之国,于文学其天性也;汉兴,诸儒修其经艺,习大射、乡饮之礼,诸生弟子随稷嗣而定礼仪;高、惠、文、景虽不好儒,而博士之官仍具。以斯而观,凡抱礼器之孔甲,被围之诸儒,定礼之诸生,具官之博士,皆生长焚书之前,逃出于坑儒之外。所云"讲诵",所云"经艺",皆孔子相传之本。加有口诵,非城旦之刑、数年之间所能磨灭。必不至百篇之《书》亡其大半,《逸礼》《周官》《左传》若罔闻知也。然则焚书坑儒虽有虐政,无关六经之存亡,而伪经突出哀、平之世,固不足攻,即出共王、安国之时,亦不足攻矣。

鲁世世相传,以岁时奉祠孔子冢,而诸儒亦讲礼乡饮、大射于孔子冢。孔子冢大一顷,故所居堂弟子内,后世因庙藏孔子衣冠琴车书,至于汉,二百余年不绝。(《史记·孔子世家》)

　　按:诸儒讲礼于孔子冢,不过《乡饮》《大射》之篇(《儒林传》同),皆十七篇所有。孔子之书藏于庙,自子思至汉,凡二百余年不绝。而孔襄尝为孝惠博士,忠、武、延年、安国、霸、光皆传《尚书》为博士,所谓"传十余世,学者宗之"也。史迁读孔氏书,又尝观其藏书之庙堂及车服礼器,又讲业其都,未尝言及孔庙所藏之六经有缺脱,而叹息痛恨之;献王、共王、安国所得之古文,自《尚书》外有《毛诗》《周官》《逸礼》《左传》,为孔氏世传之所无,未尝一赞美喜幸之。刘歆欲立古文,而孔光不助焉。然则孔氏之本具在不缺,无"古文"之名,亦无后出古文之《书》,至明矣。

楚元王交,字游,高祖同父少弟也,好书,多材艺。少时尝与鲁穆生、白生、申公,俱受《诗》于浮丘伯。伯者,孙卿门人也……①文帝时,闻申公为《诗》最精,以为博士。元王好《诗》,诸子皆读《诗》;申公始为《诗》传,号《鲁诗》。元王亦次之《诗》传,号曰《元王诗》,世或有之。(《汉书·楚元王传》)

陈馀者,亦大梁人也,好儒术。(《史记·陈馀传》)

张丞相苍者,阳武人也,好书、律、历。秦时为御史,主柱下方书。……②而张苍乃自秦时为柱下史,明习天下图书、计籍。(《史记·张丞相传》)

郦生食其者,陈留高阳人也,好读书。……③骑士曰:"沛公不好儒。诸客冠儒冠来者,沛公辄解其冠,溲溺其中。与人言,常大骂。未可以儒生说也。"(《史记·郦生传》)

陆生时时前说称《诗》《书》。高帝骂之曰:"乃公居马上而得之!安事《诗》《书》?"陆生曰:"居马上得之,宁可以马上治之乎!且汤、武逆取而以顺守之,文武并用,长久之术也。昔者吴王夫差、智伯极武而亡,秦任刑法不变,卒灭赵氏。乡使秦已并天下,行仁义,法先圣,陛下安得而有之?"高帝不怿,而有惭色,乃谓陆生曰:"试为我著秦所以失天下,吾所以得之者何,及古成败之国。"陆生乃粗述存亡之征,凡著十二篇;每奏一篇,高帝未尝不称善,左右呼万岁。号其书曰《新语》。(《史记·陆贾传》)

---

① 此处删略原文"及秦焚书"至"与申公俱卒业。"云云三百一十三字。
② 此处删略原文"有罪"至"萧何为相国"云云一百九十六字。
③ 此处删略原文"家贫落魄"至"非狂生"云云一百七十三字。

刘敬曰："陛下取天下与周室异。周之先自后稷,尧封之邰,积德累善,十有余世。公刘避桀居豳。大王以狄伐故,去豳,杖马箠居岐,国人争随之。及文王为西伯,断虞、芮之讼,始受命;吕望、伯夷自海滨来归之。武王伐纣,不期而会孟津之上八百诸侯,皆曰'纣可伐矣',遂灭殷。成王即位,周公之属傅相焉,乃营成周洛邑,以此为天下之中也。诸侯四方纳贡职,道里均矣。"《史记·刘敬传》

叔孙通者,薛人也。秦时以文学征,待诏博士。数岁,陈胜起山东,使者以闻。二世召博士诸儒生问曰:"楚戍卒攻蕲入陈,于公如何?"博士诸生三十余人前曰:"'人臣无将',将即反,罪死无赦。愿陛下急发兵击之!"二世怒作色。叔孙通前曰:"诸生言皆非也。夫天下合为一家,毁郡县城,铄其兵,示天下不复用。且明主在其上,法令具于下,使人人奉职,四方辐辏,安敢有反者?此特群盗鼠窃狗盗耳,何足置之齿牙间?郡守尉今捕论,何足忧?"二世喜曰:"善!"尽问诸生。诸生或言"反",或言"盗"。于是二世令御史按诸生。言"反"者下吏,非所宜言。诸言"盗"者皆罢之。乃赐叔孙通帛二十匹,衣一袭,拜为博士。叔孙通已,出宫反舍。诸生曰:"先生何言之谀也?"通曰:"公不知也,我几不脱于虎口。"乃亡去,之薛,薛已降楚矣。及项梁之薛,叔孙通从之,败于定陶。从怀王。怀王为义帝,徙长沙。叔孙通留事项王。汉二年,汉王从五诸侯入彭城,叔孙通降汉王。汉王败而西,因竟从汉。叔孙通儒服,汉王憎之;乃变其服,服短衣,楚制,汉王喜。叔孙通之降汉,从儒生弟子百余人,然通无所言进,专言诸故群盗壮士进之。弟子皆窃骂曰:"事先生数岁,幸得从降汉;今不能进臣等,专言大猾,何也!"叔孙通闻之,乃谓曰:"汉王方蒙矢石争天下,诸生宁能斗乎!故先言斩将搴旗之士。诸生且待我,我不忘矣。"汉王拜叔孙通为博士,号稷嗣君。汉五年,已并天下,诸侯共尊汉王为皇帝于定陶,叔孙通就其仪号。高帝悉去秦苛仪法,为简易。群臣饮酒争功,醉或妄呼,拔剑击柱,高帝患之。叔孙通知上益厌之也,说上曰:"夫儒者难与进取,可与守成。臣愿征鲁诸生,与臣弟子共起朝仪。"高帝曰:"得无难乎?"叔孙通曰:"五帝异乐,三王不同礼。礼者,因时世人情,为之节文者也。故夏、殷、周之礼所因,损益可知者,谓不相复也。臣愿颇采古礼与秦仪杂就之。"上曰:"可试为之。令易知,度吾所能行为之。"于是叔孙通使征鲁诸生三十余人。鲁有两生不肯行,曰:"公所事者且十主,皆面谀以得亲贵。今天下初定,死者未葬,伤者未起,又欲起礼乐。礼乐所由起,积德百年而后可兴也。吾不忍为公所为。公所为不合古,吾不行。公往矣!无污我。"叔孙通笑曰:"若真鄙儒也,不知时变。"遂与所征三十人西,及上左右为学者与其弟子百余人,为绵蕞野外,习之月余。叔孙通曰:"上可试观。"上即观,使行礼,曰:"吾能为此。"乃令群臣习肄。会十月,汉七年,长乐宫成。诸侯群臣皆朝十月。仪:先平明,谒者治礼,引以次入殿门;廷中陈车骑、步卒;卫宫设兵,张旗志。传言"趋",殿下郎中侠陛,陛数百人。功臣、列侯、诸将军、军吏以次陈西方,东乡;文官丞相以下陈东方,西乡。大行设九宾,胪句传。于是皇帝辇出房,百官执职传警,引诸侯王以下至吏六百石以次奉贺。自诸侯王以下,莫不振恐肃敬。至礼毕,复置法酒,诸侍坐殿上皆伏抑首,以尊卑次起上寿。觞九行,谒者言"罢酒"。御史执法,举不如仪者,辄引去。竟朝置酒,无敢欢哗失礼者。于是高帝曰:"吾乃今日知为皇帝之贵也!"乃拜叔孙通为太常,赐金五百斤。叔孙通因进曰:"诸弟子儒生随臣久矣,与臣共为仪。愿陛下官之。"高帝悉以为郎。叔孙通出,皆以五百斤金赐诸生。诸生乃皆喜曰:"叔孙生诚圣人也!知当世之要务。"(《史记·叔孙通传》)

贾山,颍川人也。祖父祛,故魏王时博士弟子也。山受学祛

所。(《汉书·贾邹枚路传》)

贾生名谊，洛阳人也。年十八，以能诵《诗》属《书》闻于郡中……孝文皇帝初立，闻河南守吴公治平为天下第一，故与李斯同邑而常学事焉，乃征为廷尉。廷尉乃言贾生年少，颇通诸子百家之书。(《史记·贾生传》)

文翁，庐江舒人也。少好学，通《春秋》。……景帝末为蜀郡守。(《汉书·循吏传》)

上见《史记》、《汉书》者，并伏生、申公、辕固生、韩婴、高堂生计之，皆受学秦焚之前，其人皆未坑之儒，其所读皆未焚之本；博士具官者七十，诸生弟子定礼者百余；李斯再传为贾谊，贾祛一传为贾山；皆儒林渊源可考者。统而计之：其一，博士所职，六经之本具存，七十博士之弟子当有数百，则有数百本《诗》《书》矣，此为六经监本不缺者一。其二，丞相所藏，李斯所遗，此为六经官本不缺者二。其三，御史所掌，张苍所守，此为六经中秘本不缺者三。其四，孔氏世传，六经本不缺者四。其五，齐、鲁诸生，六经读本不缺者五。其六，贾祛、吴公传，六经读本不缺者六。其七，藏书之禁仅四年，不焚之刑仅城旦，则天下藏本必甚多，若伏生、申公之伦，天下六经读本不缺者七。其八，经文简约，古者专经在讽诵，不徒在竹帛，则口传本不缺者八。有斯八证，六艺不缺，可以见孔子遗书复能完，千岁蔀说可以祛。铁案如山，不能动摇矣！

春秋微言大义第六上[①]

康有为曰：莫惑乎"仲尼没而微言绝，七十子丧而大义乖"之言也，孔子虽没，既传于弟子矣，则微言何能绝乎？七十子虽丧，既递传于后学矣，则大义何能乖乎？孔子弟子后学，徒侣六万，充塞弥满天下，并传其口说，诵其大义，昭昭乎揭日月而行也。至于汉初，诸老师犹传授。荟萃其全者，莫如《春秋》家；明于《春秋》者，莫如董子。自元气阴阳之本，天人性命之故，三统三纲之义，仁义中和之德，治化养生之法，皆穷极元始，探本混茫。孔子制作之本源次第，藉是可窥见之。如视远筒浑仪而睹列星，晶莹光怪，棋列而布分也。如绘大树根本干支，分条布叶，郁荣华实可得而理也。孔子之道，本暗昏湮断久矣，虽孟、荀命世亚圣，犹未能发宣，江都虽醇儒，岂能愈孟越荀哉？有道者，高下大小，分寸不相越，苟非孔子之口口相传，董子岂能有是乎！此真孔子微言大义之所寄也。今细精举要，俾孔子之道如日中天，岂敢谓尽露大道？抑大圣制作本始，条理宗庙百官，有可瞻仰云尔。

元

唯圣人能属万物于一而系之元也，终不及本所从来而承之，不

[①] 此文选自《春秋董氏学》卷六，1898年4月由上海大同译书局刊行。

能遂其功。是以《春秋》变一谓之元。元,犹原也,其义以随天地终始也。故人唯有终始也而生,不必应四时之变,故元者为万物之本,而人之元在焉。(《重政》)

《春秋》何贵乎元而言之? 元者,始也,言本正也。(《王道》)

谓一元者,大始也。知元年志者,大人之所重,小人之所轻。(《玉英》)

《易》称"大哉乾元,乃统天"。天地之本,皆运于气。《列子》谓"天地空中之细物"。《素问》谓"天为大气举之"。何休谓"元者,气也"。《易纬》谓"太初为气之始"。《春秋纬》:"太一含元,布精乃生阴阳。"《易》:"太极生两仪。"孔子之道,运本于元,以统天地,故谓为万物本终始天地。孔子本所从来,以发育万物,穷极混茫。如繁果之本于一核,萌芽未启,如群鸡之本于一卵,元黄已具,而核卵之本,尚有本焉。属万物而贯于一,合诸始而源其大,无臭无声,至精至奥。不得董子发明,孔子之道本殆坠于地矣。(按婆罗门之八明,亦颇类是。)

阴阳五行

天地之气,合而为一,分为阴阳,判为四时,列为五行。(《五行相生》)

十　　端

天有十端,十端而止已。天为一端,地为一端,阴为一端,阳为一端,火为一端,金为一端,木为一端,水为一端,土为一端,人为一端。凡十端而毕天之数也。(《官制象天》)

天、地、阴、阳、木、火、土、金、水九,与人而十者,天之数毕也。

故数者至十而止,书者以十为终,皆取之此。圣人何其贵者,起于天,至于人而毕。毕之外谓之物,物者投所贵之端,而不在其中。(《天地阴阳》)

天之大数,毕于十旬。旬,天地之间,十而毕举。旬,生长之功,十而毕成。十者,天数之所止也。古之圣人,因天数之所止,以为数纪。十如更始。(《阳尊阴卑》)

天之大数毕有十旬。旬,天地之数,十而毕举。旬,生长之功,十而毕成。(《基义》)

是故阳气以正月始出于地,生育养长于上,至其功必成也,而积十月。人亦十月而生,合于天数也。是故天道十月而成,人亦十月而成,合于天道。(《阳尊阴卑》)

《论语》曰"闻一以知十"。一为数始,十为数终。物生而有象,象而后有滋,滋而后有数。凡物皆有大统,一为之始,必有条理,十为之终。一之与十,终而复始,道尽是矣。《华严》说法必以十,真暗合也。孔子系万物而统之元,以立其一,又散元以为天地、阴阳、五行与人,以之共十,而后万物生焉,此孔子大道之统也。十端之义,后世不闻矣夫,则孔子之道毁矣。(天之为道,广微高远,不可得而测,而圣人以与人并列为一端,皆元统之,乃极奇之论,真与佛氏之三十三天与人并为轮回等。盖圣心广微,含运太元,则天地乃为元中细物,亦与人同耳。)

人元在天前

故元者为万物之本,而人之元在焉。安在乎?乃在乎天地之前。故人虽生天气及奉天气者,不得与天元本、天元命而共违其所为也。(《重政》)

《易》曰"先天而天不违"。人安得先天？则《易》为譻说乎？岂知元为万物之本，人与天同本于元，犹波涛与沤同起于海，人与天实同起也。然天地自元而分，别为有形象之物矣。人之性命虽变化于天道，实不知几经百千万变化而来。其神气之本由于元，溯其未分，则在天地之前矣。人之所以最贵而先天者，在参天地为十端，在此也。精奥之论，盖孔子口说，至董生发之，深博与华严性海同。幸出自董生，若出自后儒，则以为剿佛氏之说矣。（尝窃愤儒生只能割地。佛言魂，耶言天，皆孔子所固有，不必因其同而自绝也。理本大同，哲人同具。否则人有宫室饮食，而吾亦将绝食露处矣。）

阴　　阳

天道之常，一阴一阳。（《阴阳义》）

凡物必有合。合，必有上，必有下，必有左，必有右，必有前，必有后，必有表，必有里。有美必有恶，有顺必有逆，有喜必有怒，有寒必有暑，有昼必有夜，此皆其合也。阴者阳之合，妻者夫之合，子者父之合，臣者君之合。物莫无合，而合各有阴阳。阳兼于阴，阴兼于阳。夫兼于妻，妻兼于夫。父兼于子，子兼于父。君兼于臣，臣兼于君。君臣父子夫妇之义，皆与诸阴阳之道。君为阳，臣为阴。父为阳，子为阴。夫为阳，妻为阴。（《基义》）

一之与十，就始终言之。若就一物而言，一必有两。《易》云"太极生两仪"。孔子原本天道，知物必有两，故以阴阳括天下之物理，未有能出其外者。就一身言之，面背为阴阳。就一木言之，枝干为阴阳。就光言之，明暗为阴阳。就色言，黑白为阴阳。就音言之，清浊为阴阳。就气言之，冷热为阴阳。就质言之,流凝为阴阳。就形言之,方圆为阴阳。推此仁义公私,经权常变,以观天下之物,无一不具阴阳者,不独男女、牝牡、雌雄、正负、奇耦也。孔子穷极物理,以为创教之本,故系《易》立卦,不始太极,而始乾坤,阴阳之义也。元与太极、太一,不可得而见也,其可见可论者,必为二矣,故言阴阳而不言太极。周子谓"太极动而生阳,动极而静,静极而生阴"。动静互根,专主天地车轮终而复始之义,不知生物之始,一形一滋,阴阳并时而著。所谓天道之常,一阴一阳,凡物必有合也。有合为横,互根为从,周子尚未知之也。波斯古教之圣祚乐阿士对,亦以物物有阴阳,其与孔子暗合者乎?然圣人穷理之精,立教之本,可以见矣。

气　化

天地之间,有阴阳之气常渐人者,若水常渐鱼也。所以异于水者,可见与不可见耳,其澹澹也。然则人之居天地之间,其犹鱼之离水,一也。其无间若气而淖于水。水之比于气也,若泥之比于水也。是天地之间,若虚而实,人常渐是澹澹之中,而以治乱之气与之流通相淆也。故人气调和,而天地之化美,淆于恶而味败,此易(卢注:此"易"字下,赵疑有"见"字。)之物也。推物之类,以易见难者,其情可得。治乱之气,邪正之风,是淆天地之化者也。生于化而反淆化,与运连也。(《天地阴阳》)

天地之间,若虚而实,气之渐人,若鱼之渐水,气之于水,如水之于泥,故无往而不实也。人比蠛蠓,硕大极矣,不能见纤小之物。若自至精之物推见,则气点之联接极粗。人怒则血赤冲面,声能辟易人,气点感动,流通相淆,乃自然之势。董子此说,穷极天人之本,今之化学家岂能外之哉!

本　天

父者,子之天也。天者,父之天也。无天而生,未之有也。天者,万物之祖,万物非天不生。独阴不生,独阳不生,阴阳与天地参,然后生。故曰父之子也可尊,(按,"父之子"当为"天之子"误文。)母之子也可卑。尊者取尊号,卑者取卑号。(《顺命》)

《穀梁》曰:"夫物,非阴不生,非阳不生,非天不生,三合然后生。故谓母之子也可,天之子也可,尊者取尊称,卑者取卑称。"与董子义同。当是孔子口说,特创此义。人人为天所生,人人皆为天之子。但圣人姑别其名称,独以王者为天之子,而庶人为母之子,其实人人皆为天之子也。孔子虑人以天为父,则不事其父,故曰天者万物之祖也,父者子之天也,天者父之天也,则以天为祖矣,所以存父子之伦也。

为生不能为人,为人者天也。人之人本于天,天亦人之曾祖父也。(《为人者天》)

天地者,万物之本,先祖之所出也。广大无极,其德炤明,历年众多,永永无疆。(《观德》)

盖天者,万物之大父。己由是生,父由是生,祖亦由是生,故又曰先祖之所出,人之曾祖父也。《大传》"王者禘祖所自出",即天也。荀子曰:"天地者,生之本也;祖宗者,类之本也。"盖性命知觉之生,本于天也;人类形体之模,本于祖父也。若但生于天,则不定其必为人类形体也。若但生于祖父,则无以有此性命知觉也。故仁人享帝而郊之,报性命知觉之本也,孝子享亲而禘之,报气类形体之本也。享帝,则凡在生物,皆吾同胞,圣人所以爱物,而治及山川草木昆虫也。享亲,则凡在宗族,皆吾同气,圣人所以亲亲,而推及九族也、百姓万国也。若但父天,则众生诚为平等,必将以父母侪于万物,则义既不平,无厚薄远近之序,事必不行。若但父父,则身家诚宜自私,必将以民物置之度外,仁既不广,将启争杀之祸,道更不善。墨道施由亲始,已有差等,故以天为祖,立差等而行之,实圣人智通神明,仁至义尽也。

天　地　人

天地人,万物之本也。天生之,地养之,人成之。(《立元神》)

天生之,地载之,圣人教之。(《为人者天》)

天道施,地道化,人道义。(《天道施》)

故王者唯天之施,施其时而成之。法其命如循之诸人,法其数而以起事,治其道而以出法,治其志而归之于仁。仁之美者在于天。天,仁也。天覆育万物,既化而生之,有养而成之,事功无已,终而复始,凡举归之以奉人。察于天之意,无穷极之仁也。人之受命于天也,取仁于天而仁也。是故人之受命天之尊,父兄子弟之亲,有忠信慈惠之心,有礼义廉让之行,有是非顺逆之治。文理烂然而厚,知广大有而博,惟人道可以参天。(《王道通三》)

诸教皆有立教之根本。老子本道,天地为不仁,以万物为刍狗,此老子立教之本。故列、杨传清虚之学,则专以自私,申、韩传刑名之学,则专以残贼,其根本然也。孔子本天,以天为仁,人受命于天,取仁于天,凡天施、天时、天数、天道、天志,皆归之于天。故尸子谓"孔子贵仁"。孔子立教宗旨在此,虽孟、荀未能发之,赖有董子,而孔子之道始著也。

阴阳四时（喜怒哀乐附）

天道之常,一阴一阳。阳者天之德也,阴者天之刑也。迹阴阳终岁之行,以观天之所亲,而任成天之功,犹谓之空,空者之实也。故清溧之于岁也,若酸咸之于味也,仅有而已矣。圣人之治,亦从而然。天之少阴用于功,太阴用于空;人之少阴用于严,而太阴用于丧,丧亦空,空亦丧也。是故天之道,以三时成生,以一时丧死。死之者,谓百物枯落也。丧之者,谓阴气悲哀也。天亦有喜怒之气,哀乐之心,与人相副。以类合之,天人一也。春,喜气也,故生。秋,怒气也,故杀。夏,乐气也,故养。冬,哀气也,故藏。四者天人同有之,有其理而一用之,与天同者大治,与天异者大乱。故为人主之道,莫明于在身之与天同者而用之,使喜怒必当义乃出,如寒暑之必当其时乃发也,使德之厚于刑也,如阳之多于阴也。是故天之行阴气也,少取以成秋,其余以归之冬;圣人之行阴气也,少取以立严,其余归之丧。丧,亦人之冬气,故人之太阴,不用于刑而用于丧;天之太阴,不用于物而用于空。空亦为丧,丧亦为空,其实一也,皆丧死亡之心也。（《阴阳义》）

天之常道,相反之物也,不得两起,故谓之一。一而不二者,天之行也。阴与阳,相反之物也,故或出或入,或左或右。春俱南,秋俱北,夏交于前,冬交于后,并行而不同路,交会而各代理。此其文与天之道,有一出一入一休一伏。其度一也,然而不同意。阳之出,常县于前而任岁事;阴之出,常县于后而守空虚。阳之休也,功已成于上,而伏于下;阴之伏也,不得近义而远其处也。天之任阳不任阴,好德不好刑如是,故阳出而前,阴出而后,尊德而卑刑之心

见矣。阳出而积于夏,任德以岁事也,阴出而积于冬,错行于空处也,必以此察之。《天道无二》

天之道,出阳为暖以生之,出阴为清以成之。是故非薰也不能有育,非漂也不能有熟,岁之精也。知心而不省薰与漂孰多者,用之必与天戾,与天戾,虽劳不成。是自正月至于十月,而天之功毕。计是间者,阴与阳各居几何?薰与漂其日孰多?距物之初生,至其毕成,露与霜其下孰倍?故从中春至于秋,气温柔和调。乃〔及〕季秋九月,阴乃始多于阳,天乃于是时出漂下霜。出漂下霜,而天降物固已皆成矣。故九月者,天之功大究于是月也。十月而悉毕。故按其迹,数其实,清漂之日少少耳。功已毕成之后,阴乃大出。天之成功也,少阴与,而太阴不与。少阴在内,而太阴在外,故霜加物,而雪加于空。空者眘地而已,不逮物也。功已毕成之后,物未复生之前,太阴之所常出也。虽曰阴,亦以太阳资化其位,而不知所受之。《暖燠孰多》

春爱志也,夏乐志也,秋严志也,冬哀志也。故爱而有严,乐而有哀,四时之则也。喜怒之祸,哀乐之义,不独在人,而〔亦〕在于天,而春夏之阳,秋冬之阴,不独在天,亦在于人。人无春气,何以博爱而容众?人无秋气,何以立严而成功?人无夏气,何以盛养而乐生?人无冬气,何以哀死而恤丧?天无喜气,亦何以暖而春生育?天无怒气,亦何以清而秋就杀?天无乐气,亦何以竦阳而夏养长?天无哀气,亦何以激阴而冬闭藏?故曰天乃有喜怒哀乐之行,人亦有春秋冬夏之气者,合类之谓也。匹夫虽贱,可以见刑德之用矣。《天辨》

阴阳之气,在上天,亦在人。在人者为好恶喜怒,在天者为暖清寒暑,出入上下左右前后平行而不止,未尝有所稽留滞郁也。其在人者,亦宜行而无留。若四时之条条然也。夫喜怒哀乐之止动也,此天之所为人性命者,临其时而欲发其应,亦天应也,与暖清寒暑之至其时而欲发无异。若留德而待春夏,留刑而待秋冬也,此有顺四时之名,实逆于天地之经。在人者亦天也,奈何其久留天气,使之郁滞,不得以其正周行也?是故脱天行谷朽寅,而秋生麦,告除秽而继乏也,所以成功继乏,以赡人也。天之生有大经也,而所周行者,又有害功也。除而杀殀者,行急皆不待时也,天之志也,而圣人承之以治。是故春修仁而求善,秋修义而求恶,冬修刑而致清,夏修德而致宽,此所以顺天地,体阴阳。然而方求善之时,见恶而不释,方求恶之时,见善亦力行,方致清之时,见大善亦立举之,方致宽之时,见大恶亦力去之,以效天地之方生之时有杀也,方杀之时有生也。是故志意随天地,缓急仿阴阳,然而人事之宜行者,无所郁滞。且恕于人,顺于天,人之道兼举,此谓执其中。天非以春生人,以秋杀人也。当生者曰生,当死者曰死,非杀物之任拟代四时也。而人之所治也,安取久留当行之理,而必待四时也?此之谓壅,非其中也。人有喜怒哀乐,犹天之有春夏秋冬也。喜怒哀乐之至其时而欲发也,若春夏秋冬之至其时而欲出也,皆天气之然也。其宜直行而无郁滞,一也。天终岁乃一遍此四者,而人主终日不知过此四之数,其理故不可以相待。且天之欲利人,非直其欲利谷也。除秽不待时,况秽人乎!《《如天之为》》

> 清协四时周正,无所郁滞,《中庸》所谓发而中节也。志意随天地,缓急仿阴阳,中和位育之极义也。

天常以爱利为意,以养长为事,春秋冬夏皆其用也。王者亦常以爱利天下为意,以安乐一世为事,好恶喜怒而备用也。然而主好恶喜怒,乃天之春夏秋冬也,其居暖清寒暑而以变化成功也。天出此物者,时则岁美,不时则岁恶。人主出此四者,义则世治,不义则世乱。是故治世与美岁同数,乱世与恶岁同数,以此见人理之副天道也。天有寒有暑。夫喜怒哀乐之发,与清暖寒暑,其实一贯也。喜气为暖而当春,怒气为清而当秋,乐气为太阳而当夏,哀气为太阴而当冬。四气者,天与人所同有也,非人所能畜也,故可节而不可止也,节之而顺,止之而乱。人生于天,而取化于天。喜气取诸春,乐气取诸夏,怒气取诸秋,哀气取诸冬,四气之心也。四肢之答各有处,如四时。寒暑不可移,若肢体。肢体移易其处,谓之壬人。寒暑移易其处,谓之败岁。喜怒移易其处,谓之乱世。明王正喜以当春,正怒以当秋,正乐以当夏,正哀以当冬。上下法此,以取天之道。春气爱,秋气严,夏气乐,冬气哀。爱气以生物,严气以成功,乐气以养生,哀气以丧终,天之志也。是故春气暖者,天之所以爱而生之,秋气清者,天之所以严而成之,夏气温者,天之所以乐而养之,冬气寒者,天之所以哀而藏之。春主生,夏主养,冬主藏,秋主收。生溉其乐以养,死溉其哀以藏,为人子者也。故四时之比,父子之道,天地之志,君臣之义也。阴阳,理人之法也。阴,刑气也;阳,德气也。阴始于秋,阳始于春。春之为言犹偆偆也,秋之为言犹湫湫也。偆偆者,喜乐之貌也。湫湫者,忧悲之状也。是故春喜,夏乐,秋忧,冬悲,悲死而乐生,以夏养春,以冬丧秋,大人之志也。是故先爱而后严,乐生而哀终,天之当也。而人资诸天,天固如此,然而无所之如其身而已矣。人主立于生杀之位,与天共持变化之势,物莫不应天化。天地之化如四时,所好之风出,则为暖气而有生于俗,所恶之风出,则为清气而有杀于俗,喜则为暑气而有养成也;怒则为寒气而有闭塞也。人主以好恶喜怒变习俗,而天以暖清寒暑化草木。喜乐时而当,则岁美;不时而妄,则岁恶。天地人主一也。然则人主之好恶喜怒,乃天之暖清寒暑也,不可不审其处而出也。当暑而寒,当寒而暑,必为恶岁矣。人主当喜而怒,当怒而喜，必为乱世矣。是故人主之大守，在于谨藏而禁内，使好恶喜怒必当义乃出，若暖清寒暑之必当其时乃发也。人主掌此而无失，使乃好恶喜怒未尝差也，如春秋冬夏之未尝过也，可谓参天矣。深藏此四者，而勿使妄发，可谓大矣。（《王道通三》）

天有和有德，有平有威，有相受之意，有为政之理，不可不审也。春者，天之和也。夏者，天之德也。秋者，天之平也。冬者，天之威也。天之序，必先和然后发德，必先平然后发威。此可以见不和不可以发庆赏之德，不平不可以发刑罚之威；又可以见德生于和，威生于平也。不和无德，不平无威，天之道也。达者以此见之矣。我虽有所愉而喜，必先和心以求其当，然后发庆赏以立其德，虽有所忿而怒，必先平心以求其政，然后发刑罚以立其威。能常若是者谓之天德，行天德者谓之圣人。为人主者，居至德之位，操杀生之势，以变化民。民之从主也，如草木之应四时也，喜怒当寒暑，威德当冬夏。冬夏者，威德之合也。寒暑者，喜怒之偶也。喜怒之有时而当发，寒暑亦有时而当出，其理一也。当喜而不喜，犹当暑而不暑。当怒而不怒，犹当寒而不寒也。当德而不德，犹当夏而不夏也。当威而不威，犹当冬而不冬也。喜怒威德之不可以不直处而发也，如寒暑冬夏之不可不当其时而出也。故谨善恶之端。何以效其然也？《春秋》采善不遗小，掇恶不遗大，讳而不隐，罪而不忽。□□以是非，正理以褒贬。喜怒之发，威德之处，无不皆中其应，可以参寒暑冬夏之不失其时而已。故曰圣人配天。（《威德所生》）

圣人副天之所行以为政，故以庆副暖而当春，以赏副暑而当夏，以罚副清而当秋，以刑副寒而当冬。庆赏罚刑，异事而同功，皆王者之所以成德也。庆赏罚刑与春夏秋冬，以类相应也，如合符。故曰王者配天，谓其道。天有四时，王有四政，四政若四时，通类也，天人所同有也。庆为春，赏为夏，罚为秋，刑为冬。庆赏罚刑之不可不具也,如春夏秋冬不可不备也。庆赏罚刑当其处不可不发,若暖清寒暑当其时不可不出也。庆赏罚刑各有正处,如春夏秋冬各有时也。四政者,不可以相干也,犹四时不可相干也。四政者,不可以易处也,犹四时不可易处也。故庆赏罚刑有不行于其正处者,《春秋》讥也。(《四时之副》)

天道大数,相反之物也,不得俱出,阴阳是也。春出阳而入阴,秋出阴而入阳,夏右阳而左阴,冬右阴而左阳。阴出则阳入,阳入则阴出,阴右则阳左,阴左则阳右。是故春俱南,秋俱北,而不同道;夏交于前,冬交于后,而不同理;并行而不相乱,浇滑而各持分。此之谓天之意。(《阴阳出入》)

此周子阴阳互根之说也。

五　行

天有五行,木火土金水是也。木生火,火生土、土生金、金生水。水为冬,金为秋,土为季夏,火为夏,木为春。春主生,夏主长,季夏主养,秋主收,冬主藏。藏,冬之所成也。(《五行对》)

土者,火之子也。五行莫贵于土。土之于四时,无所命者,不与火分功名。木名春,火名夏,金名秋,水名冬。忠臣之义,孝子之行,取之土。土者,五行最贵者也,其义不可以加矣。五声莫贵于宫,五味莫美于甘,五色莫贵于黄。(同上)

行者行也,其行不同,故谓之五行。五行者,五官也,比相生而间相胜也,故谓治。逆之则乱,顺之则法。(《五行相生》)

一曰木,二曰火,三曰土,四曰金,五曰水。木,五行之始也。水,五行之终也。土,五行之中也。此其天次之序也。木生火,火生土,土生金,金生水,水生木,此其父子也。木居左,金居右,火居前,水居后,土居中央,此其父子之序,相受而布。是故木受水,而火受木,土受火,金受土,水受金也。诸授之者,皆其父也,受之者,皆其子也。常因其父以使其子,天之道也。是故木已生而火养之,金已死而木藏之,火乐木而养以阳,水克金而丧以阴。土之事天竭其忠。故五行者,乃孝子忠臣之行也。五行之为言也,犹五行欤?是故以得辞也,圣人知之,故多其爱而少严,厚养生而谨送终,就天之制也。以子而迎成养,如火之乐木也,丧父如水之克金也,事君若土之敬天也,可谓有行人矣。五行之随,各如其序。五行之官,各致其能。是故木居东方而主春气,火居南方而主夏气,金居西方而主秋气,水居北方而主冬气。是故木主生而金主杀,火主暑而水主寒。使人必以其序,官人必以其能,天之数也。土居中央,为之天润。土者,天之股肱也,其德茂美,不可名以一时之事,故五行而四时者,土兼之也。金木水火虽各职,不因土,方不立,若酸咸辛苦之不因甘肥不能成味也。甘者,五味之本也。土者,五行之主也。五行之主土气也,犹五味之有甘肥也,不得不成。是故圣人之行,莫贵于忠,土德之谓也。人官之大者,不名所职,相其是矣。天官之大者,不名所生,土是矣。(《五行之义》)

天

天之道,终而复始。(《阴阳终始》)

天高其位而下其施,藏其形而见其光。高其位所以为尊也,下其施所以为仁也,藏其形所以为神也,见其光所以为明也。故位尊而施仁,藏神而见光者,天之行也。(《离合根》)

> 此动静互根,阴阳不并出之义。车轮循环,死此生彼,盈此亏彼,物莫外也。

天之道,有序而时,有度而节,变而有常,反而有相,奉微而至,远踔而致,精一而少积蓄,广而实,虚而盈。(《天容》)

法　　天

孔子曰:"唯天为大,唯尧则之。"则之者,大也。"巍巍乎!其有成功也。"言其尊大以成功也。齐桓、晋文不尊周室,不能霸;三代圣人不则天地,不能至王。自此而观之,可以知天地之贵矣。(《奉本》)

圣人视天而行,是故其禁而审好恶喜怒之处也,欲合诸天之非其时,不出暖清寒暑也;其告之以政令而化风之清微也,欲合诸天之颠倒其一,而以成岁也;其羞浅末华虚而贵敦厚忠信也,欲合诸天之默然不言,而功德积成也;其不阿党偏私而美泛爱兼利也,欲合诸天之所以成物者,少霜而多露也。其内自省以是而外显,不可以不时,人主有喜怒不可以不时。可亦为时,时亦为义,喜怒以内合,其理一也。故义不义者,时之合类也,而喜怒乃寒暑之别气也。(《天容》)

生育养长,成而更生,终而复始,其事所以利活民者无已。天虽不言,其欲赡足之意可见也。古之圣人,见天意之厚于人也,故南面而君天下,必以兼利之。(《诸侯》)

事　　天

受命之君,天意之所予也。故号为天子者,宜事天如父,事天以孝道也。(《深察名号》)

孔子曰:"君子有三畏,畏天命,畏大人,畏圣人之言。"彼岂无伤害于人,而孔子徒畏之哉?以此见天之不可不畏敬,犹主上之不可不谨事。不谨事主,其祸来至显,不畏敬天,其殃来至暗。暗者不见其端,若自然也,故曰堂堂如天殃。言不必立校,默而无声,潜而无形也。由是观之,天殃与上罚所以别者,暗与显耳。不然,其来逮人,殆无以异。孔子同之,俱言可畏也。天地神明之心,与人事成败之真,固莫之能见也。唯圣人能见之。圣人者,见人之所不见者也,故圣人之言亦可畏也。奈何如废郊礼?郊礼者,人所最甚重也。废圣人所最甚重,而吉凶利害在于冥冥不可得见之中,虽已多受其病,何从知之?故曰,问圣人者,问其所为,而无问其所以为也。问其所以为,终弗能见,不如勿问。问为而为之,所以为而勿为,是与圣人同实也,何过之有?《诗》云:"不愆不忘,率由旧章。"旧章者,先圣人之故文章也。率由,各有修从之也。此言先圣人之故文章者,虽不能深见而详知其则,犹不知其美誉之功矣。今郊事天之义,此圣人故。故古之圣王,文章之最重者也,前世王莫不从重,栗精奉之,以事上天。至于秦而独阙然废之,一何其不率由旧章之大甚也。天者,百神之大君也。事天不备,虽百神犹无益也。(《郊语》)

言天为百神大君,尊天极至,但亦不废百神之祀耳。

尧谓舜曰:"天之历数在尔躬。"言察身以知天也。今身有子,孰不欲其有子礼也。圣人正名,名不虚生。天子者,则天之子也。以身度天,独何为不欲其子之有子礼也。今为其天子,而阙然无祭于天,天何必善之?(《郊语》)

天者,百神之君也,王者之所最尊也。以最尊天之故,故易始岁更纪。(《郊义》)

天子父母事天,而子孙畜万民。民未遍饱,无用祭天者,是犹子孙未得食,无用食父母也。言莫逆于是,是其去礼远也。先贵而后贱,孰贵于天子?天子号天之子也,奈何受为天子之号,而无天子之礼？天子不可不祭天也，无异人之不可不食父。为人子而不事父者，天下莫能以为可，今为天之子而不事天，何以异是？是故天子每至岁首，必先郊祭以享天，乃敢为地，行子礼也。每将兴师，必先郊祭以告天，乃敢征伐，行子之道也。（《郊祭》）

畏　天

是故天之所加，虽为灾害，犹承而大之，其钦无穷，震夷伯之庙是也。天无错舛之灾，地有震动之异。（《奉本》）

省天谴而畏天威，内动于心志，外见于事情，修身审己，明善心以反道者也。（《二端》）

孔子曰："畏天命，畏大人，畏圣人之言。"其祭社稷、宗庙、山川、鬼神，不以其道，无灾无害。至于祭天不享，其卜不从，使其牛口伤，鼷鼠食其角。或言食牛，或言食而死，或食而生，或不食而自死，或改卜而牛死，或卜而食其角。过有深浅薄厚，而灾有简甚，不可不察也。犹郊之变，因其灾而之变，应而无为也。见百事之变之所不知而自然者，胜言与？以此见其可畏。专诛绝者，其唯天乎？臣弑君，子弑父，三十有余，诸其贱者则损。以此观之，可畏者其唯天命、大人乎？亡国五十有余，皆不事畏者也。况不畏大人，大人专诛之。君之灭者，何日之有哉？鲁宣违圣人之言，变古易常，而灾立至。圣人之言可不慎？此三畏者，异指而同致，故圣人同之，俱言其可畏也。（《顺命》）

知　天

《诗》云："天难谌斯，不易维王。"此之谓也。夫王者不可以不知天。知天，诗人之所难也。天意难见也，其道难理。是故明阳阴入出实虚之处，所以观天之志；辨五行之本末顺逆、小大广狭，所以观天道也。天志仁,其道也义。为人主者,予夺生杀,各当其义,若四时;列官置吏,必以其能,若五行;好仁恶戾,任德远刑,若阴阳。此之谓能配天。天者,其道长万物,而王者长人。人主之大,天地之参也。(《天地阴阳》)

明阴阳出入实虚,辨五行本末顺逆、小大广狭,志仁道义。予夺生杀当四时,置吏以能若五行,任德远刑若阴阳,孔子穷天人之本,为王政之施,此其根核矣。

天　　帝

泰伯至德之侔天地也,上帝为之废适易姓而子之。让其至德,海内怀归之,泰伯三让而不敢就位。(《观德》)

人 为 天 类

为生不能为人,为人者天也。人之人本于天,天亦人之曾祖父也。此人之所以上类天也。人之形体,化天数而成;人之血气,化天志而仁;人之德行,化天理而义。人之好恶,化天之暖清;人之喜怒,化天之寒暑;人之受命,化天之四时。人生有喜怒哀乐之答,春秋冬夏之类也。喜,春之答也。怒,秋之答也。乐,夏之答也。哀,冬之答也。天之副在乎人,人之情性有由天者矣,故曰受,由天之号也。为人主也,道莫明省身之天,如天出之也。使其出也,答天之出四时,而必忠其受也,则尧舜之治无以加。是可生可杀,而不可使为乱。故曰非道不行,非法不言,此之谓也。(《为人者天》)

人类化于天,人性生于天。故人道即法天道,天人分合本原贯通。"孝子不匮,永锡尔类。"明天人相通之故,未有若此之深切著明也。

况生天地之间,法太祖先人之容貌,则其至德取象,众名尊贵,是以圣人为贵也。(《观德》)

所谓太祖先人,即天地也。人则法其德貌,故人为贵。

天德施,地德化,人德义。天气上,地气下,人气在其间。春生夏长,百物以兴。秋杀冬收,百物以藏。故莫精于气,莫富于地,莫神于天。天地之精,所以生物者,莫贵于人。人受命乎天也,故超然有以倚。物疢疾莫能为仁义,唯人独能为仁义。物疢疾莫能偶天地,唯人独能偶天地。人有三百六十节,偶天之数也;形体骨肉,偶地之厚也;上有耳目聪明,日月之象也;体有空窍理脉,川谷之象也;心有哀乐喜怒,神气之类也。观人之体一,何高物之甚,而类于天也?物旁折取天之阴阳以生活耳,而人乃烂然有其文理。是故凡物之形,莫不伏从旁折天地而行,人独题直立端尚,正正当之。是故所取天地少者,旁折之;所取天地多者,正当之。此见人之绝于物而参天地。是故人之身,首妏员,象天容也;发,象星辰也;耳目戾戾,象日月也;鼻口呼吸,象风气也;胸中达知,象神明也;腹胞实虚,象百物也。百物者最近地,故要以下,地也。天地之象,以要为带。颈以上者,精神尊严,明天类之状也。颈以下者,丰薄卑辱,土壤之比也。足步而方,地形之象也。是故礼,带置绅必直其颈,以别心也。带而上者,尽为阳,带而下者,尽为阴,各其分。阳,天气也;阴,地气也。故阴阳之动,使人足病,喉痺起,则地气上为云雨,而象亦应之也。天地之符,阴阳之副,常设于身。身犹天也,数与之相参,故命与之相连也。天以终岁之数,成人之身,故小节三百六十六,副日数也;大节十二分,副月数也;内有五藏,副五行数也;外有四肢,副四时数也。乍视乍瞑,副昼夜也;乍刚乍柔,副冬夏也;乍哀乍乐,副阴阳也。心有计虑,副度数也;行有伦理,副天地也。此皆暗肤著身,与人俱生,比而偶之弇合。于其可数也,副数;不可数者,副类,皆当同而副天,一也。是故陈其有形以著其无形者,拘其可数者以著其不可数者,此言道之亦宜以类相应,犹其形也,以数相中也。《人副天数》

求天数之微,莫若于人。人之身有四肢,每肢有三节,三四十二,十二节相持,而形体立矣。《官制象天》

天、地、阴、阳、木、火、土、金、水九,与人而十者,天之数毕也。故数者至十而止,书者以十为终,皆取之此。圣人何其贵者?起于天,至于人而毕,毕之外谓之物,物者投所贵之端;而不在其中,以此见人之超然万物之上,而最为天下贵也。人,下长万物,上参天地,故其治乱之故,动静顺逆之气,乃损益阴阳之化,而摇荡四海之内。物之难知者若神,不可谓不然也。《天地阴阳》

人,上与天参,下与物绝,气动大化,知深如神。知自贵于物,而后安处,善乐循理,此圣人之微旨也。

人 继 天

是故天长之而人伤之者,其长损,天短之而人养之者,其短益。夫损益者皆人,人其天之继欤?出其质而人弗继,岂独立哉?《循天之道》

鸿濛开辟之始,鸟兽榛狉,山河莽莽。圣人作,而后田野、道路、舟车、都邑、宫室、服物、采章、礼乐出。作成器以为天下利,垂教义以为万世法,所谓继天也。继者,天所继而续之,天所缺而补之。裁成辅相之极则也。

人 类

故仁者,所以爱人类也。《必仁且智》

"类"为孔子一大义。圣人之杀禽兽者,为其不同类也。虮虱生于人,而人不爱之,子则爱焉,同类不同类之别也。故圣人之仁,以爱人类为主。"孝子不匮,永锡尔类",锡及人类也。盖圣人之仁,虽极广博,而亦有界限也。界限者,义也,不得已而立者也。

言中人类

能说鸟兽之类者,非圣人所欲说也。圣人所欲说,在于说仁义而理之。知其分科条别,贯所附,明其义之所审,勿使嫌疑,是乃圣人之所贵而已矣。不然,传于众辞,观于众物,说不急之言而以惑后进者,君子之所甚恶也,奚以为哉?圣人思虑不厌,昼日继之以夜,然后万物察之,仁义矣。《重政》

人上〔下〕长万物,上参天地,故其治乱之故,动静顺逆之气,乃损益阴阳之化,而摇荡四海之内。物之难知者若神,不可谓不然也。今投地死伤而不腾相助,投淖相动而近,投水相动而逾〔愈〕远。由此观之,夫物逾〔愈〕淖而逾〔愈〕易变动摇荡也。今气化之淖,非直水也,而人主以众动之无已时,是故常以治乱之气与天地之化相淆而不治也。世治而民和,志平而气正,则天地之化精,而万物之美起。世乱而民乖,志僻而气逆,则天地之化伤,灾害起。是故治世之德,润草本,泽流四海,功过神明,乱世之所起亦博。若是,皆因天地之化以成败物,乘阴阳之资以任其所为。故为,恶愆人力而功伤,名自过也。《天地阴阳》

物 养 人

天地之生万物也以养人,故其可食者以养身体,其可威者以为

容服。《服制象》

命

人始生有大命，是其体也。有变命存其间者，其政也。政不齐，则人有忿怒之志，若将施危难之中，而时有随遭者，神明之所接，绝属之符也。《重政》

三命之说，与《孝经纬》《论衡》同。《论语》曰："不知命，无以为君子也。赐不受命。"《中庸》曰："故大德必受命，君子居易以俟命。"《孟子》曰："莫非命也，顺受其正。"引孔子曰："得之不得曰有命。"六经中言命者，不可更仆。盖命为孔子一大义，使人安分循理，迁善去恶。墨子有《非命篇》攻之，则当时儒者日持以立说矣。

命不能救

颜渊死，子曰："天丧予！"子路死，子曰："天祝予！"西狩获麟，曰："吾道穷，吾道穷！"三年，身随而卒。阶此而观，天命成败，圣人知之，有所不能救，命矣夫！《随本消息》

天　命

故有大罪，不奉其天命者，皆弃其天伦。人于天也，以道受命。其于人，以言受命。不若于道者，天绝之。不若于言者，人绝之。臣子大受命于君。《顺命》

天子受命于天，诸侯受命于天子，子受命于父，臣妾受命于君，妻受命于夫。诸所受命者，其尊皆天也，虽谓受命于天亦可。天子不能奉天之命，则废而称公，王者之后是也。公侯不能奉天子之命,则名绝而不得就位,卫侯朔是也。子不奉父命,则有伯讨之罪,卫世子蒯聩是也。臣不奉君命,虽善以叛言,晋赵鞅入于鲁阳以叛是也。妾不奉君之命,则媵女先至者是也。妻不奉夫之命,则绝,夫不言及是也。曰:不奉顺于天者,其罪如此。(同上)

《礼·丧服传》:"君者,天也;父者,天也;夫者,天也。"又曰:"妇人无二天。"《论语》:"畏天命。"于天以道受命,于人以言受命,臣子大受命,与《穀梁》同,此孔门大义也。

《传》曰"唯天子受命于天。"天下受命于天子,一国则受命于君。君命顺,则民有顺命;君命逆,则民有逆命。故曰"一人有庆,万民赖之",此之谓也。《为人者天》

是故人之受命天之尊,父兄子弟之亲,有忠信慈惠之心,有礼义廉让之行,有是非顺逆之治。文理烂然而厚,知广大有而博,惟人道可以参天。《王道通三》

今善善恶恶,好荣憎辱,非人能自生,此天施之在人者也。君子以天施之在人者听之,则丑父弗忠也。天施之在人者,使人有廉耻,而不生于大辱。《竹林》

性

今世暗于性,言之者不同,胡不试反性之名?性之名非生与,如其生之自然之资谓之性,性者质也。诘性之质于善之名,能中之与?既不能中矣,而尚谓之质善,何哉?性之名不得离质,离质如毛,则非性已,不可不察也。《深察名号》

《庄子》《孝经纬》皆以性为生之质,于文亦然,当是性之本义。

人之受气,苟无恶者,心何栣哉?吾以心之名,得人之诚。人之诚,有贪有仁,仁贪之气,两在于身。身之名,取诸天。天两有阴阳之施,身亦两有贪仁之性。天有阴阳禁,身有情欲栣,与天道一也。是以阴之行不得于春夏,而月之魄常厌于日光,乍全乍伤。天之禁阴如此,安得不损其欲而辍其情以应天?天所禁而身禁之,故曰身犹天也。禁天所禁,非禁天也,必知天性不乘于教,终不能栣。察实以为名,无教之时,性何遽若是?故性比于禾,善比于米。米出禾中,而禾未可全为米也。善出性中,而性未可全为善也。善与米,人之所继天而成于外,非在天所为之内也。天之所为,有所至而止。止之内谓之天性,止之外谓之人事。事在性外,而性不得不成德。民之号,取之瞑也,使性而已善,则何故以瞑为号?以霣者言,弗扶将颠陷猖狂,安能善性?有似目。目卧幽而瞑,待觉而后见,当其未觉,可谓有见质,而不可谓见。今万民之性有其质,而未能觉,譬如瞑者待觉,教之然后善,当其未觉,可谓有质,而不可谓善。与目之瞑而觉一概之比也。静心徐察之,其言可见矣。性而瞑之未觉,天所为也。效天所为,为之起号,故谓之民。民之为言,固犹瞑也。随其名号以入其理,则得之矣。是正名号者于天地,天地之所生,谓之性情,性情相与为一瞑。情亦性也。谓性已善,奈其情何?故圣人莫谓性善,累其名也。身之有性情也,若天之有阴阳也。言人之质而无其情,犹言天之阳而无其阴也。穷论者,无时受也。名性,不以上,不以下,以其中名之。性如茧如卵,卵待复而为雏,茧待缫而为丝,性待教而为善,此之谓真天。天生民性,有善质而未能善,于是为之立王以善之,此天意也。民受未能善之性于天,而退受成性之教于王。王承天意,以成民之性为任者也。今按其真质而谓民性已善者,是失天意而去王任也。万民之性,苟性已善,则王者受命尚何任矣?其设名不正,故弃重任而违大命,非法言也。《春秋》之辞,内事之待外者,从外言之。今万民之性,待外教然后能善。善当与教,不当与性;与性,则多累而不精,自成功而无圣贤。此世长者之所误出也。(《深察名号》)

性善,性恶,无善无恶,有善有恶之说,皆粗。若言天有阴阳之施,身亦两有贪仁之性,与《白虎通》同,可谓精微之论也。《易系辞》"一阴一阳之谓道,继之者善也,成之者性也",言性善者皆述之。然《易》意,阴阳之道,天也;继以善,教也;成其性,人也。止之内,谓之天性,天命之谓性也,率性之谓道,修道之谓教。止之外,谓之人事,事在性外,所谓人之所继天而成于外也。

或曰:性有善端,心有善质,尚安非善?应之曰:非也。茧有丝而茧非丝也,卵有雏而卵非雏也。比类率然,有何疑焉?天生民有六经,言性者不当异。然其或曰性也善,或曰性未善,则所谓善者各异意也。性有善端,动之爱父母,善于禽兽,则谓之善,此孟子之言。循三纲五纪,通八端之理,忠信而博爱,敦厚而好礼,乃可谓善,此圣人之善也。是故孔子曰:"善人吾不得而见之,得见有恒者斯可矣。"由是观之,圣人之所谓善,亦未易当也,非善于禽兽则谓之善也。使动其端,善于禽兽,则可谓之善,善奚为弗见也?夫善于禽兽之未得为善也,犹知于草木而不得名知,于万民之性善于禽兽而不得名善。知之名,乃取之圣。圣人之所命,天下以为正。正朝夕者视北辰,正嫌疑者视圣人。圣人以为无王之世,不教之名民,莫能当善。善之难当如此,而谓万民之性皆能当之,过矣。质于禽兽之性,则万民之性善矣。质于人道之善,则民性弗及也。万民之性善于禽兽者,许之;圣人之所谓善者,勿许。吾质之命性者,异孟子。孟子下质于禽兽之所为,故曰性已善。吾上质于圣人之

所善,故谓性未善。善过性,圣人过善。《春秋》大元,故谨于正名。名非所始,如之何谓未善已善也?《深察名号》

孔子曰:"名不正则言不顺。"今谓性已善,不几于无教,而如其自然?又不顺于为政之道矣。且名者性之实,实者性之质。质无教之时,何遽能善?善如米,性如禾。禾虽出米,而禾未可谓米也。性虽出善,而性未可谓善也。米与善,人之继天而成于外也,非在天所为之内也。天所为有所至而止,止之内谓之天,止之外谓之王教。王教在性外,而性不得不遂。故曰性有善质,而未能为善也。岂敢美辞,其实然也。天之所为,止于茧麻与禾。以麻为布,以茧为丝,以米为饭,以性为善,此皆圣人所继天而进也,非情性质朴之能至也,故不可谓性。正朝夕者视北辰,正嫌疑者视圣人。圣人之所名,天下以为正。今按圣人之言中,本无性善名,而有"善人吾不得见之矣"。使万民之性皆已能善,善人者何为不见也?观孔子言此之意,以为善难当甚,而孟子以为万民性皆能当之,过矣。圣人之性不可以名性,斗筲之性又不可以名性。名性者,中民之性。中民之性,如茧如卵。卵待复二十日而后能为雏,茧待缲以涫汤而后能为丝,性待渐于教训而后能为善。善,教诲之所然也,非质朴之所能至也,故不谓性。性者宜知名矣,无所待而起,生而所自有也。善所自有,则教训已非性也。是以米出于粟,而粟不可谓米;玉出于璞,而璞不可谓玉;善出于性,而性不可谓善。其比,多在物者为然,在性者以为不然,何不通于类也?卵之性未能作雏也,茧之性未能作丝也,麻之性未能为缕也,粟之性未能为米也。《春秋》别物之理以正其名,名物必各因其真。真其义也,真其情也,乃以为名。名霣石则后其五,退飞则先其六,此皆其真也。圣人于言无所苟而已矣。性者,天质之朴也。善者,王教之化也。无其质,则王教不能化。无其王教,则质朴不能善。质而不以善性,其名不正,故不

受也。(《实性》)

《荀子》"性者,本始质朴也",即天质之朴也;"伪者,文理隆盛也",即王教之化也。故刘向谓"仲舒作书美荀卿也"。然无其质则王教不能化,乃孟子之说,则辨名虽殊,而要归则一也。

性　善

人受命于天,有善善恶恶之性,可养而不可改,可豫而不可去,若形体之可肥臞而不可得革也。(《玉杯》)

董子发此是性善之说,孔子固有之。盖既以为人副天数,自贵于物,则不能不以性为善矣。但所异者,此善即孟子所谓善端,荀子所谓质朴,其加之纲纪礼文,所谓圣人之善,乃所谓教以继之成之也。然则诸儒之辨正,可得其会通,而无容增其辨难矣。

天下者无患,然后性可善。性可善,然后清廉之化流。(《盟会要》)

因　性

因天地之性情,孔窍之所利。(《保位权》)

《中庸》谓"率性之谓道"。圣人之为道,亦但因民性之所利而利导之。因孔窍,尤精,圣人所以不废声色,可谓以人治人也。

明 人 性 之 施

是以必明其统于施之宜,故知其气矣,然后能食其志也;知其声矣,而后能扶其精也;知其行矣,而后能遂其形也;知其物矣,然后能别其情也。故唱而民和之,动而民随之,是知引其天性所好,而厌其性之所憎者也。如是,则言虽约,说必布矣,事虽小,功必大矣。声响盛化运于物,散入于理,德在天地,神明休集,并行而不竭,盈于四海而颂声咏。《书》曰"八音克谐,无相夺伦,神人以和",乃是谓也。故明于情性,乃可与论为政;不然,虽劳无功,夙夜无寐,思虑惓心,犹不能睹。(《正贯》)

引天性之所好,而厌其情之所憎,率性为之,道不可离。既不可离,故唱而民和,动而民随。吾向谓凡道民者,因人情所必趋,物性所不能遁者,其道必行,所谓言虽约,说必布。人之为道而远人,不可以为道。精义妙道,真能发明孔子立教之本也。

性　　情

变谓之情,虽持异物性亦然者,故曰内也。变变之变谓之外,故虽以情,然不为性说。(《天道施》)

春秋微言大义第六下[①]

仁

治其道而以出法,治其志而归之于仁。仁之美者在于天。天,仁也。天覆育万物,既化而生之,有养而成之,事功无已,终而复始,凡举归之以奉人。察于天之意,无穷极之仁也。人之受命于天也,取仁于天而仁也。是故人之受命天之尊,父兄子弟之亲,有忠信慈惠之心,有礼义廉让之行,有是非顺逆之治。文理燦然而厚,知广大有而博,惟人道可以参天。(《王道通三》)

尸子曰:"孔子本仁。"凡圣人立教,必有根本。老子以天地为不仁,孔子以天地为仁,此宗旨之异处。取仁于天而仁,此为道本。故孟子曰:"道二,仁与不仁而已矣!"凡百条理,从此出矣。仁莫先父子,故谓尧舜之道,孝弟而已。是以制三年丧,而作《孝经》。仁莫大于爱民,所谓"孝子不匮,永锡尔类"。是以制井田,而作《春秋》。《中庸》所谓"经天下之大经",(郑《注》:"《春秋》也。")"立天下之大本"也。(郑《注》:"《孝经》也。")至山川草木,昆虫鸟兽,莫不一统。太平之世,大小远近若一。大同之治,不独亲其亲,子其子;老有所终,壮有所用,鳏寡孤独废

[①] 此文选自《春秋董氏学》卷六,1898年4月由上海大同译书局刊行。

疾者有养，则仁参天矣。后世不通孔子大道之原，自隘其道，自私为我，已遁为老学，而尚托于孔子之道，诬孔子哉！孔子之道衰，自大义不明始也。

霸王之道，皆本于仁。仁，天心，故次以天心。《俞序》

天地之数不能独，以寒暑成岁，必有春夏秋冬。圣人之道不能独，以威势成政，必有教化。故曰先之以博爱，教之以仁也。《为人者天》

  宋儒求之过深，仁无定义。昌黎曰"博爱之谓仁"，虽出韩非，实出《孝经》也。

何谓仁？仁者恻怛爱人，谨翕不争，好恶敦伦，无伤恶之心，无隐忌之志，无嫉妒之气，无感愁之欲，无险诐之事，无辟违之行。故其心舒，其志平，其气和，其欲节，其事易，其行道，故能平易和理而无事也。如此者，谓之仁。《必仁且智》

  宋儒之说，释仁为德，为觉，更无定义。此发仁之义最详博，可以此定之。

仁　　爱

质于爱民，以下至于鸟兽昆虫莫不爱。不爱，奚足谓仁？仁者，爱人之名也。《仁义法》

  《易》曰："书不尽言，言不尽意。"学圣人者，以得圣意为贵。孔子之道，最重仁。人者，仁也。然则天下何者为大仁，何者为小仁？鸟兽昆虫无不爱，上上也。凡吾同类，大小远近若一，上中也。爱及四夷，上下也。爱诸夏，中上也。爱其国，中中也。爱其乡，中下也。爱旁侧，下上也。爱独身,下中也。爱身之一体,下下也。可为表表之。推远庖厨之义,孔子不杀生之意显矣。但孔子因民性情、孔窍之所利,使道易行耳。不爱鸟兽昆虫,不足谓仁,恶杀昭昭哉!后世不通孔子三世之义,泥乱世升平之文,反割放生为佛教,宜孔子之道日隘也。

六 经 重 仁

所闻《诗》无达诂,《易》无达占,《春秋》无达辞。从变从义,而一以奉仁人。(《精华》)

疾 不 仁

孔子明得失,见成败,疾时世之不仁。(《俞序》)

昔者鲁君问于柳下惠,曰:"我欲攻齐,如何?"柳下惠对曰:"不可。"退而有忧色,曰:"吾闻之也,谋伐国者,不问于仁人也,此何为至于我?"但见问而尚羞之,而况乃与为诈以伐吴乎? 其不宜,明矣。以此观之,越本无一仁,而安得三仁? 仁人者,正其道不谋其利,修其理不急其功,致无为而习俗大化,可谓仁圣矣。三王是也。(《对胶西王》)

孔子言义理而不计利害。行一不义,杀一不辜,而得天下,不为。有能为君辟土地,战必克,古之所谓民贼。孔门莫大之义也。

礼者,庶于仁文,质而成体者也。今使人相食,大失其仁,安著其礼? 方救其质,奚恤其文? 故曰,当仁不让,此之谓也。(《竹林》)

今让者,《春秋》之所贵。虽然,见人相食,惊人相饕,救之,忘其让。君子之道,有贵于让者也。(同上)

礼、文、让皆以仁为体,故孔子本仁。后世渐知礼、文,而忘仁、质,是逐末而忘本,买椟而还珠,失孔子之意矣。

仁　　义

《春秋》之所治,人与我也。所以治人与我者,仁与义也。以仁安人,以义正我,故仁之为言人也,义之为言我也,言名以别矣。仁之于人,义之于我者,不可不察。众人不察,乃反以仁自裕,而以义设人,诡其处而逆其理,鲜不乱矣。是故人莫欲乱,而大抵常乱,凡以暗于人我之分,而不省仁义之所在也。是故《春秋》为仁义法。仁之法,在爱人,不在爱我。义之法,在正我,不在正人。我不自正,虽能正人,弗与为义。人不被其爱,虽厚自爱,不予为仁。昔者晋灵公杀膳宰以淑饮食,弹大夫以娱其意,非不厚自爱也,然而不得为淑人者,不爱人也。质于爱民,以下至于鸟兽昆虫莫不爱。不爱,奚足谓仁?仁者,爱人之名也。鄑,《传》无大之之辞,自为追,则善其所恤远也;兵已加焉,乃往救之,则弗美;未致豫备之,则美之,善其救害之先也。夫救早而先之,则害无由起,而天下无害矣。然则观物之动而先觉其萌,绝乱塞害于将然而未行之时,《春秋》之志也,其明至矣。非尧舜之智,知礼之本,孰能当此?故救害而先知之,明也。公之所恤远,如《春秋》美之。详其美恤远之意,则天地之间然后抉其仁矣。非三王之德,选贤之精,孰能如此?是以知明先,以仁厚远,远而愈贤、近而愈不肖者,爱也。故王者爱及四夷,霸者爱及诸侯,安者爱及封内,危者爱及旁侧,亡者爱及独身。独身者,虽立天子诸侯之位,一夫之人耳,无臣民之用矣。如此者,莫之亡而自亡也。《春秋》不言伐梁者,而言梁亡,盖爱独及其身者也。故曰仁者爱人,不在爱我,此其法也。义云者,非谓正人,谓正我。虽有乱世枉上，莫不欲正人，奚谓义？昔者楚灵王讨陈、蔡之贼，齐桓公执辕涛涂之罪，非不能正人也，然而《春秋》弗予，不得为义者，我不正也。阖庐能正楚、蔡之难矣，而《春秋》夺之义辞，以其身不正也。潞子之于诸侯，无所能正，《春秋》予之有义，其身正也，趋而利也。故曰义在正我，不在正人，此其法也。夫我无之求诸人，我有之而诽诸人，人之所不能受也，其理逆矣，何可谓义？义者，谓宜在我者；宜在我者，而后可以称义。故言义者，合我与宜以为一言。以此操之，义之为言我也。故曰有为而得义者，谓之自得；有为而失义者，谓之自失。人好义者，谓之自好；人不好义者，谓之不自好。以此参之，义我也，明矣。是义与仁殊。仁谓往，义谓来。仁大远，义大近。爱在人，谓之仁。义在我，谓之义。仁主人，义主我也。故曰仁者人也，义者我也，此之谓也。君子求仁义之别，以纪人我之间，然后辨乎内外之分，而著于顺逆处也。是故内治反理以正身，据袥以劝福；外治推恩以广施，宽制以容众。孔子谓冉子，曰治民者，先富之而后加教；语樊迟，曰治身者，先难后获。以此之谓，治身之与治民，所先后不同焉矣。《诗》云："饮之食之，教之诲之。"先饮食而后教诲，谓治人也。又曰："坎坎伐辐……彼君子兮，不素餐兮。"先其事，后其食，谓之治身也。《春秋》刺上之过，而矜下之苦，小恶在外弗举，在我书而诽之。凡此六者，以仁治人，义治我，躬自厚而薄责于外，此之谓也。且论己见之，而人不察，曰君子攻其恶，不攻人之恶，非仁之宽与？自攻其恶，非义之全与？此之谓仁造人，义造我，何以异乎？故自称其恶谓之"情"，称人之恶谓之"贼"，求诸己谓之"厚"，求诸人谓之"薄"，自责以备谓之"明"，责人以备谓之"惑"。是故以自治之节治人，是居上不宽也，以治人之度自治，是为礼不敬也。为礼不敬则伤行，而民不尊。居上不宽则伤厚，而民弗亲。弗亲则弗信，弗尊则弗敬，二端之正倦于上，而僻行之则诽于下，仁义之处可无论乎？夫目不视弗见，心弗论不得，虽有天下之至味，弗嚼弗知其旨也，虽有圣人之至道，弗论不知其义也。（《仁义法》）

《中庸》："仁者人也。"《注》："人也，读如相人偶之人，以人意相存问之言。"《春秋元命苞》："仁者，情志好生爱人。故其为人以仁，其立字二人为人。"《注》："二人，言不专于己，念施与也。"孔门确诂。闻其名而达其义，爱从人我两立而生。若大地只有我而无他人，则仁可废矣。其如不然何？

义

天之生人也，使之生义与利。利以养其体，义以养其心。心不得义不能乐，体不得利不能安。义者，心之养也。利者，体之养也。体莫贵于心，故养莫重于义。义之养生人，大于利矣。何以知之？今人有大义而甚无利，虽贫与贱，尚荣其行，以自好而乐生。原宪、曾、闵之属是也。人甚有利而大无义，虽甚富，则羞辱大恶。恶深，祸患重，非立死其罪者，即旋伤殃忧尔，莫能以乐生而终其身，刑戮夭折之民是也。夫人有义者，虽贫能自乐也，而大无义者，虽富莫能自存。吾以此实义之养生人，大于利而厚于财也。民不能知而常反之，皆忘义而徇利，去理而走邪，以贼其身而祸其家。此非其自为计不忠也，则其知之所不能明也。今握枣与错金以示婴儿，必取枣而不取金也。握一斤金与千万之珠以示野人，野人必取金而不取珠也。故物之于人，小者易知也，其大者难见也。今利之于人小，而义之于人大者，无怪民之皆趋利而不趋义也，固其所暗也。圣人事明义，以炤耀其所暗，故民不陷。《诗》云"示我显德行"，此之谓也。（《身之养》）

心,有知者也。体,无知者也。物无知而人有知,故人贵于物。知人贵于物,则知心贵于体矣。

义　利

凡人之性,莫不善义,然而不能义者,利败之也。故君子终日言不及利,欲以勿言愧之而已,愧之以塞其源也。《玉英》

君子笃于礼,薄于利,要其人,不要其土,告从不赦不祥。《王道》

崇义抑利之说,与孟子同,为孔门大义。

智

何谓之知?先言而后当。凡人欲舍行为,皆以其知先规而后为之。其规是者,其所为得,其所事当,其行遂,其名荣,其身故利而无患,福及子孙,德加万民,汤、武是也。其规非者,其所为不得其事,其事不当,其行不遂,其名辱,害及其身,绝世无复,残类灭宗亡国是也。故曰莫急于智。知者见祸福远,其知利害蚤,物动而知其化,事兴而知其归,见始而知其终,言之无敢哗,立之而不可废,取之而不可舍,前后不相悖,终始有类,思之而有复,及之而不可厌。其言寡而足,约而喻,简而达,省而具,少而不可益,多而不可损。其动中伦,其言当务。如是者谓之"知"。《必仁且智》

王阳明先知而后行。程子曰:"未能知,说甚行?"后人多异之,岂知先发于董子哉!欲舍行为舍知,何所下手?此天然之理也。见祸福远,知利害早,见始知终,立之无废。智之条理,最博而深矣。

夫能能古今,别然不然。《服制象》

通古今,别然否,曰士。然则士以智为先矣。

仁　智

莫近于仁,莫急于智。不仁而有勇力财能,则狂而操利兵也。不智而辨慧猥给,则迷而乘良马也。故不仁不智而有材能,将以其材能以辅其邪狂之心,而赞其僻违之行,适足以大其非而甚其恶耳。其强足以覆过,其御足以犯诈,其慧足以惑愚,其辨足以饰非,其坚足以断辟,其严足以拒谏。此非无材能也,其施之不当,而处之不义也。有否心者,不可藉便势,其质愚者,不与利器。论之所谓不知人也者,恐不知别此等也。仁而不知,则爱而不别也。知而不仁,则知而不为也。故仁者所以爱人类也,智者所以除其害也。《必仁且智》

孔子多言仁智,孟子多言仁义。然禽兽所以异于人者,为其不智也,故莫急哉！然知而不仁,则不肯下手,如老氏之取巧;仁而不知,则慈悲舍身,如佛氏之众生平等。二言管天下之道术矣。孔子之仁,专以爱人类为主,其智专以除人害为先,此孔子大道之管辖也。

义　智

义不诎上,智不危身。《楚庄王》

礼

礼者,继天地,体阴阳,而慎主客,序尊卑、贵贱、大小之位,而

差内外、远近、新旧之级者也。《奉本》

　　董子非礼学专家,而说礼即精。大道只有仁义,仁者人也,义者我也。礼者,所以治人我对立。人我对立,则有条理,自然有尊卑、贵贱、大小、内外、远近、新旧。礼者,所以为其位级。言礼者,简易直当莫尚于此。

天道施,地道化,人道义。圣人见端而知本,精之至也,得一而应万类之治也。动其本者,不知静其末。受其治者,不能辞其终。利者,盗之本也。妄者,乱之始也。夫受乱之始,动盗之本,而欲民之静,不可得也。故君子非礼而不言,非礼而不动。好色而无礼则流,饮食而无礼则争,流争则乱。故礼,体情而防乱者也。民之情,不能制其欲,使之度礼,目视正色,耳听正声,口食正味,身行正道。非夺之情也,所以安其情也。《天道施》

　　非礼勿言,非礼勿动,乃与颜子同说。

常　变　礼

《春秋》有经礼,有变礼。为如安性平心者,经礼也。至有于性,虽不安于心,虽不平于道,无以易之,此变礼也。是故昏礼不称主人,经礼也;辞穷无称,称主人,变礼也。天子三年然后称王,经礼也;有物故则未三年而称王,变礼也。妇人无出境之事,经礼也;母为子娶妇,奔丧父母,变礼也。明乎经变之事,然后知轻重之分,可与适权矣。难者曰:《春秋》事同者辞同,此四者俱为变礼,而或达于经,或不达于经,何也?曰:《春秋》理百物,辨品类,别嫌微,修本末者也。是故星坠谓之"陨",螽坠谓之"雨",其所发之处不同,或降于天,或发于地,其辞不可同也。今四者俱为变礼也同,而

其所发亦不同,或发于男,或发于女,其辞不可同也。是或达于常,或达于变也。《玉英》

礼 信 义

《春秋》尊礼而重信。信重于地,礼尊于身。(《楚庄王》)

贵 信 贱 诈

《春秋》之义,贵信而贱诈。诈人而胜之,虽有功,君子弗为也。是以仲尼之门,五尺之童子,言羞称五伯,为其诈以成功,苟为而已矣。(《对胶西王》)

宋襄之败,而《春秋》美之。左氏乃讥宋襄,何其好恶与圣人相反也!

恕

故世子曰:"功及子孙,光辉百世,圣王之道,莫美于恕。"(《俞序》)

"己所不欲,勿施于人","己欲立而立人",推心加彼,理明道顺,终身可行。故仲弓可南面,三王大过人。

正

正也者,正于天之为人性命也。天之为人性命,使行仁义而羞可耻,非若鸟兽然,苟为生苟为利而已。(《竹林》)

乾道变化,各正性命。位有正当,既为人位,则以仁义羞耻为正位矣。

正者,正也,统致其气,万物皆应,而正统正,其余皆正。凡岁

之要,在正月也。法正之道,正本而末应,正内而外应,动作举措,靡不变化随从,可谓法正也。(《三代改制》)

一

天无常于物,而一于时。时之所宜,而一为之。故开一塞一,起一废一,至毕时而止,终有复始于一。一者,一也。是故天凡在阴位者,皆恶乱善,不得主名,天之道也。故常一而不灭,天之道。事无大小,物无难易,反天之道,无成者。是以目不能二视,耳不能二听,一手不能二事。一手画方,一手画圆,莫能成。人为小易之物,而终不能成,反天之不可行如是。是故古之人物而书文,心止于一中者,谓之忠;持二中者,谓之患。患,人之中不一者也;不一者,故患之所由生也。是故君子贱二而贵一。人孰无善?善不一,故不足以立身。治孰无常?常不一,故不足以致功。《诗》云"上帝临汝,无二汝心",知天道者之言也。(《天道无二》)

> 贱二贵一,是孔子改制之旨。孟子定于一,《公羊》大一统,皆发此义。

中　和

循天之道,以养其身,谓之道也。天有两和,以成二中,岁立其中,用之无穷。是北方之中用合阴,而物始动于下,南方之中用合阳,而养始美于上。其动于下者,不得东方之和不能生,中春是也;其养于上者,不得西方之和不能成,中秋是也。然则天地之美恶,在两和之处,二中之所来归而遂其为也。是故和,东方生,而西方成。东方和生,北方之所起前,而西方和成,南方之所养长。起之不至于和之所不能生;养长之不至于和之所不能成。成于和,生必和也。始于中,止必中也。中者,天下之终始也,而和者天地之所生成也。夫德莫大于和,而道莫正于中。中者,天地之美达理也,圣人之所保守也。《诗》云"不刚不柔,布政优优",此非中和之谓欤?是故能以中和理天下者,其德大盛,能以中和养其身者,其寿极命。(《循天之道》)

《诗》中和且平,《乐》贵中声,贵克谐,《易》以二五中爻为贵,以相和应为亨。天产作中,地产作和。礼之用,和为贵,其节文皆要于中。《中庸》所谓:"中也者,天下之大本;和也者,天下之达道也。"取春秋而不取冬夏者,为中和也。此孔子大道之本,养身参天皆在此矣。

圣　　德

纯仁淳粹,而有知之贵也,择于身者,尽为德音,发于事者,尽为润泽。积美阳芬香,以通之天。鬯,亦取百香之心。(《执贽》)

德音润泽,美阳芬香,盛德也,上通天,畅中和之极,其与畸形异矣。

玉　　德

玉至清而不蔽其恶,内有瑕秽,必见之于外。故君子不隐其短,不知则问,不能则学,取之玉也。君子比之玉,玉润而不污,是仁而至清洁也,廉而不杀,是义而不害也,坚而不罊,过而不濡,视之如庸,展之如石,状如石,搔而不可从绕,洁白如素,而不受污。(《执贽》)

格　　物

故曰外物之动性,若神之不守也。积习渐靡,物之微者也。其人人不知,习忘乃为常然若性,不可不察也。纯知轻思则虑达,节欲顺行则伦得,以谏争佣静为宅,以礼义为道则文德。是故至诚遗物而不与变,躬宽无争而不以与俗推,众强弗能人。蜩蜕浊秽之中,含得命施之理,与万物迁徙而不自失者,圣人之心也。《天道施》

《孟子》"物交物,则引之"。《乐记》"物之感人无穷,人之好恶无节,则是物至而人化物"。《荀子》"道之以理,养之以清,物莫之倾,则足以定是非、决嫌疑"。小物引之,则其正外易,其心内倾,不足以决庶理。凡观物有疑,中心不定,则外物不清;吾虑不清,则未可定然否。志轻理而不重物者,无之有也。外重物而不内忧者,无之有也。以己为物役,重己役物,外物动神,渐靡入人。习忘为性,浸渍至微,纯知节欲,则纯想即飞生于天上也。遗物不与变,与物迁徙而不自知,蜩蜕浊秽,则出泥不染,入水不濡,入火不热,铁轮虽旋,圆明自在,天道之极也。

五　　事

衣服容貌者,所以悦目也。声言应对者,所以悦耳也。好恶去就者,所以悦心也。故君子衣服中而容貌恭,则目悦矣;言理应对逊,则耳悦矣;好仁厚而恶浅薄,就善人而远僻鄙,则心悦矣。故曰行意可乐,容止可观,此之谓也。《为人者天》

荣　　辱

故君子生以辱,不如死以荣。《竹林》

经　　权

是故天之道,有伦,有经,有权。《阴阳终始》

权

夫权虽反经,亦必在可以然之域。不在可以然之域,故虽死亡,终弗为也,公子目夷是也。故诸侯父子兄弟不宜立而立者,《春秋》视其国与宜立之君无以异也。此皆在可以然之域也。至于鄑取乎莒以之为同居,目曰莒人灭鄑,此不在可以然之域也。故诸侯在不可以然之域者,谓之大德。大德无逾闲者,谓正经。诸侯在可以然之域者,谓之小德,小德出入可也。权谲也,尚归之以奉巨经耳。故《春秋》之道,博而要,详而反,一也。公子目夷复其君,终不与国,祭仲已与,后改之,晋荀息死而不听,卫曼姑拒而弗内。此四臣者,事异而同心,其义一也。目夷之弗与,重宗庙。祭仲与之,亦重宗庙。荀息死之,贵先君之命。曼姑拒之,亦贵先君之命也。事虽相反,所为同,俱为重宗庙、贵先君之命耳。《玉英》

权　势

明所从生,不可为源。善所从出,不可为端。量势立权,因事制义。故圣人之为天下兴利也,其犹春气之生草也,各因其生小大而量其多少。其为天下除害也,若川渎之写于海也,各顺其势倾侧而制于南北。故异孔而同归,殊施而钧德,其趣于兴利除害,一也。《考功名》

孔子创制,皆本权势,明善至美,不本为制。以权势者,天也,气也。圣人受形于气,受理于天,斟之酌之,因其大小多少以为宜。吾故曰:势生道,道生理,理生礼。势者,道之父,而礼之曾祖也。

名

治天下之端，在审辨大。辨大之端，在深察名号。名者，大理之首章也。录其首章之意，以窥其中之事，则是非可知，逆顺自著，其几通于天地矣。是非之正，取之逆顺；逆顺之正，取之名号；名号之正，取之天地，天地为名号之大义也。古之圣人，謞而效天地谓之号，鸣而命施谓之名。名之为言，鸣与命也。号之为言，謞而效也。謞而效天地者为号，鸣而命者为名，名号异声而同本，皆鸣号而达天意者也。天不言，使人发其意；弗为，使人行其中。名则圣人所发天意，不可不深观也。受命之君，天意之所予也。故号为天子者，宜事天如父，事天以孝道也。号为诸侯者，宜谨视所侯奉之天子也。号为大夫者，宜厚其忠信，敦其礼义，使善大于匹夫之义，足以化也。士者，事也。民者，瞑也。士不及化，可使守事从上而已。五号自赞，各有分；分中委曲，曲有名。名众于号，号其大全。瞑也者，名其别离分散也。号凡而略，名详而目。目者，偏〔遍〕辨其事也；凡者，独举其大事也。享鬼神者，号一曰祭。祭之散名，春曰礿，夏曰禘，秋曰尝，冬曰烝。（原本"春曰祠，夏曰礿，"今依宋本改正。其他条亦作春祠夏礿者，皆古文家依《周礼》改之。据《礼记》《王制》《祭义》无不作春曰礿，夏曰禘，秋曰尝，冬曰蒸。禘、尝无不对举也。）猎禽兽者，号一曰田。田之散名，春苗，秋蒐，冬狩，夏狝。（卢注："按，此从《公羊》说，故与《周礼》《左氏传》《尔雅》异。""'夏狝'二字，当是后人妄加，以为衍文可也。"）无有不皆中天意者。物莫不有凡号，号莫不有散名，如是。（《深察名号》）

《春秋》辨物之理，以正其名。名物如其真，不失秋毫之末。故名霣石，则后其五，言退鹢，则先其六。圣人之谨于正名如此。君子于其言，无所苟而已，五石、六鹢之辞是也。

名生于真，非其真，弗以为名。名者，圣人之所以真物也。名之为言真也。故凡百讥有黮黮者,各反其真,则黮黮者还昭昭耳。欲审曲直,莫如引绳;欲审是非,莫如引名。名之审于是非也,犹绳之审于曲直也。诘其名实,观其离合,则是非之情不可以相谰已。(并同上)

是故治国之端在正名。名之正,兴五世。五传之外,美恶乃形,可谓得其真矣,非子路之所能见。《玉英》

名者,所以别物也。亲者重,疏者轻,尊者文,卑者质,近者详,远者略。文辞不隐情,明情不遗文,人心从之而不逆,古经通贯而不乱,名之义也。男女犹道也,人生别言礼义,名号之由人事起也。不顺天道,谓之不义,察天人之分,观道命之异,可以知礼之说矣。见善者不能无好,见不善者不能无恶,好恶去就,不能坚守,故有人道。人道者,人之所由,乐而不乱,复而不厌者。万物载名而生,圣人因其象而命之。然而可易也,皆有义从也,故正名以明义也。物也者,洪名也。皆名也,而物有和名,此物也,非失物。《天道施》

无名姓号氏于天地之间,至贱乎贱者也。《顺命》

今一切名物,皆孔子正之,故曰"名不正则言不顺,言不顺则事不成"。荀子有《正名篇》,与董子相表里也。今欧人论理学出于此。

名　　分

大小不逾等,贵贱如其伦。《精华》

不以亲害尊,不以私妨公也。《顺命》

故德侔天地者,皇天右而子之,号称天子。其次有五等之爵以尊之,皆以国邑为号。其无德于天地之间者,州国人民,甚者不得系国邑,皆绝骨肉之属,离人伦,谓之阍盗而已。《顺命》

教

《传》曰政有三端。父子不亲,则致其爱慈。大臣不和,则敬顺其礼。百姓不安,则力其孝弟。孝弟者,所以安百姓也;力者,勉行之身以化之。天地之数,不能独以寒暑成岁,必有春夏秋冬。圣人之道,不能独以威势成政,必有教化。故曰先之以博爱,教之以仁也。难得者,君子不贵,教以义也。虽天子必有尊也,教以孝也,必有先也,教以弟也。此威势之不足独恃,而教化之功不大乎!《传》曰天生之,地载之,圣人教之。君者,民之心也;民者,君之体也。心之所好,体必安之;君之所好,民必从之。故君民者,贵孝弟而好礼义,重仁廉而轻财利,躬亲职此于上,而万民听生善于下矣。故曰先王见教之可以化民也,此之谓也。(《为人者天》)

圣人之道,众堤防之类也。(《度制》)

夫万民之从利,如水之走下,不以教化堤防之,不能止也。是故教化立而奸邪皆止者,其堤防完也,教化废而奸邪并出,刑罚不能胜者,其堤防坏也。

教化流行,德泽大洽。天下之人,人有士君子之行,而少过矣。(《俞序》)

有　欲

故圣人之制民,使之有欲不得过节,使之敦朴不得无欲。无欲有欲,各得以足,而君道得也。(《保位权》)

君子议道自己,而制法以民。使民有欲,顺天性也,不得过节,成人理也。若夫为己,则遗物蜕秽,以无欲为贵。欲为民者,有欲;欲为圣人者,无欲也。

天　君　人

《春秋》之法，以人随君，以君随天，曰缘臣民之心，不可一日无君。一日不可无君，而犹三年称子者，为君心之未当立也。此非以人随君耶？孝子之心，三年不当。三年不当而逾年即位者，与天数俱终始也，此非以君随天耶？故屈民而伸君，屈君而伸天，《春秋》之大义也。（《玉杯》）

传曰唯天子受命于天。天下受命于天子，一国则受命于君。君命顺，则民有顺命；君命逆，则民有逆命。故曰一人有庆，万民赖之。此之谓也。（《为人者天》）

统

百礼之贵，皆编于月。月编于时，时编于君，君编于天。（《观德》）

道大一统，无不统于天，故孔子本天。

唯田邑之称，多者主名。君将不言臣。臣不言师。王夷君获，不言师败。（《奉本》）

其得地体者，莫如山阜。人之得天得众者，莫如受命之天子。下至公侯伯子男，海内之心，悬于天子。疆内之民，统于诸侯。（同上）

纲　统

天之所弃，天下弗祐，桀、纣是也。天子之所诛绝，臣子弗得立，蔡世子、逢丑父是也。王父父所绝，子孙不得属，鲁庄公之不得念母，卫辄之辞父命是也。故受命而海内顺之。（《观德》）

故有大罪,不奉其天命者,皆弃其天伦。人于天也,以道受命。其于人,以言受命。不若于道者,天绝之。不若于言者,人绝之。臣子大受命于君,辞而出疆,唯有社稷国家之危,犹得发辞而专安之盟是也。天子受命于天,诸侯受命于天子,子受命于父,臣妾受命于君,妻受命于夫。诸所受命者,其尊皆天也,虽谓受命于天亦可。天子不能奉天之命,则废而称公,王者之后是也。公侯不能奉天子之命,则名绝而不得就位,卫侯朔是也。子不奉父命,则有伯讨之罪,卫世子蒯聩是也。臣不奉君命,虽善以叛,言晋赵鞅入于晋阳以叛是也。妾不奉君之命,则媵女先至者是也。妻不奉夫之命,则绝,夫不言及是也。曰:不奉顺于天者,其罪如此。(《顺命》)

所尊皆天,亦统于天也。

三　纲

是故仁义制度之数,尽取之天。天为君而覆露之,地为臣而持载之,阳为夫而生之,阴为妇而助之;春为父而生之,夏为子而养之;秋为死而棺之,冬为痛而丧之。王道之三纲,可求于天。(《基义》)

天出至明,众知类也,其伏无不炤也。地出至晦,星日为明不敢暗,君臣父子夫妇之道取之。此大礼之终也。(《观德》)

阴道无所独行,其始也不得专起,其终也不得分功,有所兼之义。是故臣兼功于君,子兼功于父,妻兼功于夫,阴兼功于阳,地兼功于天。(《基义》)

父　子

是故父之所生,其子长之;父之所长,其子养之;父之所养,其子成之;诸父所为,其子皆奉承而续行之,不敢不致如父之意,尽为

人之道也。故五行者,五行也。由此观之,父授之,子受之,乃天之道也。《五行对》

事 父 母

《孝经》之语,曰"事父孝,故事天明。"事天与父,同礼也。《尧舜汤武》

忠 孝

是故木受水,而火受木,土受火,金受土,水受金也。诸授之者,皆其父也,受之者,皆其子也。常因其父,以使其子,天之道也。是故木已生而火养之,金已死而木藏之,火乐木而养以阳,水克金而丧以阴,土之事天,竭其忠。故五行者,乃孝子忠臣之行也。五行之为言也,犹五行欤?是故以得辞也。圣人知之,故多其爱而少严,厚养生而谨送终,就天之制也。以子而迎成养,如火之乐木也。丧父,如水之克金也。事君,若土之敬天也。可谓有行人矣。《五行之义》

> 多爱少严,养生谨终,就天之制。盖制度皆本于天,非孔子所自创,不过孔子代天言耳。

是故虽有至贤,能为君亲含容其恶,不能为君亲令无恶。《书》曰:"厥辟不辟,去厥祇。"事亲亦然,皆忠孝之极也,非至贤安能如是?父不父则子不子,君不君则臣不臣耳。文公不能服丧,不时奉祭,不以三年,又以丧取,取于大夫以卑宗庙,乱其群祖以逆先公。《玉杯》

男 女

是故古之人霜降而迎女,冰泮而杀内,与阴俱近,与阳远也。

天地之气,不致盛满,不交阴阳。是故君子甚爱气而游于房,以体天也。气不伤于以盛通,而伤于不时天并。不与阴阳俱往来,谓之不时。恣其欲而不顾天数,谓之天并。君子治身,不敢违天,是故新牡十日而一游于房,中年者倍新牡,始衰者倍中年,中衰者倍始衰,大衰者以月当新牡之日,而上与天地同节矣。《循天之道》

阳气起于北方,至南方而盛,盛极而合乎阴。阴气起乎中夏,至中冬而盛,盛极而合乎阳。不盛不合,是故十〔六〕月而壹俱盛,终岁而乃再合。天地久节,以此为常,是故先法之内矣。养身以全,使男子不坚牡不家室,阴不极盛不相接。是故身精明,难衰而坚固,寿考无忒,此天地之道也。天气先盛牡而后施精,故其精固;地气盛牝而后化,故其化良。(同上)

> 推阴阳中和之理,以定男女之道,造端夫妇,语小无不破也。

师

是故善为师者,既美其道,有慎其行,齐时早晚,任多少,适疾徐,造而勿趋,稽而勿苦,省其所为,而成其所湛,故力不劳而身大成。此之谓圣化,吾取之。《玉杯》

> 任多少,适疾徐,中和之道然也。

君　臣

故为人主者,法天之行。是故内深藏,所以为神;外博观,所以为明也;任群贤,所以为受成,乃不自劳于事,所以为尊也;泛爱群生,不以喜怒赏罚,所以为仁也。故为人主者,以无为为道,以不私为宝。立无为之位,而乘备具之官,足不自动而相者导进,口不自言而摈者赞辞,心不自虑而群臣效当,故莫见其为之而功成矣。此人主所以法天之行也。为人臣者法地之道,暴其形,出其情,以示人。高下、险易、坚耎、刚柔、肥臞、美恶,累可就财也,故其形宜不宜,可得而财也。为人臣者比地,贵信而悉见其情于主,主亦得而财之,故王道威而不失。为人臣常竭情悉力而见其短长,使主上得而器使之,而犹地之竭竟其情也,故其形宜可得而财也。(《离合根》)

> 君臣之道,法于天地。凡孔子一切创法立制之本皆是,则是天道,非孔子道矣。

为人君者,其法取象于天也。故贵爵而臣国,所以为仁也。深居隐处,不见其体,所以为神也。任贤使能,观听四方,所以为明也。量能授官,贤愚有差,所以相承也。引贤自近,以备股肱,所以为刚也。考事实功,次序殿最,所以成世也。有功者进,无功者退,所以赏罚也。是故天执其道,为万物主;君执其常,为一国主。天不可以不刚,主不可以不坚。天不刚则列星乱其行,主不坚则邪臣乱其官。星乱则亡其天,臣乱则亡其君。故为天者务刚其气,为君者务坚其政,刚坚,然后阳道制命。地卑其位而上其气,暴其形而著其情,受其死而献其生,成其事而归其功。卑其位,所以事天也。上其气,所以养阳也。暴其形,所以为忠也。著其情,所以为信也。受其死,所以藏终也。献其生,所以助明也。成其事,所以助化也。归其功,所以致义也。为人臣者,其法取象于地。故朝夕进退,奉职应对,所以事贵也。供设饮食,候视疢疾,所以致养也。委身致命,事无专制,所以为忠也。竭愚写情,不饰其过,所以为信也。伏节死义难,不惜其命,所以救穷也。推进光荣,褒扬其善,所以助明也。受命宣恩,辅成君子,所以助化也。功成事就,归德于上,所以致义也。是故地明其理，为万物母，臣明其职，为一国宰。母不可以不信，宰不可以不忠。母不信则草木伤其根，宰不忠则奸臣危其君。根伤则亡其枝叶，君危则亡其国。故为地者务暴其形，为臣者务著其情。一国之君，其犹一体之心也，隐居深宫，若心之藏于胸，至贵无与敌，若心之神无与双也。其官人上士，高清明而下重浊，若身之贵目而贱足也。任群臣无所亲，若四肢之各有职也。内有四辅，若心之有肺肝脾肾也。外有百官，若心之有形体孔窍也。亲圣近贤，若神明皆聚于心也。上下相承顺，若肢体相为使也。布恩施惠，若元气之流皮毛腠理也。百姓皆得其所，若血气和平，形体无所苦也。无为致太平，若神气自通于渊也。致黄龙凤皇，若神明之致玉女芝英也。君明，臣蒙其功，若心之神，体得以全。臣贤，君蒙其恩，若形体之静，而心得以安。上乱，下被其患，若耳目不聪明，而手足为伤也。臣不忠，而君灭亡，若形体妄动，而心为之丧。是故君臣之体，若心之与体，心不可以不坚，君不可以不贤，体不可以不顺，臣不可以不忠。心所以全者，体之力也。君所以安者，臣之功也。（《天地之行》）

是故《春秋》君不名恶，臣不名善，善皆归于君，恶皆归于臣。臣之义比于地。（《阳尊阴卑》）

故功出于臣，名归于君也。（《保位权》）

故师出者众矣，莫言还。至师及齐师围郕，郕降于齐师，独言还。其君劫外，不得已，故可直言也。至于他师，皆其君之过也，而曰非师之罪。是臣下之不为君父受罪，罪不臣子莫大焉。（《奉本》）

为人君者，其要贵神。神者，不可得而视也，不可得而听也。是故视而不见其形，听而不闻其声。声之不闻，故莫得其响。不见其形，故莫得其影。莫得其影，则无以曲直也。莫得其响，则无以清浊也。无以曲直，则其功不可得而败；无以清浊，则其名不可得而度也。所谓不见其形者,非不见其进止之形也,言其所以进止不可得而见也。所谓不闻其声者,非不闻其号令之声也,言其所以号令不可得而闻也。不见不闻,是谓冥昏。能冥则明,能昏则彰,能冥能昏,是谓神人。君贵居冥而明其位,处阴而向阳,恶人见其情,而欲知人之心。是故为人君者,执无源之虑,行无端之事,以不求夺,以不问问。吾以不求夺,则我利矣。彼以不出出,则彼费矣。吾以不问问,则我神矣。彼以不对对,则彼情矣。故终日问之,彼不知其所对;终日夺之,彼不知其所出;吾则以明,而彼不知其所亡。故人臣居阳而为阴,人君居阴而为阳。阴道尚形而露情,阳道无端而贵神。《立元神》

董子此义,实同老氏,而推阴阳之义应有此。盖孔子道无不包,老氏则专提此义也。

王

古之造文者,三画而连其中,谓之王。三画者,天地与人也,而连其中者,通其道也。取天地与人之中以为贯而参通之,非王者孰能当是?《王道通三》

明堂为孔子所创。闰月,王立门中,为孔子所创。孔子重王。三画连中通天地人,殆亦孔子所创矣。

道,王道也。王者,人之始也。王正,则元气和顺,风雨时,景星见,黄龙下。王不正,则上变天,贼气并见。《王道》

深察王号之大意,其中有五科:皇科,方科,匡科,黄科,往科。合此五科以一言,谓之王。王者皇也,王者方也,王者匡也,王者黄也,王者往也。是故王意不普大皇,则道不能正直而方。道不能正直而方,则德不能匡运周遍。德不匡运周遍,则美不能黄。美不能黄,则四方不能往。四方不能往,则不全于王。故曰天覆无外,地载兼爱,风行令而一其威,雨布施而均其德,王术之谓也。(《深察名号》)

天下归往谓之王。人人归孔子,不可谓非王矣。人人欲叛之,虽戴黄屋,谓之独夫。地载兼爱,以为王术。然则孔子本仁,最重兼爱,不得诮为墨道矣。

置王于春正之间,非曰上奉天施而下正人,然后可以为王也云尔?(《竹林》)

王　道

五帝三皇之治天下,不敢有君民之心。什一而税,教以爱,使以忠,敬长老,亲亲而尊尊,不夺民时,使民不过岁三日。民家给人足,无怨望忿怒之患、强弱之难,无谗贼妒嫉之人。民修德而美好,被发衔哺而游,不慕富贵,耻恶不犯,父不哭子,兄不哭弟,毒虫不螫,猛兽不搏,鸷虫不触。故天为之下甘露,朱草生,醴泉出,风雨时,嘉禾兴,凤凰麒麟游于郊,囹圄空虚,画衣裳而民不犯,四夷传译而朝,民情至朴而不文,郊天祀地,秩山川以时至,封于泰山,禅于梁父。立明堂,宗祀先帝,以祖配天。天下诸侯,各以其职来祭,贡土地所有,先以入宗庙,端冕盛服,而后见先德,恩之报,奉元之应也。(《王道》)

不敢有君民之心,盖圣人以为吾亦一民,偶然在位,但欲为民除患,非以为尊利也。此为孔子微言。后世不知此义,借权势以自尊,务立法以制下。公私之判,自此始矣。

文中子谓"封禅非古,其秦皇、汉武之侈心"。以董子考之,此乃孔子之制。孔子发明三统,著天命之无常。三代以上,七十二君,九皇,六十四民,变更多矣。使王公戒惧,黎民劝勉,新王受命,特祀封禅,盖为非常之巨典。今学不明久矣,王道未足以知之。

圣　　王

故圣王在上位,天覆地载,风令雨施。雨施者,布德均也。风令者,言令直也。《诗》云"不识不知,顺帝之则",言弗能知识,而效天之所为云尔。禹水汤旱,非常经也,适遭世气之变,而阴阳失平。尧视民如子,民视尧如父。《尚书》曰"二十有八载,放勋乃殂落,百姓如丧孝妣",四海之内,阕密八音三年。三年,阳气厌于阴,阴气大兴。此禹所以有水名也。桀,天下之残贼也。汤,天下之盛德也。天下除残贼而得盛德大善者再,是重阳也,故汤有旱之名。皆适遭之变,非禹、汤之过。毋以适遭之变,疑平生之常,则所守不失,则正道益明。(《暖燠孰多》)

德侔天地者称皇帝,天佑而子之,号称天子。故圣王生则称天子,崩迁则存为三王,绌灭则为五帝。下至附庸,绌为九皇。下极,其为民。有一谓之三代。故虽绝地庙位,祝牲犹列于郊号,宗于代宗。故曰声名魂魄施于虚,极寿无疆。(《三代改制》)

> 皇帝之名,孔子所立,李斯佐始皇而用之。三王、五帝、九皇、六十四民,庙位寿无疆,列代帝王庙所由。民亦民主之号,孔子早立之。①

---

① "庙位"以下二十一字,乃力木草堂本增改。原刊本作"寿十无疆,列代帝王庙所由来也"。

君

君人者，国之元，发言动作万物之枢机。枢机之发，荣辱之端也，失之毫厘，驷不及追。故为人君者，谨本详始，敬小慎微，志如死灰，形如委衣，安精养神，寂寞无为；休形无见影，揜声无出响，虚心下士，观来察往，谋于众贤；考求众人，得其心，遍见其情，察其好恶，以参忠佞；考其往行，验之于今，计其蓄积，受于先贤，释其仇怨，视其所争，差其党族，所依为枭〔宗〕；据位治人，用何为名？累日积久，何功不成？可以内参外，可以小占大；必知其实，是谓开阖。君人者，国之本也。夫为国，其化莫大于崇本。崇本则君化若神，不崇本则君无以兼人。无以兼人，虽峻刑重诛而民不从，是所谓驱国而弃之者也，患孰甚焉！何谓本？曰天、地、人，万物之本也。天生之，地养之，人成之。天生之以孝悌，地养之以衣食，人成之以礼乐。三者相为手足，合以成体，不可一无也。无孝悌则亡其所以生，无衣食则亡其所以养，无礼乐则亡其所以成也。三者皆亡，则民如麋鹿，各从其欲，家自为俗。父不能使子，君不能使臣，虽有城郭，名曰虚邑。如此者，其君枕块而僵，莫之危而自危，莫之丧而自亡，是谓自然之罚。自然之罚至，裹袭石室，分障险阻，犹不能逃之也。明主贤君必于其信，是故肃慎三本。郊祀致敬，共事祖祢，举显孝悌，表异孝行，所以奉天本也。秉耒躬耕，采桑亲蚕，垦草殖谷，开辟以足衣食，所以奉地本也。立辟雍庠序，修孝悌敬让，明以教化，感以礼乐，所以奉人本也。三者皆奉，则民如子弟，不敢自专，邦如父母，不待恩而爱，不须严而使，虽野居露宿，厚于宫室。如是者，其君安枕而卧，莫之助而自强，莫之绥而自安，是谓自然之赏。自然之赏至，虽退让委国而去，百姓襁负其子随而君之，君亦不得离也。故以德为国者，甘于饴蜜,固于胶漆。是以圣贤勉而崇本,而不敢失也。君人者,国之证也,不可先倡,感而后应。故居倡之位而不得行倡之势,不居和之职而以和为德。(《立元神》)

因国以为身,因臣以为心,以臣言为声,以臣事为形。(《保位权》)

深察君号之大意,其中亦有五科:元科,原科,权科,温科,群科。合此五科以一言,谓之君。君者元也,君者原也,君者权也,君者温也,君者群也。是故君意不比于元,则动而失本;动而失本,则所为不立;所为不立,则不效于原;不效于原,则自委舍;自委舍,则化不行。用权于变,则失中适之宜;失中适之宜,则道不平,德不温;道不平,德不温,则众不亲安;众不亲安,则离散不群;离散不群,则不全于君。(《深察名号》)

  王者,往也。君者,群也。能合人者,皆君王哉!此孔子之大义也。若人皆欲分散,是谓"独夫"矣。天道自然之名,非强加之也,可以算喻之。

生育养长,成而更生,终而复始,其事所以利活民者无已。天虽不言,其欲赡足之意可见也。古之圣人,见天意之厚于人也,故南面而君天下,必以兼利之。为其远者目不能见,其隐者耳不能闻,于是千里之外,割地分民而建国立君,使为天子视所不见,听所不闻,朝夕召而问之也。诸侯为言,犹诸侯也。(《诸侯》)

教　　君

君子知在位者之不能以恶服人也,是故简六艺以赡养之。(《玉杯》)

故人主,大节则知暗,大博则业厌。(同上)

  六经以教天下之为君者,故文约而法明也。凡合人群者,皆为君。自大夫士有采邑者，皆是。

君　　等

故王者爱及四夷，霸者爱及诸侯，安者爱及封内，危者爱及旁侧，亡者爱及独身。《仁义法》

仁不仁之大小等差，此条最明。爱及四夷，是太平一统之大道。后世专言攘夷者，未知此也。

不君（王予夺义附）

独身者，虽立天子诸侯之位，一夫之人耳，无臣民之用矣。如此者，莫之亡而自亡也。《春秋》不言伐梁者，而言梁亡，盖爱独及其身者也。《仁义法》

止爱其身，无臣民之用，故为独夫。虽在位，而如无位。虽未亡，而以为亡矣。

是故《春秋》推天施而顺人理，以至尊为不可以生于至辱大羞，故获者绝之，以至辱为不可以加于至尊大位，故虽失位，弗君也已。反国复在位矣，而《春秋》犹有不君之辞，况其溷然方获而虏耶？其于义也，非君定矣。《竹林》

君也者，掌令者也，令行而禁止也。今桀、纣令天下而不行，禁天下而不止，安在其能臣天下也？果不能臣天下，何谓汤、武弑？《尧舜汤武》

食肉不食马肝，不为不知味，论道不及汤、武，不为不知道，此景帝之警言也。孔子以天下之民生养覆育付之于君。不能养民，则失君职，一也。辱而失位，已为不君，二也。若令不行,禁不止,臣民不为用,无君之实,谓之"独夫",三也。况残害其民,直谓之"贼"。天之立王,为何爱于一人,使肆民上?《易》曰:"汤武革命,顺乎天而应乎人。"孟子曰:"闻诛一夫纣耳,未闻弑君也。"此孔子之大义也。

臧孙辰请籴于齐,孔子曰:"君子为国,必有三年之积。一年不熟乃请籴,失君之职也。"(《王道》)

且天之生民,非为王也,而天立王,以为民也。故其德足以安乐民者,天予之,其恶足以贼害民者,天夺之。《诗》云:"殷士肤敏,祼将于京,侯服于周,天命靡常。"言天之无常予、无常夺也。(《尧舜汤武》)

君　道

民无所好,君无以权也。民无所恶,君无以畏也。无以权,无以畏,则君无以禁制也。无以禁制,则比肩齐势,而无以为贵矣。故圣人之治国也,因天地之性情,孔窍之所利,以立尊卑之制,以等贵贱之差;设官府爵禄,利五味,盛五色,调五音,以诱其耳目,自令清浊昭然殊体,荣辱踔然相驳,以感动其心,务致民令有所好。有所好,然后可得而劝也,故设赏以劝之。有所好必有所恶。有所恶,然后可得而畏也,故设法以畏之。既有所劝,又有所畏,然后可得而制。制之者,制其所好,是以劝赏而不得多也;制其所恶,是以畏法而不得过也。所好多则作福,所恶多则作威。作威则君亡权,天下相怨。作福则君亡德,天下相贼。故圣人之制民,使之有欲,不得过节,使之敦朴,不得无欲。无欲有欲,各得以足,而君道得矣。(《保位权》)

声有顺逆,必有清浊。形有善恶,必有曲直。故圣人闻其声则别其清浊;见其形则异其曲直。于浊之中,必见其清;于清之中,必见其浊。于曲之中,必知其直;于直之中,必知其曲。于声无小而不取,于形无小而不举。不以著蔽微,不以众掩寡,各应其事以致其报,黑白分明,然后民知所去就。民知所去就,然后可以致治。是为象则。为人君者,居无为之位,行不言之教,寂而无声,静而无形,执一无端,为国源泉。因国以为身,因臣以为心,以臣言为声,以臣事为形。有声必有响,有形必有影。声出于内,响报于外。形立于上,影应于下。响有清浊,影有曲直,响所报非一声也,影所应非一形也。故为君,虚心静处,聪听其响,明视其影,以行赏罚之象。其行赏罚也,响清则生清者荣,响浊则生浊者辱;影正则生正者进,影枉则生枉者绌。揽名考质,以参其实。赏不空行,罚不虚出。是以群臣分职而治,各敬而事,争进其功,显广其名,而人君得载其中。此自然致力之术也。圣人由之,故功出于臣,名归于君也。(同上)

任　　贤

以所任贤,谓之主尊国安,所任非其人,谓之主卑国危,万世必然,无所疑也。其在《易》,曰"鼎折足,覆公𫗧"。夫鼎折足者,任非其人也;覆公𫗧者,国家倾也。是故任非其人而国家不倾者,自古至今未尝闻也。故吾按《春秋》而观成败,乃切悁悁于前世之兴亡也。任贤臣者,国家之兴也。夫智不足以知贤,无可奈何矣。知之不能任,大者以死亡,小者以乱危。其若是,何邪? 以庄公不知季子贤邪,安知病将死,召而授以国政? 以殇公为不知孔父贤邪,安知孔父死,己必死,趋而救之? 二主知皆足以知贤,而不决不能任,故鲁庄以危,宋殇以弑。使庄公早用季子,而宋殇素任孔父,尚将兴邻国,岂直免弑哉!《精华》)

气之清者为精,人之清者为贤。治身者以积精为宝,治国者以积贤为道。身以心为本,国以君为主。精积于其本,则血气相承受。贤积于其主,则上下相制使。血气相承受,则形体无所苦。上下相制使,则百官各得其所。形体无所苦,然后身可得而安也。百官各得其所,然后国可得而守也。夫欲致精者必虚静其形,欲致贤者必卑谦其身。形静志虚者,精气之所趣也;谦尊自卑者,仁贤之所事也。故治身者务执虚静以致精,治国者务尽卑谦以致贤能。致精则合明而寿能,致贤则德泽洽而国太平。(《通国身》)

体国之道,在于尊神。尊者,所以奉其政也。神者,所以就其化也。故不尊不畏,不神不化。夫欲为尊者在于任贤,欲为神者在于同心。贤者备股肱,则君尊严而国安。同心相承,则变化若神,莫见其所为而功德成。是谓尊神也。(《立元神》)

天积众精以自刚,圣人积众贤以自强。天序日月星辰以自光,圣人序爵禄以自明。天所以刚者,非一精之力,圣人所以强者,非一贤之德也。故天道务盛其精,圣人务众其贤。盛其精而壹其阳,众其贤而同其心。壹其阳,然后可以致其神。同其心,然后可以致其功。是以建制之术,贵得贤而同心。(同上)

亲圣近贤,若神明皆聚于心也。(《天地之行》)

> 董氏述孔子微言若此。从古治国,皆在尊贤使能,未闻尊资使格也。而以崔亮停年,孙丕扬掣签,奉为不易之圣制,坏孔子之道,而自号为中国圣人之治法,则谬矣。

序　　贤

至德以受命,豪英高明之人,辐辏归之。高者列为公侯,下至卿大夫,济济乎哉!皆以德序。(《观德》)

后世则耆老在位,但以资以齿序,异哉!

托　贤

所托者诚是,何可御耶?楚王髡托其国于子玉得臣,而天下畏之;虞公托其国于宫之奇,晋献患之。及髡杀得臣,而天下轻之;虞公不用宫之奇,晋献亡之。存亡之端,不可不知也。(《灭国上》)

调　均

孔子曰"不患贫,而患不均"。故有所积重,则有所空虚矣。大富则骄,大贫则忧,忧则为盗,骄则为暴,此众人之情也。圣者则于众人之情也,见乱之所从生,故其制人道而差上下也,使富者足以示贵而不至于骄,贫者足以养生而不至于忧。以此为度,而调均之,是以财不匮而上下相安,故易治也。今世弃其度制而各从其欲,欲无所穷,而俗得自恣,其势无极。大人病不足于上,而小民羸瘠于下,则富者愈贪利而不肯为义,贫者日犯禁而不可得止,是世之所以难治也。孔子曰"君子不尽利以遗民"。《诗》云"彼有遗秉",此有不敛穧,伊寡妇之利。故君子仕则不稼,田则不渔,食时不力珍,大夫不坐羊,士不坐犬。《诗》曰:"采葑采菲,无以下体。德音莫违,及尔同死。"以此防民,民犹忘义而争利,以亡其身。天不重与,有角不得有上齿。故已有大者,不得有小者,天数也。夫已有大者,又兼小者,天不能足之,况人乎?故明圣者,象天所为,为制度,使诸有大奉禄亦皆不得兼小利、与民争利业,乃天理也。(《度制》)

> 大富则骄,大贫则忧。忧则为盗,骄则为暴。体民至精,此井田采邑所由起也。

变 易 逊 顺

天之气徐,乍寒乍暑,故寒不冻,暑不喝,以其有余徐来,不暴卒也。《易》曰"履霜坚冰",盖言逊也。然则上坚不逾等,果是天之所为,弗作而成也。人之所为,亦当勿作而极也。凡有兴者,稍稍上之以逊顺往,使人心说而安之,无使人心恐而不安。故曰君子以人治人,懂而愿。此之谓也。圣人之道,同诸天地,荡诸四海,变习易俗。(《基义》)

变法欲逊顺而说,勿强骤之。圣人之道,为千万世,不以期月。故王民皡日,迁善远罪,"不知不识,顺帝之则"也。

同 民 欲

亲近来远,同民所欲。(《十指》)

孟子乐以天下,忧以天下,乐货勇色园囿池沼,皆与民同。同民所欲,孔子之至义也。

除　患

一统乎天子,而加忧于天下之忧也,务除天下所患。(《符瑞》)

盖圣人者,贵除天下之患。贵除天下之患,故《春秋》重而书天下之患遍矣,以为本于见天下之所以致患。其意欲以除天下之患,何谓哉?天下者无患,然后性可善。性可善,然后清廉之化流。清廉之化流,然后王道举,礼乐兴。(《盟会要》)

爱人之大者,莫大于思患而豫防之。故蔡得意于吴,鲁得意于齐,而《春秋》皆不告。故次以言怨人不可迩,敌国不可狎,攘窃之

国不可使久亲,皆防患为民除患之意也。(《俞序》)

天下无利也,但有患而已。至于其极,患犹未尽,故竭圣人之聪明才力,以除民患而已。佛氏三藏但欲除烦恼,孔子六经但以除民患。

养 生

循天之道,以养其身,谓之道也。天有两和,以成二中,岁立其中,用之无穷。是北方之中用合阴,而物始动于下,南方之中用合阳,而养始美于上。其动于下者,不得东方之和不能生,中春是也。其养于上者,不得西方之和不能成,中秋是也。然则天地之美恶,在两和之处,二中之所来归,而遂其为也。是故和,东方生而西方成。东方和生北方之所起,而西方和成南方之所养长。起之不至于和之所不能生,养长之不至于和之所不能成。成于和,生必和也。始于中,止必中也。中者天下之所终始也,而和者天地之所生成也。夫德莫大于和,而道莫正于中。中者,天地之美达理也,圣人之所保守也。《诗》云"不刚不柔,布政优优"。此非中和之谓欤?是故能以中和理天下者,其德大盛,能以中和养其身者,其寿极命。男女之法,法阴与阳。阳气起于北方,至南方而盛,盛极而合乎阴。阴气起乎中夏,至中冬而盛,盛极而合乎阳。不盛不合,是故十〔六〕月而壹俱盛,终岁而乃再合。天地久节,以此为常,是故先法之内矣,养身以全,使男子不坚牡不家室,阴不极盛不相接。是故身精明,难衰而坚固,寿考无忒,此天地之道也。天气先盛牡而后施精,故其精固;地气盛牝而后化,故其化良。是故阴阳之会,冬合北方而物动于下,夏合南方而物动于上。上下之大动,皆在日至之后。为寒则凝冰裂地,为热则焦沙烂石。气之精至于是。故天地之化,春气生而百物皆出,夏气养而百物皆长,秋气杀而百物皆死,冬气收而百物皆藏。是故惟天地之气而精,出入无形,而物莫不应,实之至〔也〕。君子法乎其所贵,天地之阴阳当男女,人之男女当阴阳。阴阳亦可以谓男女,男女亦可以谓阴阳。天地之经生,至东方之中而所生大养,至西方之中而所养大成。一岁四起业,而必于中;中之所为,而必就于和。故曰和其要也。和者,天之正也。阴阳之平也,其气最良,物之所生也。诚择其和者,以为大得天地之奉也。天地之道,虽有不和者,必归之于和,而所为有功;虽有不中者,必止之于中,而所为不失。是故阳之行,始于北方之中,而止于南方之中;阴之行,始于南方之中,而止于北方之中。阴阳之道不同,至于盛而皆止于中,其所始起皆必于中。中者,天下之太极也,日月之所至而却也。长短之隆,不得过中,天地之制也。兼和与不和,中与不中,而时用之,尽以为功。是故时无不时者,天地之道也。顺天之道,节者天之制也,阳者天之宽也,阴者天之急也,中者天之用也,和者天之功也。举天地之道而美于和。是故物生,皆贵气而迎养之,孟子曰"吾善养吾浩然之气"者也。谓行必终礼,而心自喜,常以阳得生其意也。公孙之养气,曰里藏。泰实则气不通,泰虚则气不足,热胜则气寒,泰劳则气不入,泰佚则气宛至,怒则气高,喜则气散,忧则气狂,惧则气慑。凡此十者,气之害也,而皆生于不中和。故君子怒则反中而自说以和,喜则反中而收之以正,忧则反中而舒之以意,惧则反中而实之以精。夫中和之不可反如此,故君子道至,气则华而上。凡气从心。心,气之君也,何为而气不随也。是以天下之道者,皆言内心其本也。故仁人之所以多寿者,外无贪而内清净,心和平而不失中正,取天地之美以养其身,是其且多且治。鹤之所以寿者,无宛气于中,是故食冰。猿之所以寿者,好引其末,是故气四越。天气常下施于地,是故道者亦引气于足;天之气常动而不滞,是故道者亦不宛气。苟不治,虽满不虚,是故君子养而和之,节而法之,去其群泰,取其众和。高台多阳,广室多阴,远天地之和也,故人弗为,适中而已矣。法人八尺,四尺其中也。宫者,中央之音也。甘者,中央之味也。四尺者,中央之制也。是故三王之礼,味皆尚甘,声皆尚和,处其身所以常自渐于天地之道,其道同类,一气之辨也。法天者,乃法人之辨。天之道,向秋冬而阴来,向春夏而阴去,是故古之人霜降而迎女,冰泮而杀内,与阴俱近,与阳远也。天地之气,不致盛满,不交阴阳,是故君子甚爱气而游于房,以体天也。气不伤于以盛通,而伤于不时天并。不与阴阳俱往来,谓之不时。恣其欲而不顾天数,谓之天并。君子治身,不敢违天,是故新牡十日而一游于房,中年者倍新牡,始衰者倍中年,中衰者倍始衰,大衰者以月当新牡之日,而上与天地同节矣。此其大略也。然而其要,皆期于不极盛不相遇。疏春而旷夏,谓不远天地之数。民皆知爱其衣食,而不爱其天气。天气之于人,重于衣食。衣食尽,尚犹有间,气〔尽〕而立终。故养生之大者,乃在爱气。气从神而成,神从意而出。心之所之谓意,意劳者神扰,神扰者气少,气少者难久矣。故君子闲欲止恶以平意,平意以静神,静神以养气,气多而治,则养身之大者得矣。古之道士有言,曰"将欲无陵,固守一德"。此言神无离形,则气多内充,而忍饥寒也。和乐者,生之外泰也;精神者,生之内充也。外泰不若内充,而况外伤乎? 忿恤忧恨者,生之伤也,和说劝善者,生之养也,君子慎小物而无大败也。行中正,声向荣,气意和平,居处虞乐,可谓养生矣。凡养生者,莫精于气。是故春袭葛,夏居密阴,秋避杀风,冬避重漯,就其和也。衣欲常漂,食欲常饥,体欲常劳,而无常佚,居多也。凡天地之物,乘于其泰而生,厌于其胜而死,四时之变是也。故冬之水气,东加于春而木生,乘其泰也。春之生,西至金而死,厌于胜也。生于木者,至金而死;生于金者,至火而死。春之所生而不得过秋,秋之所生,不得过夏,天之数也。饮食臭味,每至一时,亦有所胜有所不胜之理,不可不察也。四时不同气,气各有所宜,宜之所在,其物代美。视代美而代养之,同时美者杂食之,是皆其所宜也。故荠以冬美,而荼以夏成,此可以见冬夏之所宜服矣。冬,水气也,荠,甘味也,乘于水气而美者,甘胜寒也。荠之为言济与?济,大水也。夏,火气也,荼,苦味也。乘于火气而成者,苦胜暑也。天无所言,而意以物。物不与群物同时而生死者,必深察之,是天所告人也。故荠成告之甘,荼成告之苦也。君子察物而成告谨,是以至荠不可食之时,而尽远甘物,至荼成就也。天独所代之成者,君子独代之,是冬夏之所宜也。春秋杂物其和,而冬夏代服其宜,则当得天地之美,四时和矣。凡择味之大体,各因其时之所美,而违天不远矣。是故当百物大生之时,群物皆生,而此物独死。可食者,告其味之便于人也,其不食者,告杀秽除害之不待秋也。当物之大枯之时,群物皆死,如此物独生,其可食者,益食之,天为之利人,独代生之,其不可食,益畜之。天恩州华之间,故生宿麦,中岁而熟之。君子察物之异,以求天意,大可见矣。是故男女体其盛,臭味取其胜,居处就其和,劳佚居其中,寒暖无失适,饥饱无失平,欲恶度礼,动静顺性,喜怒止于中,忧惧反之正。此中和常在乎其身,谓之大得天地泰。大得天地泰者,其寿引而长。不得天地泰者,其寿伤而短。短长之质,人之所由受于天也。是故寿有短长,养有得失,乃至其末之大卒而必雠,于此莫之得离。故寿之为言,犹雠也。天下之人虽众,不得不各雠其所生,而寿夭于其所自行。自行可久之道者,其寿雠于久。自行不可久之道者,其寿亦雠于不久。久与不久之情,各雠其平生之所行。今如后至,不可得胜,故曰寿者雠也。然则人之所自行,乃与其寿夭相益损也。其自行佚而寿长者,命益之也。其行端而寿短者,命损之也。以天命之所损益,疑人之所得失,此大惑也。是故天长之而人伤之者,其长损;天短之而人养之者,其短益。夫损益者皆人,人其天之继欤？出其质而人弗继。岂独立哉！《循天之道》

生本于气,养生莫精于气,气莫善于中和。平意静神,和说劝善,可该道家之学。即衣欲常漂,体欲常劳,亦得养生体要矣。

孔子之道本诸身。故父子兄弟之亲,身体发肤之爱,所慎在疾。受生于天,全受全归,当尽其生道。养生为孔门一学。

物　理

人之言：酝去烟,鸥羽去昧,慈石取铁,颈金取火,蚕珥丝于室,而弦绝于堂,禾实于野,而粟缺于仓,芜荑生于燕,橘枳死于荆。此十物者,皆奇而可怪,非人所意也。夫非人所意,然而既已有之矣。（《郊语》）

水得夜益长数分,东风而酒湛溢,病者至夜而疾益甚,鸡至几明皆鸣而相薄。（《同类相动》）

鹤之所以寿者,无宛气于中,是故食冰。猿之所寿者,好引其末,是故气四越。（《循天之道》）

山则茏苁崔嵬,推巍峣巍,久不崩弛,似夫仁人志士。孔子曰山川神祇,立宝藏殖。器用资,曲直合,大者可以为宫室台榭,小者可以为舟舆桴楫,大者无不中,小者无不入,持斧则斫,折镰则艾,生人立,禽兽伏,死人入,多其功而不言,是以君子取譬也。且积土成山,无损也;成其高,无害也;成其大,无亏也;小其上,泰其下,久长安,后世无有去就,俨然独处,惟山之意。《诗》云："节彼南山,惟石岩岩,赫赫师尹,民具尔瞻。"此之谓也。水则源泉混混沄沄,昼夜不竭,既似力者。盈科后行,既似持平者。循微赴下,不遗小问,既似察者。循溪谷不迷,或奏万里而必至,既似知者。鄣防山而能清净,既似知命者。不清而入,洁清而出,既似善化者。赴千仞之壑,入而不疑,既似勇者。物皆困于火,而水独胜之,既似武者。咸得之而生,失之而死,既似有德者,孔子在川上曰:"逝者如斯夫,不舍昼夜!"此之谓也。《山川颂》

鬼　　神

故圣人于鬼神也,畏之而不敢欺也,信之而不独任,事之而不专恃。恃其公,报有德也。幸其不私,与人福也。《祭义》

类　　应

是故陈其有形以著其无形者,拘其可数者以著其不可数者,此言道之亦宜以类相应。《人副天数》

今平地注水,去燥就湿;均薪施火,去湿就燥。百物去其所与异,而从其所与同。故气同则会,声比则应,其验皦然也。试调琴瑟而错之,鼓其宫则他宫应之,鼓其商则他商应之,五音比而自鸣,非有神,其数然也。美事召美类,恶事召恶类,类之相应而起也,如马鸣则马应之,牛鸣则牛应之。帝王之将兴也,其美祥亦先见;其将亡也,妖孽亦先见。物固以类相召也,故以龙致雨,以扇逐暑,军之所处以棘楚。美恶皆有从来,以为命,莫知其处所。天将阴雨,人之病故为之先动,是阴相应而起也。天将欲阴雨,又使人欲睡卧者,阴气也。有忧亦使人卧者,是阴相求也;有喜者使人不欲卧者,是阳相索也。水得夜益长数分,东风而酒湛溢,病者至夜而疾益甚,鸡至几明皆鸣而相薄,其气益精,故阳益阳而阴益阴,阳阴之气,因可以类相益损也。天有阴阳,人亦有阴阳。天地之阴气起,而人之阴气应之而起;人之阴气起,而天地之阴气亦宜应之而起,其道一也。明于此者,欲致雨则动阴以起阴,欲止雨则动阳以起阳。故致雨非神也,而疑于神者,其理微妙也。非独阴阳之气可以类进退也,虽不祥祸福所从生,亦由是也。无非己先起之,而物以类应之而动者也。故聪明圣神,内视反听,言为明圣。内视反听,故独明圣者,知其本心皆在此耳。故琴瑟报弹其宫,他宫自鸣而应之,此物之以类动者也。《同类相动》

阴阳类应,穷致其道,能止雨致雨,其理微妙,故疑于神。以有形推无形,以可数著不可数,圣人所以通昼夜,知鬼神,合天人。至诚前知,圣人之道固有如是者。董子行义至高,岂为诞说以惑人哉!

灾异(祥瑞附)

天地之物,有不常之变者谓之异,小者谓之灾。灾常先至,而异乃随之。灾者,天之谴也。异者,天之威也。谴之而不知,乃畏之以威。《诗》云"畏天之威",殆此谓也。凡灾异之本,尽生于国家之失。国家之失,乃始萌芽,而天出灾异以谴告之;谴告之而不知变,乃见怪异以惊骇之;惊骇之尚不知畏恐,其殃咎乃至。以此见天意之仁,而不欲害人也。谨按灾异以见天意。天意有欲也,有不欲也。所欲所不欲者,人内以自省,宜有惩于心;外以观其事,宜有验于国。故见天意者之于灾异也,畏之而不恶也,以为天欲振吾过,救吾失,故以此报我也。《春秋》之法,上变古易常,应是而有天灾者,谓幸国。孔子曰:"天之所幸,有为不善而屡极。"楚庄王以天不见灾,地不见孽,则祷之于山川曰:"天其将亡予邪?不说吾过,极吾罪也。"以此观之,天灾之应过而至也,异之显明可畏也。此乃天之所欲救也,《春秋》之所独幸也,庄王所以祷而请也。圣主贤君,尚乐受忠臣之谏,而况受天谴也。(《必仁且智》)

然书日蚀、星陨、有蜮、山崩、地震、夏大雨水、冬大雨雪、陨霜不杀草、自正月不雨至于秋七月、有鹳鹆来巢,《春秋》异之,以此见悖乱之征。是小者不得大,微者不得著,虽甚末,亦一端。孔子以此效之。吾所以贵微重始是也。因恶夫推灾异之象于前,然后图安危祸乱于后者,非《春秋》之所甚贵也。然而《春秋》举之以为一端者,亦欲其省天谴而畏天威,内动于心志,外见于事情,修身审己,明善心以反道者也。岂非贵微重始,慎终推效者哉!(《二端》)

日月食,并告凶,不以其行。有星孛于东方,于大辰,入北斗,常星不见,地震,梁山沙鹿崩,宋、卫、陈、郑灾,王公大夫篡弑者,《春秋》皆书以为大异,不言众星之孛入,霣雨、原隰之袭崩。(《奉本》)

夫流深者其水不测,尊至者其敬无穷。是故天之所加,虽为灾害,犹承而大之,其钦无穷,震夷伯之庙是也。天无错舛之灾,地有震动之异。(同上)

是故星坠谓之陨,蠡坠谓之雨。其所发之处不同,或降于天,或发于地,其辞不可同也。(《玉英》)

周发兵,不期会于孟津之上者八百,诸侯共诛纣,大亡天下。《春秋》以为戒,曰"蒲社灾"。周衰,天子微弱,诸侯力政,大夫专国,士专邑,不能行度制法文之礼。诸侯背叛,莫修贡聘,奉献天子。臣弑其君,子弑其父,孽杀其宗,不能统理,更相代锉以广地。以强相胁,不能制属。强奄弱,众暴寡,富使贫,并兼无已。臣下上僭,不能禁止。日为之食,"星霣如雨""雨螽""沙鹿崩",夏大雨水,冬大雨雪,"霣石于宋五""六鹢退飞""霣霜不杀草,李梅实""正月不雨,至于秋七月","地震""梁山崩",壅河三日不流,昼晦,彗星见于东方,"孛于大辰","鹳鹆来巢"。《春秋》异之,以此见悖乱之征。(《王道》)

禹水,汤旱,非常经也,适遭世气之变,而阴阳失平。尧视民如子,民视尧如父。《尚书》曰"二十有八载,放勋乃殂落,百姓如丧考妣",四海之内,阒密八音三年。三年,阳气厌于阴,阴气大兴,此禹所以有水名也。桀天下之残贼也,汤天下之盛德也。天下除残贼而得盛德大善者再,是重阳也,故汤有旱之名。皆适遭之变,非禹、汤之过。毋以适遭之变,疑生平之常,则所守不失,则正道益明。(《暖燠孰多》)

火干木,蛰虫蚤出,雷早行。土干木,胎夭卵毈,鸟虫多伤。金干木,有兵。水干木,春下霜。土干火,则多雷。金干火,草木夷。水干火,夏雹。木干金,则地动。金干土,则五谷伤,有殃。水干土,夏寒雨霜。木干土,倮虫不为。火干土,则大旱。水干金,则鱼不为。木干金,则草木再生。火干金,则草木秋荣。土干金,五谷不成。木干水,冬蛰不藏。土干水,则蛰虫冬出。火干水,则星坠。金干水,则冬大寒。(《治乱五行》)

五行变至,当救之以德,施之天下,则咎除。不救以德,不出三年,天当雨石。木有变,春凋秋荣,秋木冰,春多雨。此徭役众,赋敛重,百姓贫穷叛去,道多饥人。救之者,省徭役,薄赋敛,出仓谷,赈困穷矣。火有变,冬温夏寒。此王者不明,善者不赏,恶者不出,不肖在位,贤者伏匿,则寒暑失序,而民疾疫。救之者,举贤良,赏有功,封有德。土有变,大风至,五谷伤。此不信仁贤,不敬父兄,淫佚无度,宫室多营。救之者,省宫室,去雕文,举孝弟,恤黎元。金有变,毕、昴为回,三覆有武,多兵,多盗寇。此弃义贪财,轻民命,重货赂,百姓趣利,多奸轨。救之者,举廉洁,立正直,隐武行

文,束甲械。水有变,冬湿多雾,春夏雨雹。此法令缓,刑罚不行。救之者,忧囹圄,案奸宄,诛有罪,英五日。(《五行变救》)

木者春,生之性,农之本也。劝农事,无夺民时,使民岁不过三日,行什一之税,进经术之士。挺群禁,出轻系,去稽留,除桎梏,开闭阖,通障塞。恩及草木,则树木华美,而朱草生;恩及鳞虫,则鱼大为,鳣鲸不见,群龙下。如人君出入不时,走狗试马,驰骋不反宫室,好淫乐饮酒,沉湎纵恣,不顾政治,事多发役,以夺民时;作谋增税,以夺民财。〔民〕病疥搔,温体,足胻痛。咎及于木,则茂木枯槁,工匠之轮多伤败。毒水漅群,漉陂如(而通)渔,咎及鳞虫,则鱼不为,群龙深藏,鲸出见。火者夏,成长,本朝也。举贤良,进茂才,官得其能,任得其力,赏有功,封有德,出货财,振困乏,正封疆,使四方。恩及于火,则火顺人而甘露降;恩及羽虫,则飞鸟大为,黄鹄出见,凤凰翔。如人君惑于谗邪,内离骨肉,外疏忠臣,至杀世子,诛杀不辜,逐功臣,以妾为妻,弃法令,妇妾为政,赐予不当,则民病血壅肿,目不明。咎及于火,则大旱,必有火灾,摘巢探毂,咎及羽虫,则飞鸟不为,冬应不来,枭鸦群鸣,凤凰高翔。土者夏中,成熟百种,君之官。循宫室之制,谨夫妇之别,加亲戚之恩。恩及于土,则五谷成而嘉禾兴;恩及倮虫,则百姓亲附,城郭充实,圣贤皆迁,仙人降。如人君好淫佚,妻妾过度,犯亲戚,侮父兄,欺罔百姓,大为台榭,五色成光,雕文刻镂,则民病心腹宛黄,舌烂痛。咎及于土,则五谷不成,暴虐妄诛,咎及倮虫,倮虫不为,百姓叛去,圣贤放亡。金者秋,杀气之始也。建立旗鼓,杖把旄钺,以诛贼残,禁暴虐,安集,故动众兴师,必应义理,出则祠兵,入则振旅,以闲习之,因于彼狩,存不忘亡,安不忘危。修城郭,缮墙垣,审群禁,饬兵甲,警百官,诛不法。恩及于金石,则凉风出;恩及于毛虫,则走兽大为,麒麟至。如人君如战,侵陵诸侯,贪城邑之赂,轻百姓之命,则民病喉咳嗽,筋挛,鼻仇塞。咎及于金,则铸化疑滞,冻坚不成;四面张罔,焚林而猎;咎及毛虫,则走兽不为,白虎妄搏,麟远出。水者冬,藏至阴也。宗庙祭祀之始,敬四时之祭,禘祫昭穆之序。天子祭天,诸侯祭土。闭门闾,大搜索,断刑罚,执当罪,饬关梁,禁外徙。恩及于水,则醴泉出;恩及介虫,则鼋鼍大为,灵龟出。如人君简宗庙,不祷祀,废祭祀,执法不顺,逆天时,则民病流肿,水胀,痿痹,孔窍不通。咎及于水,雾气冥冥,必有大水,水为民害;咎及介虫,则龟深藏,鼋鼍呴。(《五行顺逆》)

道,王道也。王者,人之始也。王正,则元气和顺,风雨时,景星见,黄龙下;王不正,则上变天,贼气并见。(《王道》)

父不哭子,兄不哭弟,毒虫不螫,猛兽不搏,蛰虫不触。故天为之下甘露,朱草生,醴泉出,风雨时,嘉禾兴,凤凰麒麟游于郊。(同上)

帝王之将兴也,其美祥亦先见;其将亡也,妖孽亦先见。(《同类相动》)

物固有实使之,其使之无形。《尚书传》言,周将兴之时,有大赤鸟衔谷之种,而集王屋之上者,武王喜,诸大夫皆喜。周公曰:"茂哉,茂哉!天之见此,以劝之也。"(同上)

夷　　狄

《春秋》曰"晋伐鲜虞"。奚恶乎晋而同夷狄也?曰:《春秋》尊礼而重信。信重于地,礼尊于身。(《楚庄王》)

> 徐勤谨案,《春秋》之义,尊礼重信。故能守乎礼信则进之,违乎礼信则黜之,其名号本无定也。晋伐鲜虞与此相背,故拟诸夷狄。

《春秋》之常辞也，不予夷狄，而予中国为礼。至邲之战，偏然反之，何也？曰：《春秋》无通辞，从变而移。今晋变而为夷狄，楚变而为君子，故移其辞，以从其事。夫庄王之舍郑，有可贵之美。晋人不知善而欲击之。所救已解，如挑与之战，（卢注古"而""如"通用。）此无善善之心，而轻救民之意也，是以贱之而不使得与贤者为礼。《《竹林》》

> 徐勤谨案，《春秋》无通辞之义，公、穀二传未有明文，惟董子发明之。后儒孙明复、胡安国之流不知此义，以为《春秋》之旨最严华夷之限，于是尊己则曰神明之俗，薄人则由禽兽之类；苗猺狪獞之民则外视之，边鄙辽远之地则忍而割弃之。呜呼！背《春秋》义以自隘其道，孔教之不广，生民之涂炭，岂非诸儒之罪耶！若无董子，则华夏之限终莫能破，大同之治终末由至也。

故《春秋》之于偏战也，犹其于诸夏也，引之鲁则谓之外，引之夷狄则谓之内。《《竹林》》

> 徐勤谨案，引之鲁则谓之外，引之夷狄则谓之内。内外之分，只就所引言之耳。若将夷狄而引之于诸地诸天诸星之世界，则夷狄亦当谓之内，而诸地诸天诸星当谓之外矣。内外之限，宁有定名哉？此庄子所谓自其大者视之，则万物皆一也。

《春秋》曰"郑伐许"。奚恶于郑而夷狄之也？曰：卫侯速卒，郑师侵之，是伐丧也。郑与诸侯盟于蜀，以盟而归，诸侯于是伐许，是叛盟也。伐丧无义，叛盟无信，无信无义，故大恶之。《《竹林》》

> 徐勤谨案，《春秋》之义，最重信义。郑伐丧背盟，无信义之甚，故夷狄之，与晋伐鲜虞同。

《春秋》慎辞,谨于名伦等物者也。是故小夷言伐而不得言战,大夷言战而不得言获,中国言获而不得言执,各有辞也。有(又同)小夷避大夷而不得言战,大夷避中国而不得言获,中国避天子而不得言执,名伦弗予,嫌于相臣之辞也。是故大小不逾等,贵贱如其伦,义之正也。《精华》

> 徐勤谨案,以《春秋》大一统之义律之,则举天下皆中国也,何中国夷狄之有?何小夷大夷之有?此其晰言之者,盖传闻之世,治尚粗觕,故不能不略分差等也。

亲近以求远,故未有不先近而致远者也。故内其国而外诸夏,内诸夏而外夷狄,言自近者始也。《王道》

> 徐勤谨案,此董子发明《春秋》所以立内外例之故。盖至治著大同,远近大小若一,而无内外之殊者,理之所必至者也。先近致远,详内略外,等差秩然者,势之所不能骤变者也。盖圣人只能循夫理而顺夫势而已。《易》曰"地势坤",周子曰"天下势而已"。其即此义也。

夷狄邾娄人、牟人、葛人,为其天王崩而相朝聘也,此其诛也。《王道》

> 徐勤谨案,天子崩,诸侯不当行朝聘之礼,乃邾娄人、牟人、葛人犹复来聘,故称人而夷狄之。邢与狄伐其同姓取之。其行如此,虽尔亲,庸能亲尔乎?《灭国下》

> 徐勤谨案,与狄伐同姓,则亦夷狄矣,故虽亲亦外之。

其明年,楚屈建会诸侯而张中国。卒之三年,诸夏之君朝于楚。楚子卷继之,四年而卒。其国不为侵夺,而顾隆盛强大中国不出年余,何也?楚子昭盖诸侯可者也,天下之疾其君者,皆赴愬而

乘之。兵四五出,常以众击少,以专击散,义之尽也。(《随本消息》)

> 徐勤谨案,《春秋》之世,弑君三十六,亡国五十二,争夺相杀,靡有已时。楚屈建能会诸侯而张中国,故名之,示楚有大夫而进于中国。襄三十年《穀梁传》云:"澶渊之会,中国不侵伐夷狄,夷狄不入中国,无侵八年,善之也。晋赵武、楚屈建之力也。"

《春秋》曰"荆"。《传》曰:氏不若人,人不若名,名不若字,凡四等,命曰附庸。(《爵国》)

> 徐勤谨案,荆非楚之国号,而以荆目之者,盖未至升平之世,中国政治未及夷狄,故进之所谓许夷狄,不一而足之义也。

故王者爱及四夷。(《仁义法》)

> 徐勤谨案,《公羊》隐二年何注云"王者不治夷狄",桓三年何注云"后治夷狄"。此言爱及四夷者,盖升平之世,教化大洽,夷狄丕变,故亦在王者胞与之内。此《繁露》所谓天覆无外,地载兼爱者也。

潞子之于诸侯,无所能正,《春秋》予之有义,其身正也。(《仁义法》)

是故吴鲁同姓也,钟离之会不得序而称君,殊鲁而会之,谓其夷狄之行也。鸡父之战,吴不得与中国为礼,至于伯莒、黄池之行,变而反道,乃爵而不殊。(《观德》)

> 徐勤谨案,钟离之会,鸡父之战,吴有夷狄之行,故并外之;至黄池之行,变而反道,乃爵而不殊。中国、夷狄之名,从变而移如此,若徒以一义绳之,是犹刻舟而求剑,守株而待兔者也,岂足以读《春秋》者哉!

《春秋》常辞,夷狄不得与中国为礼。至邲之战,夷狄反道,中国不得与夷狄为礼,避楚庄也。邢、卫,鲁之同姓也,狄人灭之,《春秋》为讳,避齐桓也。当其如此也,唯德是亲。《观德》

徐勤谨案,泥后儒尊攘之说,则当亲者晋,不当亲者楚也,何德之足云?不知《春秋》之义,唯德是亲。中国而不德也,则夷狄之;夷狄而有德也,则中国之。无疆界之分,人我之相。若非董子发明此义,则孔教不过如婆罗门、马哈墨之闭教而已。

吴俱夷狄也,柤之会,独先外之,为其与我同姓也。《观德》

徐勤谨案,《春秋》之义,德尊则先亲亲,故不特当内者独见内之,即当外者亦独先外之,此《春秋》先内后外之例也。

潞子离狄而归,党以得亡,《春秋》谓之子,以领其意。《观德》

徐勤谨案,能归中国,则亦中国矣。国虽亡,仍谓之子,以领其意。

吴、楚国先聘我者见贤。《观德》

徐勤谨案,能慕中国之教化而先聘我,故贤之以进于中国。

远夷之君,内而不外。《奉本》

徐勤谨案,《春秋》内其国而外诸夏,内诸夏而外夷狄。乃忽云远夷之君,内而不外,则外而变内,是天下无复有内外之殊矣。圣人大同之治,其在斯乎!其在斯乎!

诸子改制托古考[①]

托古要旨

墨子托古

老子托古

杨子托古

庄子托古

列子托古

驺子托古

尸子托古

商君托古

韩非托古

管子托古

吕氏托古

内经托古

鹖冠子托古

淮南子托古

方士托古

---

① 此文选自《孔子改制考》卷四,1897 年末由上海大同译书局刊行。

荣古而虐今，贱近而贵远，人之情哉！耳目所闻睹，则遗忽之；耳目所不睹闻，则敬异之；人之情哉！慧能之直指本心也，发之于己，则捻道人、徐遵明耳；托之于达摩之五传迦叶之衣钵，而人敬异矣，敬异则传矣。袁了凡之创功过格也，发之于己，则石奋、邓训、柳玭耳；托之于老子、文昌，而人敬异矣，敬异则传矣。汉高之神丛狐鸣，摩诃末、西奈之天使，莫不然。庄子曰："其言虽教，谪之实也。古之有也，非吾有也。"古之言，莫如先王，故百家多言黄帝，尚矣。一时之俗也。当周末，诸子振教，尤尚寓言哉！

世俗之人，多尊古而贱今，故为道者，必托之于神农、黄帝，而后能入说。（《淮南子·修务训》）

《淮南子》尚知诸子托古之风俗，此条最为明确。盖当时诸子纷纷创教，竞标宗旨，非托之古，无以说人。

寓言十九，重言十七，卮言日出，和以天倪。寓言十九，藉外论之，亲父不为其子媒。亲父誉之，不若非其父者也。非吾罪也，人之罪也。与己同，则应；不与己同，则反。同于己，为是之；异于己，为非之。重言十七，所以己言也，是为耆艾。年先矣，而无经纬、本末以期年耆者，是非先也。人而无以先人，无人道也；人而无人道，是之谓陈人。卮言日出，和以天倪，因以曼衍，所以穷年。（《庄子·寓言》）

《庄子》一书所称黄帝、尧、舜、孔子、老聃，皆是寓言。既自序出，人皆知之。然此实战国诸子之风。非特《庄子》为然，凡诸子皆然。所谓亲父不为其子媒，亲父誉之，不若非其父者也。故必托之他人而为寓言。寓言于谁？则少年不如耆艾，今人不如古人。耆古之言，则见重矣，耆艾莫如黄帝、尧、舜，故托于古人以为重,所谓重言也。凡诸子托古皆同此。《庄子》既皆寓言,故皆不录。

今逮至昔者,三代圣王既没,天下失义。后世之君子,或以厚葬、久丧以为仁也,义也,孝子之事也;或以厚葬、久丧以为非仁义,非孝子之事也。曰:二子者,言则相非,行即相反,皆曰吾上祖述尧、舜、禹、汤、文、武之道者也。而言即相非,行即相反,于此乎后世之君子,皆疑惑乎二子者言也。(《墨子·节葬》)

"皆曰吾上祖述尧、舜、禹、汤、文、武"云云,则当时诸子纷纷托古矣。然同托于尧、舜、禹、汤、文、武,而相反若是与!《韩非子·显学》所谓"孔子、墨翟皆自以为真尧、舜,尧、舜不复生,谁使定孔、墨之诚乎?"可知当日同为托古,彼此互知,以相攻难。

孔子、墨子俱道尧、舜,而取舍不同,皆自谓真尧舜。尧舜不复生,将谁使定儒、墨之诚乎?(《韩非子·显学》)

同是尧、舜,而孔、墨称道不同。韩非当日著说犹未敢以为据,非托而何?不能定尧、舜之真,则诸子皆托以立教,可无疑矣。

今儒、墨者称三代文、武而弗行,是言其所不行也。(《淮南子·氾论训》)

有为神农之言者许行。(《孟子·滕文》)

许行托古,人多信之者,得无孟子辟之乎?然信此而疑彼,是亦知二五而不知一十之数也。且夫世之愚学,皆不知治乱之情,讘诀多诵先古之书,以乱当世之治。(《韩非子·奸劫弑臣》)

夫称上古之传,颂辩而不愨,道先王仁义而不能正国者,此亦可以戏,而不可以为治也。(《韩非子·外储说左》)

太史公曰:"学者多称五帝,尚矣。"然《尚书》独载尧以来,而百家言黄帝,其文不雅驯,荐绅先生难言之。孔子所传宰予问《五帝德》及《帝系姓》,儒者或不传。余尝西至空桐,北过涿鹿,东渐于海,南浮江、淮矣,至长老皆各往往称黄帝、尧、舜之处,风教固殊焉,总之不离古文者近是。予观《春秋》《国语》,其发明《五帝德》《帝系姓》章矣,顾弟弗深考,其所表见皆不虚。《书》缺有间矣,其轶乃时时见于他说。非好学深思,心知其意,固难为浅见寡闻者道也。余并论次,择其言尤雅者,故著为《本纪》。书首。(《史记·五帝本纪》)

见于《大戴》,安得谓儒者或不传?此与古文近是,皆刘歆窜改。百家多称黄帝,可见托古之盛。

公见乎谈士辩人乎?虑事定计,必是人也,然不能以一言说人主意,故言必称先王,语必道上古。虑事定计,饰先王之成功,语其败害,以恐喜人主之志,以求其欲。多言夸严,莫大于此矣。(《史记·日者列传》)

战国诸子皆谈士辩人,言必称先王,饰先王之成功。至汉时,人尚知之。

上托古要旨

子墨子言曰:"古者,明王圣人所以王天下、正诸侯者,彼其爱民谨忠,利民谨厚,忠信相连,又示之以利。是以终身不餍,殁二十而不卷。"古者明王圣人其所以王天下、正诸侯者,此也。是故古者圣王制为节用之法。曰:"凡天下群百工、轮车、鞼匏、陶冶、梓匠,使各从事其所事能。"曰:"凡足以奉给民用,则止。诸加费,不加于民利者,圣王弗为。"古者圣王制为饮食之法。曰:"足以充虚继气,强股肱,使耳目聪明,则止。不极五味之调、芬香之和,不致远国珍恢异物。"何以知其然?古者尧治天下,南抚交阯,北降幽都,东西至日所出入,莫不宾服。逮至其厚爱,黍稷不二,羹胾不重,饮于土塯,啜于土形,斗以酌。俛仰周旋威仪之礼,圣王弗为。古者圣王制为衣服之法。曰:"冬服绀緅之衣,轻且暖,夏服絺绤之衣,轻且清,则止。诸加费,不加于民利者,圣王弗为。"古者,圣人为猛禽狡兽暴人害民,于是,教民以兵行,日带剑,为刺则入,击则断,旁击而不折,此剑之利也。甲为衣则轻且利,动则兵且从,此甲之利也。车为服重致远,乘之则安,引之则利。安以不伤人,利以速至,此车之利也。古者,圣王为大川广谷之不可济,于是利为舟楫,足以将之则止,虽上者三公诸侯至,舟楫不易,津人不饰,此舟之利也。古者圣王制为节葬之法。曰:"衣三领足以朽肉,棺三寸足以朽骸,堀穴深不通于泉,流不发泄,则止。死者既葬,生者毋久丧用哀。"古者,人之始生,未有宫室之时,因陵丘堀穴而处焉。圣王虑之,以为堀穴。曰:"冬可以辟风寒,逮夏,下润湿,上熏烝,恐伤民之气,于是作为宫室而利。"然则为宫室之法将奈何哉?子墨子言曰:"其旁可以圉风寒,上可以圉雪霜、雨露,其中蠲洁可以祭祀,宫墙足以为男女之别,则止。诸加费,不加民利者,圣王弗为。"(《墨子·节用》)

《内则》:八珍笾豆鼎俎之实。《春秋》说天子四十豆,诸公二十六豆。又有玉瓒、玉豆。《书》称日、月、星、辰、山、龙、华、虫、藻、火、粉、米,以五采章施于五色作服。《士丧礼》:衣衾绞紟十九袭,棺椁七寸,天子七重。宫室则明堂、清庙四阿重屋,丹漆雕几、灵台、灵沼。固知黍稷不二,羹胾不重,土簋土形,夏止绨绤,冬止绀緅,衣三领,棺三寸。皆墨子之制,而托之先王也。

昔之圣王禹、汤、文、武,兼爱天下之百姓,率以尊天、事鬼,其利人多。故天福之,使立为天子。(《墨子·法仪》)

尊天、事鬼,皆墨子之法,而托之先王。

故《夏书》曰:"禹七年水。"《殷书》曰:"汤五年旱。"此其离凶饿甚矣。然而民不冻饿者,何也？其生财密,其用之节也。(《墨子·七患》)

节用,墨法,而托之先王。

子墨子曰:"古之民,未知为宫室时,就陵阜而居,穴而处,下润湿,伤民。故圣王作为宫室。"为宫室之法,曰:"高足以辟润湿,边足以圉风寒,上足以待雪霜、雨露,宫墙之高,足以别男女之礼。谨此则止。"(《墨子·辞过》)

《礼》有明堂,四阿重屋,丹楹刻桷。以为仅足避润湿,圉风寒,待雪霜、雨露。此墨子之制,而托之先王。

古之民,未知为衣服时,衣皮带茭,冬则不轻而温,夏则不轻而清。圣王以为不中人之情,故作诲妇人,治丝麻,捆布绢,以为民衣。为衣服之法,冬则练帛之中,以为轻且暖;夏则绨绤,轻且清。谨此则止。(《墨子·辞过》)

《礼》有五服五章、衮冕、黼黻。此墨子法,而托之先王。

凡回于天地之间,包于四海之内,天壤之情,阴阳之和,莫不有也,虽至圣不能更也。何以知其然？圣人有传,天地也,则曰上下;四时也,则曰阴阳;人情也,则曰男女;禽兽也,则曰牡牝雄雌也。

真天壤之情,虽有先王,不能更也。虽上世至圣,必蓄私不以伤行,故民无怨;宫无拘女,故天下无寡夫。内无拘女,外无寡夫,故天下之民众。(《墨子·辞过》)

> 墨子以久丧为败男女之交,故尚短丧,其意专欲繁民也。

程繁问于子墨子曰:"圣王不为乐。昔诸侯倦于听治,息于钟鼓之乐;士大夫倦于听治,息于竽瑟之乐;农夫春耕、夏耘、秋敛、冬藏,息于聆缶之乐。今夫子曰:'圣王不为乐。'此譬之犹马驾而不税,弓张而不弛,无乃非有血气者之所不能至邪?"子墨子曰:"昔者尧、舜有茅茨者且以为礼,且以为乐。汤放桀于大水,环天下自立以为王,事成功立,无大后患,因先王之乐,又自作乐,命曰《護》,又修《九招》。武王胜殷杀纣,环天下自立以为王,事成功立,无大后患,因先王之乐,又自作乐,命曰《象》。周成王因先王之乐,命曰《驺虞》。周成王之治天下也,不若武王;武王之治天下也,不若成汤;成汤之治天下也,不若尧、舜。故其乐逾繁者,其治逾寡。自此观之,乐非所以治天下也。"程繁曰:"子曰:'圣王无乐。'此亦乐已。若之,何其谓圣王无乐也?"子墨子曰:"圣王之命也,多寡之。食之利也,以知饥而食之者,智也,因为无智矣。今圣有乐而少,此亦无也。"(《墨子·三辩》)

> 墨子以尧、舜之乐为茅茨,以《招》为汤。墨子非乐,当非伪托,或旧名也。《護》《象》《驺虞》亦即旧名,孔子因之而制新乐耳。

故古者圣王之为政,列德而尚贤。虽在农与工肆之人,有能则举之,高予之爵,重予之禄,任之以事,断予之令。(《墨子·尚贤》)

故古者尧举舜于服泽之阳,授之政,天下平。禹举益于阴方之中,授之政,九州成。汤举伊尹于庖厨之中,授之政,其谋得。文王举闳夭、泰颠置罔之中,授之政,西土服。

是故子墨子言曰:"得意贤士不可不举,不得意贤士不可不举,尚欲祖述尧、舜、禹、汤之道,将不可以不尚贤。夫尚贤者,政之本也。"(并同上)

三代时,尚世爵,故孔、墨皆尚贤,而托其义于古人。

且以尚贤为政之本者,亦岂独子墨子之言哉?此圣人之道,先王之书,距年之言也。传曰:"求圣君哲人,以裨辅而身。"《汤誓》曰:"聿求元圣,与之戮力同心,以治天下。"则此言圣之不失以尚贤使能为政也。故古者圣王唯能审以尚贤使能为政,无异物杂焉,天下皆得其利。古者舜耕历山,陶河濒,渔雷泽。尧得之服泽之阳,举以为天子,与接天下之政,治天下之民。伊挚,有莘氏女之私臣,亲为庖人。汤得之,举以为己相,与接天下之政,治天下之民。傅说被褐带索,庸筑乎傅岩。武丁得之,举以为三公,与接天下之政,治天下之民。(《墨子·尚贤》)

然昔吾所以贵尧、舜、禹、汤、文、武之道者,何故以哉?以其唯毋临众发政而治民,使天下之为善者可而劝也,为暴者可而沮也。然则此尚贤者也,与尧、舜、禹、汤、文、武之道同矣。

故古圣王以审以尚贤使能为政,而取法于天。虽天亦不辩贫富、贵贱、远迩、亲疏,贤者举而尚之,不肖者抑而废之。然则富贵为贤,以得其赏者,谁也?曰:"若昔者三代圣王,尧、舜、禹、汤、文、武者是也。"

是故昔者尧之举舜也,汤之举伊尹也,武丁之举傅说也,岂以为骨肉之亲、无故富贵、面目美好者哉?惟法其言,用其谋,行其道,上可而利天,中可而利鬼,下可而利人,故推而上之。(并同上)

墨子恶时之专用世爵,故托古圣以申尚贤之义。

是故子墨子言曰:"古者圣王为五刑,请以治其民,譬若丝缕之有纪,罔罟之有纲,所连收天下之百姓,不尚同其上者也。"(《墨子·尚同》)

子墨子曰:"方今之时,复古之民始生,未有正长之时,盖其语曰:'天下之人异义。'是以一人一义,十人十义,百人百义,其人数兹众,其所谓义者亦兹众。是以人是其义而非人之义,故相交非也。内之父子兄弟作怨仇,皆有离散之心,不能相和合。至乎舍馀力,不以相劳;隐匿良道,不以相教;腐朽馀财,不以相分。天下之乱也至如禽兽然,无君臣、上下、长幼之节,父子、兄弟之礼,是以天下乱焉。"(同上)

墨子虽尚同,亦有君臣、上下之节,父子、兄弟之礼矣。

故古者圣王明天鬼之所欲,不避天鬼之所憎,以求兴天下之利,除天下之害。是以率天下之万民,斋戒沐浴,洁为酒醴粢盛,以祭祀天鬼。其事鬼神也,酒醴粢盛,不敢不蠲洁;牺牲,不敢不腯肥;珪璧币帛,不敢不中度量;春秋祭祀,不敢失时几;听狱,不敢不中;分财,不敢不均;居处,不敢怠慢。曰:"其为正长若此。"是故出诛胜者何故之以也? 曰:"唯以尚同为政者也。"故古者圣王之为政若此。(《墨子·尚同》)

凡墨子之尊天、事鬼,皆托之先王。

故古者圣人之所以济事成功,垂名于后世者,无他故异物焉,曰:"唯能以尚同为政者也。"是以先王之书《周颂》之道之曰:"载来见辟王,聿求厥章。"则此语古者国君、诸侯之以春秋来朝聘天子之廷,受天子之严教,退而治国,政之所加,莫敢不宾。当此之时,本无有敢纷天子之教者。《诗》曰:"我马维骆,六辔沃若,载驰载驱,周爰咨度。"又曰:"我马维骐,六辔若丝,载驰载驱,周爰咨谋。"即此语也。古者国君、诸侯之闻见善与不善也,皆驰驱以告天子。是以赏当贤,罚当暴,不杀不辜,不失有罪,则此尚同之功也。(《墨子·尚同》)

故曰:治天下之国,若治一家;使天下之民,若使一夫。意独子墨子有此,而先王无此其有邪?则亦然也。圣王皆以尚同为政,故天下治。何以知其然也?于先王之书也。《大誓》之言然。曰:"小人见奸巧,乃闻不言也,发罪钧。"此言见淫辟不以告者,其罪亦犹淫辟者也。故古之圣王治天下也,其所差论,以自左右羽翼者皆良。外为之人,助之视听者众。故与人谋事,先人得之;与人举事,先人成之;光誉令闻,先人发之。唯信身而从事,故利若此。古者有语焉,曰:"一目之视也,不若二目之视也;一耳之听也,不若二耳之听也;一手之操也,不若二手之强也。"夫唯能信身而从事,故利若此。是故古之圣王之治天下也,千里之外有贤人焉,其乡里之人皆未之均闻见也,圣人得而赏之;千里之内有暴人焉,其乡里未之均闻见也;圣王得而罚之。(同上)

古者,禹治天下,西为西河、渔窦,以泄渠孙皇之水;北为防原派,注后之邸、嘑池之窦,洒为底柱,凿为龙门,以利燕、代、胡、貉与西河之民;东方漏之陆,防孟诸之泽,洒为九浍,以楗东土之水,以利冀州之民;南为江、汉、淮、汝,东流之注五湖之处,以利荆、楚与越南夷之民。此言禹之事,吾今行兼矣。昔者文王之治西土,若日若月,乍光于四方,于西土。不为大国侮小国,不为众庶侮鳏寡,不为暴势夺穑人黍稷狗彘。天屑临文王慈,是以老而无子者,有所得终其寿;连独无兄弟者,有所杂于生人之间;少失其父母者,有所放依而长。此文王之事,则吾今行兼矣。昔者武王将事泰山隧,传曰:"泰山,有道曾孙周王有事。大事既获,仁人尚作,以祗商、夏,蛮夷丑貉。虽有周亲,不若仁人,万方有罪,惟予一人!此言武王之事,吾今行兼矣。"(《墨子·兼爱》)

> 言禹治水,与《禹贡》同意异名。文王则与《康诰》《孟子》有相同者,词则迥异。是墨子之《书经》与儒教之《书经》不同也。"虽有周亲,不如仁人"四语,与《论语》同。此二家采集古书并同处,必确为古书语矣。

今若夫兼相爱,交相利,此自先圣六王者亲行之。何知先圣六王之亲行之也?子墨子曰:"吾非与之并世同时,亲闻其声,见其色也,以其所书于竹帛,镂于金石,琢于盘盂,传遗后世子孙者知之。"《泰誓》曰:"文王若日若月,乍照光于四方,于西土。"即此言文王之兼爱天下之博大也。譬之日月兼照天下之无有私也,即此文王兼也。虽子墨子之所谓兼者,于文王取法焉。且不惟《泰誓》为然,虽《禹誓》即亦犹是也。禹曰:"济济有众,咸听朕言:非惟小子,敢行称乱。蠢兹有苗,用天之罚。若予既率尔群对诸群,以征有苗。"禹之征有苗也,非以求以重富贵、干福禄、乐耳目也,以求兴天下之利,除天下之害。即此禹兼也。虽子墨子之所谓兼者,于禹求焉。且不惟《禹誓》为然,虽《汤说》即亦犹是也。汤曰:"惟予小子履,敢用玄牡,告于上天后曰:今天大旱,即当朕身履,未知得罪于上下,有善不敢蔽,有罪不敢赦,简在帝心。万方有罪,即当朕身,朕身有罪,无及万方。"即此言。汤贵为天子,富有天下,然且不惮以身为牺牲,以祠说于上帝鬼神,即此汤兼也。虽子墨子之所谓兼者,于汤取法焉。且不惟《誓命》与《汤说》为然,《周诗》即亦犹是也。《周诗》曰："王道荡荡，不偏不党；王道平平，不党不偏。其直若矢，若易若底。君子之所履，小人之所视。"若吾言非语道之谓也。古者，文、武为正均分，赏贤罚暴，勿有亲戚弟兄之所阿，即此文、武兼也。虽子墨子之所谓兼者，于文、武取法焉。(《墨子·兼爱》)

《泰誓》《禹誓》《汤说》《周诗》，皆墨子之《诗》《书》也，与孔子之《诗》《书》同，而删定各异，以行其说。今伪古文采用之人忘之矣。

昔者，有三苗大乱，天命殛之。日妖宵出，雨血三朝，龙生庙，犬哭乎市，夏冰，地坼及泉，五谷变化，民乃大振。高阳乃命玄宫。禹亲把天之瑞令，以征有苗。四电诱祗，有神人面鸟身，若瑾以侍，扼矢有苗之祥。苗师大乱，后乃遂几。禹既已克有三苗焉，磨为山川，别物上下，卿制大极而神民不违，天下乃静。则此禹之所以征有苗也。还至乎夏王桀，天有𰯅命，日月不时，寒暑杂至，五谷焦死，鬼呼国，鹤鸣十夕余。天乃命汤于镳宫，用受夏之大命："夏德大乱，予既卒其命于天矣，往而诛之，必使汝堪之。"汤焉，敢奉率其众，是以乡有夏之境。帝乃使阴暴毁有夏之城。少少有神来告曰："夏德大乱，往攻之，予必使汝大堪之。予既受命于天，天命融隆火，于夏之城间西北之隅。"汤奉桀众以克有，属诸侯于薄，荐章天命，通于四方，而天下诸侯莫敢不宾服。则此汤之所以诛桀也。还至乎商王纣，天不序其德，祀用失时，兼夜中，十日雨土于薄，九鼎迁止，妇妖宵出，有鬼宵吟，月女为男，天雨肉，棘生乎国道，王兄自纵也。赤乌衔珪，降周之岐社，曰："天命周文王伐殷有国。"泰颠来宾，河出绿图，地出乘黄。武王践功，梦见三神，曰："予既沈渍殷纣于酒德矣，往攻之，予必使汝大堪之。"武王乃攻狂夫，反商之周。天赐武王黄鸟之旗。王既已克殷，成帝之来，分主诸神，祀纣先王，

通维四夷,而天下莫不宾焉,袭汤之绪。此即武王之所以诛纣也。《墨子·非攻》

> 此言征有苗事,亦必墨子之《书经》。必是旧文,而墨子稍附己意者。儒书文王无伐殷事,三分服事,孔子所以发明文王为纯臣也。据《墨子》则有之,必有一家托古者。

昔者,圣王为法曰:"丈夫年二十,毋敢不处家;女子年十五,毋敢不事人。"此圣王之法也。圣王既没,于民次之,其欲蚤处家者,有所二十年处家;其欲晚处家者,有所四十年处家。以其蚤与其晚相践,后圣王之法十年。若纯三年而字子,生可以二三年矣,此不惟使民蚤处家,而可以倍与!《墨子·节用》

> 墨子恐人败男女之交,故婚嫁特早。礼:男子三十而娶,女子二十而嫁。故知为墨子改制之托先王也。

故古圣王制为葬埋之法,曰:"棺三寸,足以朽体;衣衾三领,足以覆恶。"以及其葬也,下毋及泉,上毋通臭,垄若参耕之亩,则止矣。死者既以葬矣,生者必无久哭,而疾而从事,人为其所能,以交相利也。此圣王之法也。今执厚葬、久丧者之言曰:"厚葬、久丧,虽使不可以富贫、众寡、定危治乱,然此圣王之道也。"子墨子曰:"不然。昔者尧北教乎八狄,道死,葬蛩山之阴。衣衾三领,谷木之棺,葛以缄之。既沴而后哭。满坎无封,已葬,而牛马乘之。舜西教乎七戎,道死,葬南己之市。衣衾三领,榖木之棺,葛以缄之。已葬,而市人乘之。禹东教乎九夷,道死,葬会稽之山。衣衾三领,桐棺三寸,葛以缄之。绞之不合,通之不坎,土地之深,下毋及泉,上毋通臭。既葬,收余壤其上,垄若参耕之亩,则止矣。若以此若三圣王者观之,则厚葬、久丧果非圣王之道。故三王者,皆贵为天子,

富有天下，岂忧财用之不足哉？以为如此葬埋之法。"（《墨子·节葬》）

太古不知重魂，惟重尸体。埃及古王陵至今犹在，裹尸亦在博物院焉。二婢夹我，三良为殉，骊山虽暴，尚是旧俗，故汉陵尚沿其制。乃知孔子之制已损之尽。制衣衾三领，桐棺三寸，荀子攻之，以为刑徒之礼，而墨子制之。其为托古犹明。韩非所谓孔子、墨翟同称尧、舜，尧、舜不可复生，谁使定尧、舜之真也。

故昔三代圣王禹、汤、文、武，欲以天之为政于天子，明说天下之百姓，故莫不犓牛羊，豢犬彘，洁为粢盛酒醴，以祭祀上帝鬼神，而求祈福于天。我未尝闻天下之所求祈福于天子者也，我所以知天之为政于天子者也。故天子者，天下之穷贵也，天下之穷富也。故于富且贵者，当天意而不可不顺。顺天意者，兼相爱，交相利，必得赏；反天意者，别相恶，交相贼，必得罚。然则是谁顺天意而得赏者？谁反天意而得罚者？子墨子言曰："昔三代圣王禹、汤、文、武，此顺天意而得赏也。昔三代之暴王桀、纣、幽、厉，此反天意而得罚者也。"然则禹、汤、文、武其得赏何以也？子墨子言曰："其事，上尊天，中事鬼神，下爱人。"然则桀、纣、幽、厉得其罚何以也？子墨子曰："其事，上诟天，中诟鬼，下贼人。"（《墨子·天志》）

夫爱人、利人、顺天之意、得天之赏者，谁也？曰："若昔三代圣王尧、舜、禹、汤、文、武者是也。"尧、舜、禹、汤、文、武焉所从事？曰："从事兼，不从事别。"（同上）

墨子少条理，以孔子多条理为别，因以其制托于先王。

何以知天之爱百姓也？吾以贤者之必赏善罚暴也。何以知贤者之必赏善罚暴也？吾以昔者三代之圣王知之。故昔也三代之圣

王尧、舜、禹、汤、文、武之兼爱之天下也,从而利之,移其百姓之意焉,率以敬上帝、山川、鬼神。《墨子·天志》

昔者武王之攻殷诛纣也,使诸侯分其祭,曰:"使亲者受内祀,疏者受外祀。"故武王必以鬼神为有,是故攻殷伐纣,使诸侯分其祭。若鬼神无有,则武王何祭分哉?非惟武王之事为然也。故圣王其赏也必于祖,其僇也必于社。赏于祖者何也?告分之均也。僇于社者何也?告听之中也。非惟若《书》之说为然也。且惟昔者虞、夏、商、周三代之圣王,其始建国营都,日必择国之正坛,置以为宗庙;必择木之修茂者,立以为菆位;必择国之父兄慈孝、贞良者,以为祝宗;必择六畜之胜腯肥倅毛,以为牺牲:珪、璧、琮、璜,称财为度;必择五谷之芳黄,以为酒醴粢盛,故酒醴粢盛与岁上下也。故古圣王治天下也,故必先鬼神而后人者,此也。故曰:"官府选效,必先祭器、祭服,毕藏于府。祝宗有司,毕立于朝,牺牲不与昔聚群。"故古者圣王之为政若此,古者圣王必以鬼神为,其务鬼神厚矣。又恐后世子孙不能知也,故书之竹帛,传遗后世之子孙;咸恐其腐蠹绝灭,后世之子孙不得而记,故琢之盘盂,镂之金石,以重之;有恐后世子孙不能敬莙以取羊,故先王之书,圣人一尺之帛,一篇之书,语数鬼神之有也,重有重之。此其故何?则圣王务之。今执无鬼者曰:"鬼神者,固无有。"则此反圣王之务。反圣王之务,则非所以为君子之道也。今执无鬼者之言曰:"先王之书,慎无一尺之帛,一篇之书,语数鬼神之有,重有重之,亦何书之有哉?"子墨子曰:"《周书》《大雅》有之。"《大雅》曰:"文王在上,于昭于天。周虽旧邦,其命维新。有周不显,帝命不时。文王陟降,在帝左右。穆穆文王,令闻不已。"若鬼神无有,则文王既死,彼岂能在帝之左右哉?此吾所以知《周书》之鬼也。且《周书》独鬼,而《商书》不鬼,则未足以为法也。然则姑尝上观乎《商书》,曰:"呜呼!古者有夏方未有祸之时，百兽贞虫，允及飞鸟，莫不比方。矧佳人面，胡敢异心？山川、鬼神亦莫敢不宁，若能共允，佳天下之合，下土之葆。"察山川、鬼神之所以莫敢不宁者，以佐谋禹也。此吾所以知《商》《周》之鬼也。且《商书》独鬼，而《夏书》不鬼，则未足以为法也。然则姑尝上观乎《夏书》。《禹誓》曰："大战于甘，王乃命左右六人下听誓于中军，曰：'有扈氏威侮五行，怠弃三正，天用剿绝其命。'有曰：'日中，今予与有扈氏争一日之命。且尔卿大夫庶人，予非尔田野葆士之欲也，予共行天之罚也。左不共于左，右不共于右，若不共命，御非尔马之政；若不共命，是以赏于祖而僇于社。"赏于祖者何也？言分命之均也；僇于社者何也？言听狱之事也。故古圣王必以鬼神为赏贤而罚暴，是故赏必于祖，而僇必于社，此吾所以知《夏书》之鬼也。故《尚书》《夏书》，其次商、周之《书》，语数鬼神之有也，重有重之。此其故何也？则圣王务之。以若书之说观之，则鬼神之有，岂可疑哉？于古曰："吉日丁卯，周代祝社方，岁于社者考，以延年寿。"若无鬼神，彼岂有所延年寿哉？《墨子·明鬼》）

巫马子谓子墨子曰："鬼神孰与圣人明智？"子墨子曰："鬼神之明智于圣人，犹聪耳明目之与聋瞽也。昔者夏后开使蜚廉采金于山川，而陶铸之于昆吾。是使翁难乙卜于目若之龟，龟曰：'鼎成三足而方，不炊而自烹，不举而自臧，不迁而自行，以祭于昆吾之墟，上乡。'乙又言兆之由，曰：'飨矣，逢逢白云，一南一北，一西一东。九鼎既成，迁于三国：夏后氏失之，殷人受之；殷人失之，周人受之。'夏后、殷、周之相受也，数百岁矣。使圣人聚其良臣与其桀相而谋，岂能智数百岁之后哉？而鬼神智之。是故曰：'鬼神之明智于圣人也，犹聪耳明目之与聋瞽也。'"（《墨子·耕柱》）

　　托禹卜以明鬼神之明智，然后能申其明鬼之说。

是故子墨子曰:"为乐非也。"何以知其然也?曰:"先王之书,汤之《官刑》有之。曰:'其恒舞于宫,是谓巫风,其刑:君子出丝二卫,小人否。似二伯黄径,乃言曰:呜呼!舞佯佯,黄言孔章。上帝弗常,九有以亡;上帝不顺,降之百殃,其家必坏丧。'察九有之所以亡者,徒从饰乐也。于《武观》曰:'启乃淫溢康乐,野于饮食,将将铭苋磬以力,湛浊于酒,渝食于野,万舞翼翼,章闻于天,天用弗式。'故上者天鬼弗戒,下者万民弗利。"(《墨子·非乐》)

    六代之乐,岂非先王者乎?墨子何不引之?故知托古以申其说。

尝尚观于先王之书。先王之书所以出国家、布施百姓者,宪也。先王之宪亦尝有曰:"福不可请,而祸不可讳,敬无益、暴无伤者乎?"所以听狱制罪者,刑也。先王之刑亦尝有曰:"福不可请,祸不可讳,敬无益、暴无伤者乎?"所以整设师旅,进退师徒者,誓也。先王之誓亦尝有曰:"福不可请,祸不可讳,敬无益、暴无伤者乎?"故子墨子言曰:"吾当未盐(此尽字之讹。)数,天下之良书,不可尽计数,大方论数,而五者是也。"(《墨子·非命》)

"福不可请,祸不可讳",此墨子自申其无命之说。其言先王之誓亦皆有此说,则此誓盖墨子之书托先王以明之者。孔子之书《汤誓》有曰:"天命殛之。"《甘誓》曰:"天用剿绝其命。"此何尝非言命者哉?

于仲虺之告,曰:"我闻于夏,人矫天命,布命于下,帝伐之恶,龚丧厥师。"此言汤之所以非桀之执有命也。于《太誓》曰:"纣夷处,不肯事上帝、鬼神,祸厥先神禔不祀。乃曰:吾民有命,无廖排漏,天亦纵之弃而弗葆。"此言武王所以非纣执有命也。(《墨子·非命》)

《仲虺之告》,今为伪古文所窃。此《墨子》书之篇名,言汤之执有命,武王之执有命,皆所以托先王而言命之不可恃也。今《书·高宗肜日》曰:"民中绝命。"《皋繇谟》曰:"天命有德。"《诰》曰:"天既遐终大邦殷之有命。"《康诰》曰:"惟命不如常。"孔子之言命多矣。

墨子专持"无命"之说以攻孔子。翟之意,盖以人人皆以命为可恃,则饥以待食,寒以待衣。翟仁而愚,急欲行其道,故坚守此义,托之先王。当时儒者亦莫如之何也。夫即孔子之浅而论之,《论语》则首以学而后知命,孔子立名之后,命即随之。盖命所以视其有一定之理,不可强求,即孟子所云孔子得不得之义也。名则兴起拨乱之治矣。夫有行,而后有命;无行,是无命也。翟独昧于此,而力争之,真庄子所谓"其道大觳",徒成其为才士也夫。

今夫有命者言曰:"我非作之后世也,自昔三代有若言以传流矣,今故先生(毕注:"生当为王。")对之?"曰:"夫有命者,不志昔也三代之圣善人与,意亡昔三代之暴不肖人也?何以知之!"(《墨子·非命》)

墨子谓三代先王不言命。夫先王,禹、汤、文、武耳,而《书·盘庚》有曰:"恪谨天命。"《金縢》又曰:"无坠天之降宝命。"皆显明言命者。今书中不可缕指。然则墨子之言"非命",非托之先王而何?墨子托先王以非命,孔子之言命,亦何莫非托先王以明斯义哉?

圣王之患此也,故书之竹帛,琢之金石。于先王之书《仲虺之告》曰:"我闻有夏,人矫天命,布命于下。帝式是恶,用阙师。"此语夏王桀之执有命也。汤与仲虺共非之。先王之书《太誓》之言然,曰:"纣夷之居,而不肯事上帝,弃阙其先神而不祀也。曰:我民有命,毋僇其务。天亦不弃纵而不葆。"此言纣之执有命也。武王以《太誓》非之,有于《三代不国》有之,曰:"女毋崇天之有命也,命三不国,亦言命之无也。"于召公之执令于然,且敬哉无天命,惟予二人而无造言,不自降天之哉得之。在于商、夏之《诗》《书》曰:"命者,暴王作之。"(《墨子·非命》)

《仲虺之告》《太誓》之言,皆墨子之书,绝不言命,与今书不符,可知皆出于托也。

禹之《总德》有之曰:"允不著,惟天民不而葆,既防凶心,天加之咎,不慎厥德,天命焉葆?"《仲虺之告》曰:"我闻有夏,人矫天命,于下帝式是增,用爽厥师。彼用无为有,故谓矫。若有而谓有,夫岂为矫哉?"昔者,桀执有命而行,汤为《仲虺之告》以非之。《太誓》之言也,于去发曰:"恶乎君子!天有显德,其行甚章,为鉴不远,在彼殷王。谓人有命,谓敬不可行,谓祭无益,谓暴无伤,上帝不常,九有以亡。上帝不顺,祝降其丧。惟我有周,受之大帝。"昔纣执有命而行,武王为《太誓》去发以非之。曰:"子胡不尚考之乎商、周、虞、夏之记,从十简之篇以尚皆无之,将何若者也?"(《墨子·非命》)

《书·大诰》曰:"予惟小子,不敢替上帝命。"《康诰》:"天乃大命文王。"固知墨翟非命,而言禹、汤、文、武者,托古也。

墨子攻孔子"立命"之说,引《书》为证。而今《书》则频称天命,足见墨子之《书》亦墨子删改而成,其言皆托古墨子之《书》,而非三代之《书》。其《明鬼篇》引《大雅》"其命维新",则安得谓十简无之?益以见其假托也。《墨子》以《书》十简以上皆无命,可征《书》之言命者托之。

公孟子曰:"君子必古言服,然后仁。"子墨子曰:"昔者,商王纣卿士费仲为天下之暴人,箕子、微子为天下之圣人,此同言,而或仁不仁也。周公旦为天下之圣人,关叔为天下之暴人,以同服,或仁或不仁。然则不在古服与古言矣。且子法周而未法夏也,子之古非古也。"《墨子·公孟》)

禽滑𨤲问于墨子曰:"锦绣绵纻,将安用之?"墨子曰:"恶,是非吾用务也。古有无文者,得之矣,夏禹是也。卑小宫室,损薄饮食,土阶三等,衣裳细布。当此之时,黼无所用,而务在于完坚。殷之盘庚,大其先王之室,而改迁于殷。茅茨不翦,采椽不斫,以变天下之视。当此之时,女采之帛,将安所施?夫品庶非有心也,以人主为心,苟上不为,下恶用之?二王者,以化身先于天下,故化隆于其时,成名于今世也。且夫锦绣绵纻,乱君之所造也,其本皆兴于齐。景公喜奢而忘俭,幸有晏子以俭镌之,然犹几不能胜。夫奢安可穷哉!纣为鹿台、糟邱、酒池、肉林,宫墙文画,雕琢刻镂,锦绣披堂,金玉珍玮,妇女优倡,钟鼓管弦,流漫不禁。而天下愈竭,故卒身死国亡,为天下戮,非惟锦绣绵纻之用邪?今当凶年,有欲予子隋侯之珠者,不得卖也,珍宝而以为饰。又欲予子一钟粟者。得珠者不得粟,得粟者不得珠,子将何择?"禽滑𨤲曰:"吾取粟耳,可以救穷。"墨子曰:"诚然,则恶在事夫奢也。长无用,好末淫,非圣人之所急也。故食必常饱,然后求美;衣必常暖,然后求丽;居必常安,然后求乐。为可长,行可久,先质而后文,此圣人之务。"禽滑𨤲曰:"善。"《墨子·佚文》)

墨子多托于禹,以尚俭之故。禹卑宫室以开辟洪荒,未善制作之故,当是实事,故儒、墨交称之。至孔子谓致美黻冕,墨子谓衣裳细布,黻无所用,此则各托先王以明其宗旨。至于盘庚之世,茅茨不翦,则不可信。且与墨制同,其为墨子所托,不待言矣。萧道成谓"使我治天下十年,当使黄金与粪土同价"。黄金不可与粪土同,锦绣绨纻亦必不可去,以非人情也。

尧葬于谷林,通树之。舜葬于纪市,不变其肆。禹葬于会稽,不变人徒。是故先王以俭节葬死也。《吕氏春秋·安死》）

墨子薄葬,托于尧、舜、禹,以发之其义更明。

墨者亦尚尧、舜道,言其德行曰:"高堂三尺,土阶三等,茅茨不翦,采椽不刮,食土簋,啜土刑,粝粱之食,藜藿之羹。夏日葛衣,冬日鹿裘。"其送死,桐棺三寸,举音不尽其哀。教丧礼,必以此为万民之率,使天下法。《史记·太史公自序》）

墨者所称尧、舜,与孔子相反,太史公亦知。当时诸子皆托古矣。

上墨子托古

老聃曰:"小子少进!余语女三王五帝之治天下。黄帝之治天下,使民心一,民有其亲死不哭,而民不非也。尧之治天下,使民心亲,民有为其亲杀其杀,而民不非也。舜之治天下,使民心竞,民孕妇十月生子,子生五月而能言,不至乎孩而始谁,则人始有夭矣。禹之治天下,使民心变,人有心而兵有顺,杀盗非杀,人自为种而天下耳。是以天下大骇,儒、墨皆起。其作始有伦,而今乎妇女,何言哉!余语女,三皇五帝之治天下,名曰治之,而乱莫甚焉。"《庄子·天运》）

此老、庄之托古以申其"在宥"、"无为"之宗旨,岂知太古之世,人兽相争,部落相争,几经治化,乃有三代圣王作为治法。安得三皇五帝乱天下之说?

古之善为士者,微妙元通,深不可识。《老子·道德经》

古之善为道者,非以明民,将以愚之。(同上)

偖、尧之时,混吾之美在下,其道非独出人也。山不童而用赡,泽不弊而养足,耕以自养,以其余应良,天子故平。牛马之牧不相及,人民之俗不相知,不出百里而来足,故卿而不理,静也。其狱一胳腓、一胳屦而当死。今周公断指满稽,断首满稽,断足满稽,而死民不服,非人性也,敝也。《管子·侈靡》

> 此老氏学。百里之地,鸡犬相闻,使民老死不相往来,即是义。"其狱一跻腓、一跻屦而当死。"则老学亦有制度矣。

黄帝言曰:"声禁重,色禁重,衣禁重,香禁重,味禁重,室禁重。"尧有子十人,不与其子而授舜;舜有子九人,不与其子而授禹;至公也。《吕氏春秋·去私》

黄帝曰:"帝无常处也,有处者乃无处也。"以言"不刑蹇",圜道也。人之窍九,一有所居则八虚。八虚甚久则身毙。故唯而听,唯止;听而视,听止。以言说一。一不欲留,留运为败,圜道也。一也齐至贵,莫知其原,莫知其端,莫知其始,莫知其终,而万物以为宗。《吕氏春秋·圜道》

黄帝曰:"芒芒昧昧,从天之道,与元同气。"《淮南子·缪称训》

为天下及国,莫如以德,莫如行义。以德以义,不赏而民劝,不罚而邪止,此神农、黄帝之政也。《吕氏春秋·上德》

> 凡言黄帝,皆老氏所托古者。

上老子托古

杨朱曰:"太古之人,知生之暂来,知死之暂往,故从心而动,不违自然所好;当身之娱,非所去也,故不为名所劝;从性而游,不逆万物所好,死后之名,非所取也,故不为刑所及。名誉先后,年命多少,非所量也。"(《列子·杨朱》)

杨朱曰:"古语有之:'生相怜,死相捐。'此语至矣。相怜之道,非唯情也;勤能使逸,饥能使饱,寒能使温,穷能使达也。相捐之道,非不相哀也;不含珠玉,不服文绵,不陈牺牲,不设明器也。"

杨朱曰:"伯成子高不以一毫利物,舍国而隐耕。大禹不以一身自利,一体偏枯。古之人,损一毫利天下,不与也;悉天下奉一身,不取也。人人不损一毫,人人不利天下,天下治矣。"

杨朱曰:"丰屋,美服,厚味,姣色,有此四者,何求于外? 有此而求外者,无厌之性。无厌之性,阴阳之蠹也。忠不足以安君,适足以危身;义不足以利物,适足以害生。安上不由于忠,而忠名灭焉;利物不由于义,而义名绝焉。君臣皆安,物我兼利,古之道也。"(并同上)

杨朱以为爱为宗旨,所言以纵欲为事。拔一毫利天下不为,而皆托之于古。

上杨子托古

南伯子葵曰:"子独恶乎闻之?"曰:"闻诸副墨之子,副墨之子闻诸洛诵之孙,洛诵之孙闻之瞻明,瞻明闻之聂许,聂许闻之需役,需役闻之于讴,于讴闻之玄冥,玄冥闻之参寥,参寥闻之疑始。"(《庄子·大宗师》)

如此名目,《庄子》书中甚多,盖随意假托,非真实有其人,其余诸子亦然。

若夫乘道德而浮游则不然。无誉无訾,一龙一蛇,与时俱化,

而无肯专为。一上一下,以和为量,浮游乎万物之祖。物物而不物于物,则胡可得而累邪? 此神农、黄帝之法则也。《庄子·山木》

颜渊东之齐,孔子有忧色。子贡下席而问曰:"小子敢问,回东之齐,夫子有忧色,何邪?"孔子曰:"善哉女问! 昔者,管子有言,丘甚善之,曰:'褚小者不可以怀大,绠短者不可以汲深。'夫若是者,以为命有所成而形有所适也,夫不可损益。吾恐回与齐侯言尧、舜、黄帝之道,而重以燧人、神农之言。彼将内求于己而不得,不得则惑,人惑则死。"《庄子·至乐》

狶韦氏得之,以挈天地;伏戏得之,以袭气母;维斗得之,终古不忒;日月得之,终古不息;堪坏得之,以袭崑仑;冯夷得之,以游大川;肩吾得之,以处太山;黄帝得之,以登云天;颛顼得之,以处玄宫;禺强得之,立乎北极;西王母得之,坐乎少广,莫知其始,莫知其终;彭祖得之,上及有虞,下及五霸;傅说得之,以相武丁,奄有天下,乘东维,骑箕尾,而比于列星。《庄子·大宗师》

庄子寓言,人皆知之,不知当时风气实如此。

北门成问于黄帝曰:"帝张《咸池》之乐于洞庭之野,吾始闻之惧,复闻之怠,卒闻之而惑。荡荡默默,乃不自得。"《庄子·天运》

啮缺问于王倪,四问而四不知。啮缺因跃而大喜,行以告蒲衣子。蒲衣子曰:"而今乃知之乎? 有虞氏不及泰氏。有虞氏,其犹藏仁以要人,亦得人矣,而未始出于非人。泰氏,其卧徐徐,其觉于于,一以己为马,一以己为牛,其知情信,其德甚真,而未始入于非人。"《庄子·应帝王》

阳子居见老聃,曰:"有人于此,向疾强梁,物彻疏明,学道不倦。如是者,可比明王乎?"老聃曰:"是于圣人也,胥易技系,劳形怵心者也。且也虎豹之文来田,猿狙之便、执斄之狗来藉。如是者,可比明王乎?"阳子居蹴然曰:"敢问明王之治。"老聃曰:"明王之治:功盖天下而似不自已,化贷万物而民弗恃。有莫举名,使物自喜。立乎不测,而游于无有者也。"(同上)

庄子寓言,无人不托,即老聃亦是托古也。

尧让天下于许由,曰:"日月出矣,而爝火不息,其于光也,不亦难乎? 时雨降矣,而犹浸灌,其于泽也,不亦劳乎? 夫子立而天下治,而我犹尸之,吾自视缺然,请致天下。"许由曰:"子治天下,天下既已治也。而我犹代子,吾将为名乎? 名者,实之宾也。吾将为宾乎? 鹪鹩巢于深林,不过一枝;偃鼠饮河,不过满腹。归休乎君,予无所用天下为! 庖人虽不治庖,尸祝不越樽俎而代之矣。"(《庄子·逍遥游》)

故昔者尧问于舜曰:"我欲伐宗、脍、胥敖,南面而不释然。其故何也?"舜曰:"夫三子者,犹存乎蓬艾之间。若不释然,何哉? 昔者十日并出,万物皆照,而况德之进乎日者乎!"(《庄子·齐物》)

昔者尧攻丛枝、胥敖,禹攻有扈,国为虚厉,身为刑戮,其用兵不止,其求实无已。是皆求名实者也,而独不闻之乎?(《庄子·人间世》)

黄帝立为天子十九年,令行天下,闻广成子在于空同之上,故往见之。曰:"我闻吾子达于至道,敢问至道之精。吾欲取天地之精,以佐五谷,以养民人;吾又欲官阴阳,以遂群生;为之奈何?"广成子曰:"而所欲问者,物之质也;而所欲官者,物之残也。自而治天下,云气不待族而雨,草木不待黄而落。日月之光益以荒矣。而佞人之心翦翦者,又奚足以语至道?"黄帝退,捐天下,筑特室,席白茅,闲居三月,复往邀之。广成子南首而卧,黄帝顺下风膝行而进,再拜稽首而问曰:"闻吾子达于至道,敢问:治身奈何而可以长久?"广成子蹶然而起,曰:"善哉问乎!来!吾语女至道。至道之精,窈窈冥冥;至道之极,昏昏默默。无视无听,抱神以静,形将自正。必静必清,无劳女形,无摇女精,乃可以长生。目无所见,耳无所闻,心无所知,女神将守形,形乃长生。慎女内,闭女外,多知为败。我为女,遂于大明之上矣,至彼,至阳之原也;为女入于窈冥之门矣,至彼,至阴之原也。天地有官,阴阳有藏,慎守女身,物将自壮。我守其一,以处其和,故我修身千二百岁矣,吾形未尝衰。"黄帝再拜稽首曰:"广成子之谓,天矣。"(《庄子·在宥》)

夫赫胥氏之时,民居不知所为,行不知所之,含哺而熙,鼓腹而游,民能已此矣。及至圣人,屈折礼乐以匡天下之形,县跂仁义以慰天下之心,而民乃始踶跂好知,争归于利,不可止也,此亦圣人之过也。(《庄子·马蹄》)

门无鬼与赤张满稽观于武王之师。赤张满稽曰:"不及有虞氏乎!故离此患也。"门无鬼曰:"天下均治而有虞氏治之邪?其乱而后治之与?"赤张满稽曰:"天下均治之为愿,而何计以有虞氏为?有虞氏之药疡也,秃而施髢,病而求医。孝子操药,以修慈父,其色燋然,圣人羞之。"(《庄子·天地》)

昔者,舜问于尧曰:"天王之用心何如?"尧曰:"吾不敖无告,不废穷民,苦死者,嘉孺子,而哀妇人。此吾所以用心已。"舜曰:"美则美矣,而未大也。"尧曰:"然则何如?"舜曰:"天德而出宁,日月照而四时行,若昼夜之有经,云行而雨施矣。"尧曰:"然则胶胶扰扰乎!子,天之合也;我,人之合也。"夫天地者,古之所大也,而黄帝、尧、舜之所共美也。故古之王天下者奚为哉?天地而已矣。(《庄子·天道》)

文王观于臧,见一丈人钓,而其钓莫钓。非持其钓有钓者也,常钓也。文王欲举而授之政,而恐大臣、父兄之弗安也;欲终而释之,而不忍百姓之无天也。于是,旦而属之大夫曰:"昔者寡人梦见良人,黑色而髯,乘驳马而偏朱蹄,号曰:'寓而政于臧丈人,庶几乎民有瘳乎!'"诸大夫蹴然曰:"先君王也。"文王曰:"然则卜之。"诸大夫曰:"先君之命,王其无它,又何卜焉!"遂迎臧丈人而授之政。典法无更,偏令无出。三年,文王观于国,则列士坏植散群,长官者不成德,斔斛不敢入于四竟。列士坏植散群,则尚同也;长官者不成德,则同务也;斔斛不敢入于四竟,则诸侯无二心也。文王于是焉以为太师,北面而问曰:"政可以及天下乎?"臧丈人昧然而不应,泛然而辞,朝令而夜遁,终身无闻。颜渊问于仲尼曰:"文王其犹未邪?又何以梦为乎?"仲尼曰:"默,女无言!夫文王尽之也,而又何论刺焉?彼直以循斯须也。"(《庄子·田子方》)

知不得问,反于帝宫,见黄帝而问焉。黄帝曰:"无思无虑始知道,无处无服始安道,无从无道始得道。"知问黄帝曰:"我与若知之,彼与彼不知也,其孰是邪?"黄帝曰:"彼无为,谓真是也。狂屈似之,我与汝终不近也。夫知者不言,言者不知,故圣人行不言之教。道不可致,德不可至。仁可为也,义可亏也,礼相伪也。故曰:'失道而后德,失德而后仁,失仁而后义,失义而后礼。礼者,道之华而乱之首。'"(《庄子·知北游》)

黄帝将见大隗乎具茨之山,方明为御,昌寓骖乘,张若、谵朋前马,昆阍、滑稽后车。至于襄城之野,七圣皆迷,无所问涂。适遇牧马童子,问涂焉,曰:"若知具茨之山乎?"曰:"然。""若知大隗之所存乎?"曰:"然。"黄帝曰:"异哉小童!非徒知具茨之山,又知大隗之所存。请问为天下。"小童曰:"夫为天下者,亦若此而已矣,又奚事焉?予少而自游于六合之内,予适有瞀病,有长者教予曰:'若乘日之车,而游于襄城之野。'今予病少痊,予又且复游于六合之外。夫为天下亦若此而已。予又奚事焉?"黄帝曰:"夫为天下者,则诚非吾子之事。虽然,请问为天下。"小童辞。皇帝又问。小童曰:"夫为天下者,亦奚以异乎牧马者哉!亦去其害马者而已矣!"黄帝再拜稽首,称"天师"而退。(《庄子·徐无鬼》)

啮缺遇许由,曰:"子将奚之?"曰:"将逃尧。"曰:"奚谓邪?"曰:"夫尧,畜畜然仁,吾恐其为天下笑。后世其人与人相食与!夫民,不难聚也。爱之,则亲;利之,则至;誉之,则劝;致其所恶,则散。爱、利出乎仁义,捐仁义者寡,利仁义者众。夫仁义之行,唯且无诚,且假夫禽贪者器。是以一人之断制利天下,譬之犹一覕也。夫尧知贤人之利天下也,而不知其贼天下也,夫唯外乎贤者知之矣。"有暖姝者,有濡需者,有卷娄者。所谓暖姝者,学一先生之言,则暖暖姝姝而私自说也,自以为足矣,而未知未始有物也,是以谓暖姝者也。濡需者,豕虱是也,择疏鬣自以为广宫大囿,奎蹄曲隈,乳间股脚,自以为安室利处,不知屠者之一旦鼓臂布草操烟火,而已与豕俱焦也。此以域进,此以域退,此其所谓濡需者也。卷娄者,舜也。羊肉不慕蚁,蚁慕羊肉,羊肉膻也。舜有膻行,百姓悦之,故三徙成都,至邓之虚而十有万家。尧闻舜之贤,举之童土之地,曰:"冀得其来之泽。"舜举乎童土之地,年齿长矣,聪明衰矣,而不得休归,所谓卷娄者也。(同上)

舜以天下让其友北人无择,北人无择曰:"异哉!后之为人也。居于畎亩之中,而游尧之门,不若是而已,又欲以其辱行漫我。吾羞见之。"因自投清泠之渊。汤将伐桀,因卞随而谋。卞随曰:"非吾事也。"汤曰:"孰可?"曰:"吾不知也。"汤又因瞀光而谋。瞀光曰:"非吾事也。"汤曰:"孰可?"曰:"吾不知也。"汤曰:"伊尹何如?"曰:"强力忍垢,吾不知其他也。"汤遂与伊尹谋伐桀,克之,以让卞随。卞随辞曰:"后之伐桀也谋乎我,必以我为贼也;胜桀而让我,必以我为贪也。吾生乎乱世,而无道之人再来漫我以其辱行,吾不忍数闻也。"乃自投椆水而死。汤又让瞀光曰:"智者谋之,武者遂之,仁者居之,古之道也。吾子胡不立乎?"瞀光辞曰:"废上,非义也;杀民,非仁也;人犯其难,我享其利,非廉也。吾闻之曰:非其义者,不受其禄;无道之世,不践其土。况尊我乎?吾不忍久见也。"乃负石而自沉于庐水。昔周之兴,有士二人处于孤竹,曰伯夷、叔齐。二人相谓曰:"吾闻西方有人,似有道者,试往观焉。"至于岐阳。武王闻之,使叔旦往见之,与之盟曰:"加富二等,就官一列。"血牲而埋之。二人相视而笑曰:"嘻,异哉!此非吾所谓道也。昔者神农之有天下也,时祀尽敬而不祈喜。其于人也,忠信尽治而无求焉。乐与政为政,乐与治为治,不以人之坏自成也,不以人之卑自高也,不以遭时自利也。今周见殷之乱而遽为政,上谋而下行货,阻兵而保威,割牲而盟以为信,扬行以说众,杀伐以要利,是推乱以易暴也。"《庄子·让王》

上庄子托古

黄帝书曰:"形动不生形而生影,声动不生声而生响,无动不生无而生有。形,必终者也。天地终乎?与我偕终。终进乎?不知也。道终乎本无始,进乎本不久。有生则复于不生,有形则复于无形。不生者,非本不生者也;无形者,非本无形者也。生者,理之必终者也。终者,不得不终,亦如生者之不得不生。而欲恒其生,画其终,惑于数也。"《列子·天瑞》

粥熊曰:"运转亡已,天地密移,畴觉之哉?故物损于彼者盈于此,成于此者亏于彼。损盈成亏,随世随死。往来相接,不可省,畴觉之哉?凡一气不顿进,一形不顿亏,亦不觉其成,亦不觉其亏。亦如人自世至老,貌色智态,亡日不异;皮肤爪发,随世随落,非婴孩时有停而不易也。间不可觉,俟至后知。"杞国有人忧天地崩坠,身亡所寄,废寝食者。又有忧彼之所忧者,因往晓之,曰:"天,积气耳,亡处亡气。若屈伸呼吸,终日在天中行止,奈何忧崩坠乎?"其人曰:"天果积气,日月星宿不当坠邪?"晓之者曰:"日月星宿,亦积气中之有光耀者。只使坠,亦不能有所中伤。"其人曰:"奈地坏何?"晓者曰:"地积块耳,充塞四虚,亡处亡块。若躇步跐蹈,终日在地上行止,奈何忧其坏?"其人舍然大喜,晓之者亦舍然大喜。长庐子闻而笑之曰:"虹蜺也,云雾也,风雨也,四时也,此积气之成乎天者也。山岳也,河海也,金石也,火木也,此积形之成乎地者也。知积气也,知积块也,奚谓不坏? 夫天地,空中之一细物,有中之最巨者。难终难穷,此固然矣;难测难识,此固然矣。忧其坏者,诚为大远;言其不坏者,亦为未是。天地不得不坏,则会归于坏。遇其坏时,奚为不忧哉?"子列子闻而笑曰:"言天地坏者亦谬,言天地不坏者亦谬,坏与不坏,吾所不能知也。虽然,彼一也,此一也,故生不知死,死不知生,来不知去,去不知来。坏与不坏,吾何容心哉?"舜问乎烝曰:"道可得而有乎?"曰:"汝身非汝有也,汝何得有夫道?"舜曰:"吾身非吾有,孰有之哉?"曰:"是天地之委形也。生非汝有,是天地之委和也。性命非汝有,是天地之委顺也。孙子非汝有,是天地之委蜕也。故行不知所往,处不知所持,食不知所以。天地强阳,气也。又胡可得而有邪?"(同上)

  状不必童(童,当作同)。而智童,智不必童而状童。圣人取童智而遗童状,众人近童状而疏童智。状与我童者,近而爱之;状与我异者,疏而畏之。有七尺之骸,手足之异,戴发含齿,倚而趣者,谓之人,而人未必无兽心。虽有兽心,以状而见亲矣。傅翼戴角,分牙布爪,仰飞伏走,谓之禽兽,而禽兽未必无人心。虽有人心,以状而见疏矣。庖牺氏、女娲氏、神农氏、夏后氏,蛇身人面,牛首虎鼻,此有非人之状,而有大圣之德。夏桀、殷纣、鲁桓、楚穆,状貌七窍,皆同于人,而有禽兽之心。而众人守一状以求至智,未可几也。黄帝与炎帝战于阪泉之野,帅熊、罴、狼、豹、䝙、虎为前驱,雕、鹖、鹰、鸢为旗帜,此以力使禽兽者也。尧使夔典乐,击石拊石,百兽率舞。箫韶九成,凤凰来仪。此以声致禽兽者也。(此引《书》,可知出孔子后也。)然则禽兽之心,奚为异人？形音与人异,而不知接之之道焉。圣人无所不知,无所不通,故得引而使之焉。禽兽之智有自然与人童者,其齐欲摄生,亦不假智于人也。牝牡相偶,母子相亲。避平依险,违寒就温。居则有群,行则有列。少者居内,壮者居外。饮则相携,食则鸣群。太古之时,则与人同处,与人并行。帝王之时,始惊骇散乱矣。逮于末世,隐伏逃窜,以避患害。今东方介氏之国,其国人数数解六畜之语者,盖偏知之所得。太古神圣之人,备知万物情态,悉解异类音声。会而聚之,训而受之,同于人民。故先会鬼神魑魅,次达八方人民,末聚禽兽虫蛾。言血气之类心智不殊远也。神圣知其如此,故其所教训者无所遗逸焉。(《列子·黄帝》)

与佛氏遍教众生同义,而托之太古神圣。

殷汤问于夏革曰:"古初有物乎？"夏革曰:"古初无物,今恶得物？后之人将谓今之无物,可乎？"殷汤曰:"然则物无先后乎？"夏革曰:"物之终始,初无极已。始或为终,终或为始,恶知其纪？然自物之外,自事之先,朕所不知也。"殷汤曰:"然则上下八方有极尽乎？"革曰:"不知也。"汤固问。革曰:"无则无极,有则有尽,朕何以知之？然无极之外复无无极,无尽之中复无无尽。无极复无无极,无尽复无无尽。朕以是知其无极无尽也,而不知其有极有尽也。"汤又问曰:"四海之外奚有？"革曰:"犹齐州也。"汤曰:"汝奚以实之？"革曰:"朕东行至营,人民犹是也。问营之东,复犹营也。西行至豳,人民犹是也。问豳之西,复犹豳也。朕以是知四海、四荒、四极之不异是也。故大小相含,无穷极也。含万物者,亦如含天地。含万物也故不穷,含天地也故无极。朕亦焉知天地之表不有大天地者乎?亦吾所不知也。然则天地亦物也。物有不足,故昔者女娲氏炼五色石以补其阙,断鳌之足以立四极。其后共工氏与颛顼争为帝,怒而触不周之山,折天柱,绝地维。故天倾西北,日月星辰就焉。地不满东南,故百川水潦归焉。"汤又问:"物有巨细乎?有修短乎?有同异乎?"革曰:"渤海之东不知几亿万里,有大壑焉,实惟无底之谷,其下无底,名曰'归墟'。八纮九野之水,天汉之流,莫不注之,而无增无减焉。其中有五山焉:一曰岱舆,二曰员峤,三曰方壶,四曰瀛洲,五曰蓬莱。其山高下周旋三万里,其顶平处九千里。山之中间相去七万里,以为邻居焉。其上台观皆金玉,其上禽兽皆纯缟。珠玕之树皆丛生,华实皆有滋味,食之皆不老不死。所居之人,皆仙圣之种,一日一夕飞相往来者,不可数焉。而五山之根无所连著,常随潮波上下往还,不得暂峙焉。仙圣毒之,诉之于帝。帝恐流于西极,失群圣之居,乃命禺强使巨鳌十五举首而戴之。迭为三番,六万岁一交焉,五山始峙。而龙伯之国有大人,举足不盈数步而暨五山之所,一钓而连六鳌,合负而趣归其国,灼其骨以数焉。于是,岱舆、员峤二山流于北极,沉于大海,仙圣之播迁者巨亿计。帝凭怒,侵减龙伯之国使厄,侵小龙伯之民使短。至伏羲、神农时,其国人犹数十丈。从中州以东四十万里得僬侥国,人长一尺五寸。东北极有人名曰诤人,长九尺。荆之南有冥灵者,以五百岁为春,五百岁为秋。上古有大椿者,以八千岁为春,八千岁为秋。朽壤之上有菌芝者,生于朝,死于晦。春夏之月有蠓蚋者,因雨而生,见阳而死。终发北之北有溟海者,天池也。有鱼焉,其广数千里,其长称焉,其名为'鲲'。有鸟焉,其名为'鹏',翼若垂天之云,其体称焉。世岂知有此物哉?大禹行而见之,伯益知而名之,夷坚闻而志之。江浦之间生幺虫,其名曰'焦螟',群飞而集于蚊睫,弗相触也。栖宿去来,蚊弗觉也。离朱、子羽方昼拭眦扬眉而望之,弗见其形;䚈俞、师旷方夜擿耳俛首而听之,弗闻其声。唯黄帝与容成子居空桐之上,同斋三月,心死形废。徐以神视,块然见之,若嵩山之阿;徐以气听,砰然闻之,若雷霆之声。吴、楚之国有大木焉,其名为'櫰'。碧树而冬生,实丹而味酸。食其皮汁,已愤厥之疾。齐州珍之,渡淮而北,而化为枳焉。鸜鹆不逾济,貉逾汶则死矣,地气然也。虽然,形气异也,性钧已,无相易已。生皆全已,分皆足已。吾何以识其巨细?何以识其修短?何以识其同异哉?"《列子·汤问》

是故圣人见出以知入,观往以知来,此其所以先知之理也。度在身,稽在人。人爱我,我必爱之;人恶我,我必恶之。汤、武爱天下,故王;桀、纣恶天下,故亡;此所稽也。稽度皆明而不道也,譬之出不由门,行不从径也。以是求利,不亦难乎?尝观之神农、有炎之德,稽之虞、夏、商、周之书,度诸法士、贤人之言,所以存亡、废兴而非由此道者,未之有也。《列子·说符》

上列子托古

驺衍睹有国者益淫侈,不能尚德,若《大雅》整之于身,施及黎庶矣。乃深观阴阳消息,而作怪迂之变。《终始》《大圣》之篇,十余万言,其语闳大不经,必先验小物,推而大之,至于无垠。先序今以上至黄帝。《史记·孟荀列传》

驺衍书,史公及刘向时皆见之,惜其不传。其言仁义六亲,犹是儒术,盖托之黄帝,不从孔子也。

上觔子托古

尧养无告,禹受罪人,汤、武及禽兽,此先王之所以安危而怀远也。(《尸子·绰子》)

尧瘦,舜墨,禹胫不生毛,文王日昃不暇饮食,故富有天下,贵为天子矣。(《尸子》卷下)

人之言"君天下"者,瑶台九累,而尧白屋;黼衣九种,而尧大布;宫中三市,而尧鹑居;珍羞百种,而尧粝饭菜粥;骐骥青龙,而尧素车元驹。

禹治水,为丧法曰:"毁必杖,哀必三年,是则水不救也。"故使死于陵者葬于陵,死于泽者葬于泽。桐棺三寸,制丧三月。(并同上)

所称尧、禹皆述墨学。

神农氏夫负妻戴以治天下。尧曰:"朕之比神农,犹旦与昏也。"(《尸子》卷下)

有虞氏身有南亩,妻有桑田。神农并耕而王。(同上)

此皆并耕之说,托古以行道者。

古者,明王之求贤也,不避远近,不论贵贱,卑爵以下贤,轻身以先士。故尧从舜于畎亩之中,北面而见之,不争礼貌。此先王之所以能正天地、利万物之故也。(《尸子·明堂》)

尧问于舜曰:"何事?"舜曰:"事天。"问:"何任?"曰:"任地。"问:"何务?"曰:"务人。"(《尸子·仁意》)

尧南抚交阯,北怀幽都,东西至日月之所出入,有余日而不足以治者,恕也。(《尸子》卷下)

务成昭之教舜曰:"避天下之逆,从天下之顺,天下不足取也;

避天下之顺,从天下之逆,天下不足失也。"

舜云:"从道必吉,反道必凶,如影如响。"(并同上)

上尸子托古

伏羲、神农教而不诛,黄帝、尧、舜诛而不怒,及至文、武,各当时而立法,因事而制礼。(《商子·更法》)

昔者,昊英之世,以伐木杀兽,人民少而木、兽多。黄帝之世,不麛不卵,官无供备之民,死不得用椁。事不同皆王者,时异也。神农之世,民耕而食,妇织而衣,刑政不用而治,甲兵不起而王。神农既没,以强胜弱,以众暴寡。故黄帝作为君臣、上下之仪,父子、兄弟之礼,夫妇妃匹之合,内行刀锯,外用甲兵,故时变也。(《商子·画策》)

地方百里者,山陵处什一,薮泽处什一,谿谷流水处什一,都邑蹊道处什一,恶田处什二,良田处什四,以此食作夫五万。其山陵、谿谷、薮泽,可以给其材;都邑、蹊道,足以处其民,先王制土分民之律也。(《商子·徕民》)

商子有什一、什二、什四而税之说,而皆托之先王。

上商君托古

昔者,舜使吏决洪水,先令有功,而舜杀之。禹朝诸侯之君会稽之上,防风之君后至,而禹斩之。以此观之,先令者杀,后令者斩,则古者先贵如令矣。(《韩非子·饰邪》)

韩非以法为法,故附会古圣。韩非盖法家者流也。

古人亟于德,中世逐于智,当今争于力。古者寡事而备简,朴陋而不尽,故有珧铫而推车者。古者人寡而相亲,物多而轻利易

让,故有揖让而传天下者。(《韩非子·八说》)

黄帝有言曰:"上下一日百战。下匿其私用试其上,上操度量以割其下。"(《韩非子·扬权》)

> 韩非本法家者流,尊上抑下,刻酷少恩,故所称引如此。

尧以天下让许由,许由逃之,舍于家人,家人藏其皮冠。夫弃天下而家人藏其皮冠,是不知许由者也。(《韩非子·说林》)

尧之王天下也,茅茨不剪,采椽不斫,粝粢之食,藜藿之羹,冬日麑裘,夏日葛衣。虽监门之服养不亏于此矣。禹之王天下也,身执耒臿,以为民先,股无胈,胫不生毛。虽臣虏之劳不苦于此矣。以是言之,夫古之让天子者,是去监门之养而离臣虏之劳也。(《韩非子·五蠹》)

> 此墨子之所托古,韩非引之。

昔者,黄帝合鬼神于泰山之上,驾象车而六蛟龙,毕方并辖,蚩尤居前,风伯进扫,雨师洒道,虎狼在前,鬼神在后,腾蛇伏地,凤凰覆上,大合鬼神,作为清角。(《韩非子·十过》)

> 方士多托黄帝,多言鬼神。韩非引之,瑰奇诡异,与佛称诸天阿修罗、乾闼婆、紧那罗等。

臣闻昔者尧有天下,饭于土簋,饮于土铏,其地南至交阯,北至幽都,东西至日月之所出入者,莫不宾服。尧禅天下,虞舜受之,作为食器,斩山木而财之,削锯修之迹,流漆墨其上,输之于宫以为食器,诸侯以为益侈,国之不服者十三。舜禅天下而传之于禹,禹作为祭器,墨染其外,而朱画其内,缦帛为茵,蒋席颇缘,觞酌有采,而樽俎有饰,此弥侈矣,而国之不服者三十三。夏后氏没,殷人受之,作为大路,而建九旒,食器雕琢,觞酌刻镂,四壁垩墀,茵席雕文,此

弥侈矣,而国之不服者五十三。君子皆知文章矣,而欲服者弥少,臣故曰:"俭其道也。"《韩非子·十过》

《书》称尧、舜服山龙衮冕,与土簋、土铏相反,道皆不称而同托之尧。至谓舜作漆器,国多不服,尚足为舜哉?禹尤以俭著,朱器,缦茵,缘席,采觞,饰尊,弥侈弥不服,此尚俭之谬说。但知通其托古之意,不足辨也。

二世责问李斯曰:"吾有私议而有所闻于韩子也,曰:'尧之有天下也,堂高三尺,采椽不斫,茅茨不翦,虽逆旅之宿不勤于此矣。冬日鹿裘,夏日葛衣,粢粝之食,藜藿之羹,饭土塯,啜土铏,虽监门之养不觳于此矣。禹凿龙门,通大厦,疏九河,曲九防,决渟水致之海,而股无胈,胫无毛,手足胼胝,面目黎黑,遂以死于外,葬于会稽。臣虏之劳不烈于此矣。'"《史记·李斯列传》

凡韩非所传,皆墨学也。

尧欲传天下于舜。鲧谏曰:"不祥哉!孰以天下而传之于匹夫乎?"尧不听,举兵而诛杀鲧于羽山之郊。共工又谏曰:"孰以天下而传之于匹夫乎?"尧不听,又举兵而诛共工于幽州之都。于是,天下莫敢言无传天下于舜。仲尼闻之,曰:"尧之知舜之贤,非其难者也。夫至乎诛谏者,必传之舜,乃其难也。"一曰:"不以其所疑败其所察,则难也。"《韩非子·外储说右》

此必韩非托古,并托为孔子之言,以自成其说。

方吾子曰:"吾闻之,古礼:行,不与同服者同车,不与同族者共家。"《韩非子·外储说右》

韩非是荀学,故知儒礼。

诸子改制托古考 | 215

上韩非托古

汤七年旱,禹五年水。民之无糷卖子者。汤以庄山之金铸币,而赎民之无糷卖子者。禹以历山之金铸币,而赎民之无糷卖子者。故天权失,人、地之权皆失也。(《管子·山权》)

昔者,桀霸有天下而用不足,汤有七十里之薄而用有余。天非独为汤雨菽粟,而地非独为汤出财物也。伊尹善通移轻重,开阖决塞,通于高下徐疾之策,坐起之费时也。黄帝问于伯高曰:"吾欲陶天下而以之为一家,为之有道乎?"伯高对曰:"请刈其莞而树之,吾谨逃其蚤牙,则天下可陶而为一家。"黄帝曰:"此若言可得闻乎?"伯高对曰:"上有丹沙者,下有黄金;上有慈石者,下有铜金;上有陵石者,下有铅、锡、赤铜;上有赭者,下有铁,此山之见荣者也。"(《管子·地数》)

管子创轻重,开矿学,亦托于禹、汤、伊尹、黄帝。

燧人以来,未有不以轻重为天下也。共工之王,水处什之七,陆处什之三,乘天势以隘制天下。至于黄帝之王,谨逃其爪牙,不利其器,烧山林,破增薮,焚沛泽,逐禽兽,实以益人,然后天下可得而牧也。至于尧、舜之王,所以化海内者,北用禹氏之玉,南贵江、汉之珠,其胜禽兽之仇,以大夫随之。桓公曰:"何谓也?"管子对曰:"令诸侯之子将委质者,皆以双虎之皮,卿大夫豹饰,列大夫豹幨。大夫散其邑粟与其财物,以市虎、豹之皮。故山林之人刺其猛兽,若从亲戚之仇。此君冕服于朝,而猛兽胜于外,大夫已散其财物,万人得受其流,此尧、舜之数也。"(《管子·揆度》)

又以轻重遍托古皇。然古者人与兽争地,其说或有自来。

管子对曰:"夫昔者,武王有巨桥之粟,贵籴之数。"桓公曰:"为之奈何?"管子对曰:"武王立重泉之戍,令曰:'民自有百鼓之粟者不行。'民举所最粟,以避重泉之戍,而国谷二什倍,巨桥之粟亦二什倍。武王以巨桥之粟二什倍而市缯帛,军五岁毋籍衣于民;以巨桥之粟二什倍而衡黄金百万,终身无藉于民;准衡之数也。"《管子·地数》》

又以轻重之法托之武王。

昔者,桀之时,女乐三万人,端噪晨乐闻于三衢,是无不服文绣衣裳者。伊尹以薄之游女工文绣,纂组一纯,得粟百钟于桀之国。夫桀之国者,天子之国也,桀无天下忧,饰妇女钟鼓之乐,故伊尹得其粟而夺之流。此之谓来天下之财。《管子·轻重甲》》

管子曰:"女华者,桀之所爱也,汤事之以千金。曲逆者,桀之所善也,汤事之以千金。内则有女华之阴,外则有曲逆之阳,阴阳之议合,而得成其天子,此汤之阴谋也。"(同上)

此并以阴谋托之汤、伊尹矣。故战国诸子无事不托古。

"女乐三万",桀之恶未必至是,想亦托也。汤事女华亦类此。

桓公问于管子曰:"轻重安施?"管子对曰:"自理国,虙戏以来,未有不以轻重而能成其王者也。"公曰:"何谓?"管子对曰:"虙戏作造六峜,以迎阴阳;作九九之数,以合天道;而天下化之。"(《管子·轻重戊》》

昔者,尧之治天下也,犹埴之在埏也,唯陶之所以为;犹金之在垆,恣冶之所以铸。其民引之而来,推之而往,使之而成,禁之而止。故尧之治也,善明法禁之令而已矣。黄帝之治天下也,其民不引而来,不推而往,不使而成,不禁而止。故黄帝之治也,置法而不变,使民安其法者也。所谓仁、义、礼、乐者,皆出于法,此先圣之所

以一民者也。(《管子·任法》)

尧、舜,古之明主也,天下推之而不倦,誉之而不厌,久远而不忘者,有使民不忘之道也。(《管子·形势解》)

古者,武王地方不过百里,战卒之众不过万人,然能战胜攻取,立为天子,而世谓之圣王者,知为之之术也。(同上)

> 武王乘文王戡黎、伐密、伐崇、伐邘之后,三分有二,岂止百里?此皆称孔制而托之古。

昔者,黄帝得蚩尤,而明于天道;得大常,而察于地利;得奢龙,而辩于东方;得祝融,而辩于南方;得大封,而辩于西方;得后土,而辩于北方。黄帝得六相而天地治,神明至。蚩尤明乎天道,故使为当时;大常察乎地利,故使为廪者;奢龙辩乎东方,故使为土师;祝融辩乎南方,故使为司徒;大封辩乎西方,故使为司马;后土辩乎北方,故使为李。是故春者,土师也;夏者,司徒也;秋者,司马也;冬者,李也。昔黄帝以其缓急,作五声,以政五钟,令其五钟:一曰青钟,大音;二曰赤钟,重心;三曰黄钟,洒光;四曰景钟,昧其明;五曰黑钟,隐其常。(《管子·五行》)

> 六官之始出管子,而亦托之黄帝。

黄帝立明台之议者,上观于贤也。尧有衢室之问者,下听于人也。舜有告善之旌,而主不蔽也。禹立谏鼓于朝,而备讯唉。汤有总街之庭,以观人诽也。武王有灵台之复,而贤者进也。此古圣帝、明王所以有而勿失,得而勿忘者也。桓公曰:"吾欲效而为之,其名云何?"对曰:"名曰'啧室之议'。"(《管子·桓公问》)

> 管子创议院,亦托先王。

凡万物阴阳,两生而参视,先王因其参而慎所入所出。以卑为卑,卑不可得;以尊为尊,尊不可得:桀、舜是也。先王之所以最重也,得之必生,失之必死者,何也?唯无得之尧、舜、禹、汤、文、武者,已斯待以成天下,必待以生,故先王重之。一日不食,比岁歉;三日不食,比岁饥;五日不食,比岁荒;七日不食,无国土;十日不食,无畴类,尽死矣。先王贵诚信。诚信者,天下之结也。(《管子·枢言》)

昔者,圣王之治其民也不然,废上之法制者,必负以耻。财厚博,惠以私亲于民,正经而自正矣。乱国之道,易国之常,赐赏恣于已者,圣王之禁也。(《管子·法禁》)

昔者,圣王之治人也,不贵其人博学也,欲其人之和同以听令也。(同上)

此愚民之术,而托之古昔圣王。

昔者,三代之相授也,安得二天下而杀之?贫民、伤财,莫大于兵;危国、忧主,莫速于兵。此四患者明矣,古今莫之能废也。兵当废而不废,则古今惑也。此二者不废而欲废之,则亦惑也。此二者伤国,一也。黄帝、唐虞,帝之隆也。资有天下,制在一人。当此之时也,兵不废。令德不及三帝,天下不顺,而求废兵,不亦难乎?(《管子·法法》)

上管子托古

舜自为诗曰:"普天之下,莫非王土;率土之滨,莫非王臣。"所以见尽有之也。(《吕氏春秋·慎人》)

按注,王伯厚云:"疑与咸邱蒙同一说,而托之于舜。"此见今诗未必为舜。古人随意引用,托古之义明矣。

五帝先道而后德,故德莫盛焉;三王先教而后杀,故事莫功焉;

五伯先事而后兵,故兵莫强焉。当今之世,巧谋并行,诈术递用,攻战不休,亡国辱主愈众,所事者末也。夏后相与有扈战于甘泽而不胜,六卿请复之。夏后相曰:"不可,吾地不浅,吾民不寡,战而不胜,是吾德薄而教不善也。"于是乎处不重席,食不贰味,琴瑟不张,钟鼓不修,子女不饬,亲亲,长长,尊贤,使能期年而有扈氏服。《吕氏春秋·先己》

夏启当天地开辟时,安得盛琴瑟、钟鼓?与五帝、三王、五伯皆托也。其言六卿,《周官》说盖出于此。

昔者,神农氏之有天下也,时祀尽敬,而不祈福也。其于人也,忠信尽治而无求焉。乐正与为正,乐治与为治,不以人之坏自成也,不以人之庳自高也。《吕氏春秋·诚廉》

故子华子曰:"厚而不博,敬守一事,正性是喜,群众不周,而务成一能。尽能既成,四夷乃平。唯彼天符,不周而周。此神农之所以长,而尧、舜之所以章也。"《吕氏春秋·知度》

尧治天下,伯成子高立为诸侯。尧授舜,舜授禹,伯成子高辞诸侯而耕。禹往见之,则耕在野。禹趋就下风而问曰:"尧理天下,吾子立为诸侯,今至于我而辞之,故何也?"伯成子高曰:"当尧之时,未赏而民劝,未罚而民畏,民不知怨,不知说,愉愉其如赤子。今赏罚甚数,而民争利,且不服,德自此衰,利自此作,后世之乱自此始。夫子盍行乎?无虑吾农事。"协而耰,遂不顾。《吕氏春秋·长利》

尧战于丹水之浦,以服南蛮。舜却苗民,更易其俗。禹攻曹、魏、屈骜、有扈,以行其教。三王以上,固皆用兵也。《吕氏春秋·召类》

神农师悉诸,黄帝师大挠,帝颛顼师伯夷父,帝喾师伯招,帝尧

师子州父,帝舜师许由,禹师大成贽,汤师小臣,文王、武王师吕望、周公旦。《吕氏春秋·尊师》

> 周公为文子武弟,安得师之?此不待辨。战国人自申其说,无往而不托之古人矣。

尧葬于穀林,通树之;舜葬于纪市,不变其肆;禹葬于会稽,不变人徒。是故先王以俭节葬死也,非爱其费也,非恶其劳也,以为死者虑也。先王之所恶,惟死者之辱也。发则必辱,俭则不发,故先王之葬,必俭,必合,必同。何谓合?何谓同?葬于山林则合乎山林,葬于阪隰则同乎阪隰。此之谓爱人。《吕氏春秋·安死》

维秦八年,岁在涒滩秋甲子朔。朔之日,良人请问十二纪。文信侯曰:"尝得学黄帝之所以诲颛顼矣:'爰有大圜在上,大矩在下,汝能法之,为民父母。'"《吕氏春秋·序意》

凡帝王者之将兴也,天必先见祥乎下民。黄帝之时,天先见大螾、大蝼。黄帝曰:"土气胜。"土气胜,故其色尚黄,其事则土。及禹之时,天先见草木秋冬不杀。禹曰:"木气胜。"木气胜,故其色尚青,其事则木。及汤之时,天先见金刃生于水。汤曰:"金气胜。"金气胜,故其色尚白,其事则金。及文王之时,天先见火,赤乌衔丹书集于周社。文王曰:"火气胜。"火气胜,故其色尚赤,其事则火。《吕氏春秋·名类》

> 神农之治法,黄帝诲颛顼之言,岂复可考?皆托古之言。百家多称黄帝,故托黄帝之言尤多,发明于此。

神农之教曰:"士有当年而不耕者,则天下或受其饥矣;女有当年而不绩者,则天下或受其寒矣。"故身亲耕,妻亲绩,所以见致民利也。《吕氏春秋·爱类》

此亦托古。所谓有为神农之言，神农荒远，安得有遗言乎？

上吕氏托古

昔在黄帝，生而神灵，弱而能言，幼而徇齐，长而敦敏，成而登天。乃问于天师曰："余闻上古之人，春秋皆度百岁，而动作不衰。今时之人，年半百，而动作皆衰者。时世异邪？人将失之耶！"岐伯对曰："上古之人，其知道者，法于阴阳，和于术数，饮食有节，起居有常，不忘作劳，故能形与神俱，而尽终其天年，度百岁乃去。今时之人不然也，以酒为浆，以妄为常，醉以入房，以欲竭其精，以耗散其真，不知持满，不时御神，务快其心，逆于生乐，起居无节，故半百而衰也。夫上古圣人之教下也，皆谓之虚邪贼风，避之有时，恬淡虚无，真气从之，精神内守，病安从来？是以志闲而少欲，心安而不惧，形劳而不倦，气从以顺，各从其欲，皆得所愿。故美其食，任其服，乐其俗，高下不相慕，其民故曰朴。是以嗜欲不能劳其目，淫邪不能惑其心，愚、智、贤、不肖不惧于物。故合于道，所以能年皆度百岁，而动作不衰者，以其德全不危也。"《《内经·上古天真论》》

黄帝曰："余闻上古有真人者，提挈天地，把握阴阳，呼吸精气，独立守神，肌肉若一。故能寿敝天地，无有终时，此其道生。中古之时，有至人者，淳德全道，和于阴阳，调于四时，去世离俗，积精全神，游行天地之间，视听八达之外，此盖益其寿命而强者也，亦归于真人。其次有圣人者，处天地之和，从八风之理，适嗜欲于世俗之间，无恚嗔之心，行不欲离于世，被服章举不欲观于俗，外不劳形于事，内无思想之患，以恬愉为务，以自得为功，形体不敝，精神不散，亦可以百数。其次有贤人者，法则天地，象似日月，辩列星辰，逆从

阴阳,分别四时,将从上古,合同于道,亦可使益寿而有极时。"(同上)

黄帝问曰:"余闻古之治病,惟其移精变气,可祝由而已。今世治病,毒药治其内,针石治其外,或愈或不愈,何也?"岐伯对曰:"往古人居禽兽之间,动作以避寒,阴居以避暑。内无眷慕之累,外无伸宦之形,此恬憺之世邪,不能深入也。故毒药不能治其内,针石不能治其外,故可移精祝由而已。"(《内经·移精变气论》)

> 祝由之科,传流必极古。今琼州生番、广西苗人、云南野人山之野人,皆有蛊术,亦能移之。印度无来由人,即穆拉油人,有降乩术,亦其类也。皆野番之俗尚之故。祝由必传自太古,若《素问》文词皆战国时语,其所称"黄帝""岐伯"皆托古之词,《史记》所谓:百家多称"黄帝",其言不雅驯,搢绅难言。盖当时无人不托古,而托黄帝尤多也。

帝曰:"上古圣人作汤液醪醴,为而不用,何也?"岐伯曰:"自古圣人之作汤液醪醴者,以为备耳。夫上古作汤液,故为而弗服也。中古之世,道德稍衰,邪气时至,服之万全。"(《内经·汤液醪醴论》)

帝曰:"善其法星辰者,余闻之矣。愿闻法往古者。"岐伯曰:"法往古者,先知针经也。"(《内经·八正神明论》)

黄帝坐明堂,召雷公而问之,曰:"子知医之道乎?"雷公对曰:"诵而颇能解,解而未能别,别而未能明,明而未能彰,足以治群僚,不足治侯王。愿得受树天之度,四时阴阳合之,别星辰与日月光。以彰经术,后世益明。上通神农,著至教,疑于二皇。"帝曰:"善无失之。"(《内经·著至教论》)

上内经托古

泰上成鸠之道,一族用之万八千岁。(《鹖冠子·王鈇》)

成鸠氏之道，未有离天曲、日术者。天曲者，明而易循也；日术者，要而易行也。庞子曰："愿闻天曲、日术。"鹖冠子曰："其制邑理都，使瞳习者五家为伍，伍为之长；十伍为里，里置有司；四里为扁，扁为之长；十扁为乡，乡置师；五乡为县，县有啬夫治焉；十县为郡，有大夫守焉。命曰'官属'。郡大夫退修其属，县啬夫退修其乡，乡师退修其扁，扁长退修其里，里有司退修其伍，伍长退修其家。事相斥正，居处相察，出入相司。里五日报扁，扁十日报乡，乡十五日报县，县三十日报郡，郡四十五日报柱国，柱国六十日以闻天子，天子七十二日遣使勉有功，罚不。如此，所以与天地总下情，六十日一上闻上惠，七十二日一下究，此天曲，日术也。"（并同上）

泰上成鸠之道，亦托古也。

泰一者，执大同之制，调泰鸿之气，正神明之位者也。故九皇受傅，以索其然之所生。傅谓之得天之解，傅谓之得天地之所始，傅谓之道，得道之常，傅谓之圣人之道与神明相得。故曰："道德郄始穷初，得齐之所出，九皇殊制，而政莫不效焉。"故曰："泰一。"泰皇问泰一曰："天、地、人事，三者孰急？"泰一曰："爱精养神内端者，所以希天。天也者，神明之所根也。醇化四时，陶埏无形，刻镂未萌，离文将然者也。地者，承天之演，备载以宁者也。吾将告汝神明之极，天、地、人事三者，复一也。"（《鹖冠子·泰鸿》）

五帝在前，三王在后，上德已衰矣，兵知俱起。黄帝百战，蚩尤七十二。尧代有唐，舜服有苗，天不变其常，地不易其则，阴阳不乱其气，生死不俛其位，三光不改其用，神明不徙其法，得失不两张成，败不两立，所谓贤不者，古今一也。（《鹖冠子·世兵》）

上鹖冠子托古

昔者，神农之治天下也，神不驰于胸中，智不出于四域，怀其仁诚之心。甘雨时降，五谷蕃植，春生，夏长，秋收，冬藏。月省时考，岁终献功，以时尝谷，祀于明堂。明堂之制，有盖而无四方，风雨不能袭，寒暑不能伤。迁延而入之，养民以公，其民朴重端悫，不忿争而财足，不劳形而功成，因天地之资而与之和同。是故威厉而不杀，刑错而不用，法省而不烦，故其化如神。其地南至交趾，北至幽都，东至旸谷，西至三危，莫不听从。当此之时，法宽刑缓，囹圄空虚，而天下一俗，莫怀奸心。《淮南子·主术训》

昔者，黄帝治天下，而力牧、太山稽辅之，以治日月之行，律治阴阳之气，节四时之度，正律历之数。别男女，异雌雄，明上下，等贵贱，使强不掩弱，众不暴寡，人民保命而不夭，岁时孰而不凶，百官正而无私，上下调而无尤，法令明而不暗，辅佐公而不阿。田者不侵畔，渔者不争隈，道不拾遗，市不豫贾，城郭不关，邑无盗贼，鄙旅之人相让以财，狗彘吐菽粟于路而无忿争之心。于是，日月精明，星辰不失其行，风雨时节，五谷登孰，虎狼不妄噬，鸷鸟不妄搏，凤凰翔于庭，麒麟游于郊，青龙进驾，飞黄皁伏，诸北儋耳之国，莫不献其贡职。然犹未及虙戏氏之道也。《淮南子·览冥训》

托于极治，安得若此？此亦托古也。

五帝三王，轻天下，细万物，齐死生，同变化，抱大圣之心，以镜万物之情，上与神明为友，下与造化为人。今欲学其道不得其清明玄圣，而守兵法籍宪令，不能为治亦明矣。《淮南子·齐俗训》

"细万物，齐生死"，是道家说，彼托之五帝三王。又如此攻儒者，则谓其"法籍宪令"矣。

故神农之法曰:"丈夫丁壮而不耕,天下有受其饥者;妇人当年而不织,天下有受其寒者。"故身自耕,妻亲织,以为天下先。其导民也,不贵难得之货,不器无用之物。是故其耕不强者,无以养生;其织不强者,无以掩形。有余不足,各归其身;衣食饶溢,奸邪不生。安乐无事,而天下均平。故孔丘、曾参无所施其善,孟贲、成荆无所行其威。(《淮南子·齐俗训》)

此许行并耕之说,而托始于神农者。

是故古者明堂之制,下之润湿弗能及,上之雾露弗能入,四方之风弗能袭。土事不文,木工不斲,金器不镂。衣无隅差之削,冠无觚蠃之理。堂大足以周旋理文,静洁足以享上帝,礼鬼神,以示民知俭节。(《淮南子·本经训》)

此墨子明堂之制,引以托之古。

夫钳且、大丙不施辔衔,而以善御闻于天下。伏羲、女娲不设法度,而以至德遗于后世。何则?至虚无纯一,而不喋喋苟事也。(《淮南子·览冥训》)

禹之趋时也,履遗而弗取,冠挂而弗顾,非争其先也,而争其得时也。(《淮南子·原道训》)

是故禹之决渎也,因水以为师。神农之播谷也,因苗以为教。(同上)

及世之衰也,至伏羲氏,其道昧昧茫茫然,吟德怀和,被施颇烈,而知乃始。昧昧睰睰,皆欲离其童蒙之心,而觉视于天地之间。是故其德烦而不能一。乃至神农、黄帝,剖判太宗,窍领天地,袭九窾,重九烈,提挈阴阳,姘揉刚柔,枝解叶贯,万物百族,使各有经纪条贯,于此,乃民睢睢盱盱然,莫不悚身而载听视,是故治而不能和

下。(《淮南子·俶真训》)

故皋陶喑而为大理,天下无虐刑,有贵于言者也。师旷瞽而为太宰,晋无乱政,有贵于见者也。故不言之令,不视之见,此伏羲、神农之所以为师也。(《淮南子·主术训》)

> 皋陶昌言赓歌,见于《书》,至明。而谓之为"喑",此不待辨。诸子皆随意托古人以成其说,不计事实也。

昔者,夏鲧作三仞之城,诸侯背之,海外有狡心。禹知天下之叛也,乃坏城平池,散财物,焚甲兵,施之以德。海外宾伏,四夷纳职,合诸侯于涂山,执玉帛者万国。故机械之心藏于胸中,则纯白不粹,神德不全。(《淮南子·原道训》)

> 作城之害,坏城之利,托之鲧、禹,以申其说。

昔东户季子之世,(注:东户季子,古之人君。)道路不拾遗,耒耜余粮,宿诸亩首,使君子、小人各得其宜也。(《淮南子·缪称训》)

五帝三王,殊事而同指,异路而同归。晚世学者,不知道之所一体,德之所总要,取成之迹,相与危坐而说之,鼓歌而舞之,故博学多闻而不免于惑。(《淮南子·本经训》)

> "取成之迹"至"危坐而说""鼓歌而舞",当时托古之风盛极一时。

尧之有天下也,非贪万民之富,而安人主之位也。以为百姓力征,强凌弱,众暴寡,于是,尧乃身服节俭之行,而明相爱之仁,以和辑之。是故茅茨不翦,采椽不斫,大路不画,越席不缘,太羹不和,粢食不毇,巡狩行教,勤劳天下,周流五岳。岂其奉养不足乐哉?举天下而以为社稷,非有利焉。年衰志悯,举天下而传之舜,犹却行而脱蹝也。(《淮南子·主术训》)

故葬薶足以收敛盖藏而已。昔舜葬苍梧,市不变其肆;禹葬会稽之山,农不易其亩。明乎生死之分,通乎侈俭之适者也。(《淮南子·齐俗训》)

故伊尹之兴土功也,修胫者使之跖钁,强脊者使之负土,眇者使之准,伛者使之涂,各有所宜,而人性齐矣。(同上)

禹之时,以五音听治,悬钟、鼓、磬、铎,置鼗,以待四方之士。为号曰:"教寡人以道者,击鼓;谕寡人以义者,击钟;告寡人以事者,振铎;语寡人以忧者,击磬;有狱讼者,摇鼗。"当此之时,一馈而十起,一沐而三捉发,以劳天下之民。此而不能达善效忠者,则才不足也。(《淮南子·汜论训》)

自古及今,五帝三王,未有能全其行者也。故《易》曰:"小过亨利贞。"言人莫不有过,而不欲其大也。(同上)

昔者,五帝三王之莅政施教,必用参五。何谓参五? 仰取象于天,俯取度于地,中取法于人。(《淮南子·泰族训》)

上淮南子托古

少君言于上曰:"祠灶则致物,致物而丹砂可化为黄金,黄金成以为饮食器则益寿,益寿而海中蓬莱仙者可见,见之以封禅则不死,黄帝是也。"(《史记·孝武本纪》)

方士谬托黄帝,最易惑人主听闻。

亳人薄诱忌奏祠泰一方,曰:"天神贵者泰一,泰一佐曰五帝。古者,天子以春秋祭泰一东南郊,用太牢具,七日,为坛开八通之鬼道。"于是天子令太祝立其祠长安东南郊,常奉祠如忌方。其后人有上书,言"古者,天子三年一用太牢具祠神三一:天一,地一,泰一"。天子许之。令太祝领祠之忌泰一坛上,如其方。后人复有上书,言"古者,天子常以春秋解祠,祠黄帝用一枭破镜,冥羊用羊,祠马行用一青牡马,泰一、皋山山君、地长用牛,武夷君用干鱼,阴阳使者以一牛"。令祠官领之如其方,而祠于忌泰一坛旁。(《史记·孝武本纪》)

方士谬论,尚多托于先王。

天子既闻公孙卿及方士之言,黄帝以上封禅,皆致怪物,与神通。欲放黄帝,以尝接神仙人蓬莱士,高世比德于九皇,而颇采儒术以文之。(《史记·孝武本纪》)

方士既谬托先王,又文饰儒术,其计甚巧,人主所以易为所惑也。齐人公孙卿曰:"今年得宝鼎,其冬辛巳朔旦冬至,与黄帝时等。"卿有札书曰:"黄帝得宝鼎,宛侯问于鬼臾区。区对曰:'黄帝得宝鼎神策,是岁己酉朔旦冬至,得天之纪,终而复始。'于是,黄帝迎日推策,后率二十岁得朔旦冬至,凡二十推,三百八十年,黄帝仙登于天。"卿因所忠欲奏之。所忠视其书不经,疑其妄书,谢曰:"宝鼎事已决矣,尚何以为!"卿因嬖人奏之。上大说,召问卿。对曰:"受此书申功,申功已死。"上曰:"申功何人也?"卿曰:"申功,齐人也。与安期生通,受黄帝言,无书,独有此鼎书。曰:'汉兴,复当黄帝之时。汉之圣者,在高祖之孙且曾孙也。宝鼎出而与神通,封禅。封禅七十二王,唯黄帝得上泰山封。'申功曰:'汉主亦当上封,上封则能仙登天矣。黄帝时,万诸侯,而神灵之封居七千。天下名山八,而三在蛮夷,五在中国。中国华山、首山、太室、泰山、东莱,此五山,黄帝之所常游,与神会。黄帝且战且学仙。患百姓非其道,乃断斩非鬼神者。百余岁,然后得与神通。黄帝郊雍上帝,宿三月。鬼臾区号大鸿,死葬雍,故鸿冢是也。其后,黄帝接万灵明廷。明廷者,甘泉也。所谓寒门者,谷口也。黄帝采首山铜,铸鼎于荆山下。鼎既成,有龙垂胡髯下迎黄帝。黄帝上骑,群臣后宫从上龙七十余人,龙乃上去。馀小臣不得上,乃悉持龙髯,龙髯拔,堕黄帝之弓。百姓仰望黄帝既上天,乃抱其弓与龙胡髯号,故后世因名其处曰鼎湖,其弓曰乌号。'"(《史记·孝武本纪》)

方士托古诞谬,人皆易知,然亦战国之余风。

济南人公玉带上黄帝时《明堂图》。(《史记·孝武本纪》)

公玉带曰:"黄帝时,虽封泰山,然风后、封钜、岐伯令黄帝封东泰山,禅凡山,合符,然后不死焉。"(同上)

按,公玉带尚托黄帝,而以不死为主,是老子之学派也。

公卿曰:"古者,祠天地皆有乐,而神祇可得而礼。"或曰:"泰帝使素女鼓五十弦瑟,悲,帝禁不止,故破其瑟,为二十五弦。"(《史记·封禅书》)

汉时,以传闻为学,未一儒统,托古之谬说尚纷纷。

孔子为制法之王考[①]

孔子为制法之王显证

孔子为新王

孔子为素王

孔子为文王

孔子为圣王

孔子为先王

孔子为后王

孔子为王者

孔子托王于鲁

孔子为制法之王总义

乃上古昔,尚勇竞力,乱萌惨黩。天闵振救,不救一世而救百世,乃生神明圣王,不为人主,而为制法主。天下从之,民萌归之。自战国至后汉八百年间,天下学者无不以孔子为王者,靡有异论也。自刘歆以《左氏》破《公羊》,以古文伪传记攻今学之口说,以周公易孔子,以述易作,于是,孔子遂仅为后世博学高行之人,而非复为改制立法之教主圣王,只为师统而不

---

① 此文选自《孔子改制考》卷八,1897年末由上海大同译书局刊行。

为君统。诋素王为怪谬,或且以为僭窃。尽以其权归之人主。于是,天下议事者引律而不引经,尊势而不尊道。其道不尊,其威不重,而教主微;教主既微,生民不严不化,益顽益愚。皆去孔子素王之故。异哉!王义之误惑不明数千载也!夫王者之正名出于孔氏。何谓之王?一画贯三才谓之"王",天下归往谓之"王"。天下不归往,民皆散而去之,谓之"匹夫"。以势力把持其民谓之"霸",残贼民者谓之"民贼"。夫王不王,专视民之聚散向背名之,非谓其黄屋左纛,威权无上也。后世有天下者称帝,以王封其臣子,则有亲王、郡王等名。六朝则滥及善书,凌及奴隶,皆为王。若将就世俗通达之论识言之,则王者人臣之一爵,更何足以重孔子?亦何足以为僭异哉?然今中国圆颅方趾者四万万,其执民权者二十余朝,问人归往孔子乎?抑归往嬴政、杨广乎?既天下义理、制度皆从孔子,天下执经、释菜、俎豆、莘莘皆不归往嬴政、杨广,而归往大成之殿、阙里之堂,共尊孔子。孔子有归往之实,即有王之实,有王之实而有王之名,乃其固然。然大圣不得已而行权,犹谦逊曰假其位号,托之先王,托之鲁君,为寓王为素王云尔。故夫孔子以元统天,天犹在孔子所统之内,于无量数天之中而有一地,于地上无量国中而为一王,其于孔子曾何足数!但考其当时,则事实同称,征以后世,则文宣宣有号,察其实义,则天下归往,审其通名,则人臣之爵,而上昧神圣行权偶托之文法,下忘天下归往同上之徽称,于素王则攻以僭悖之义,于民贼私其牙爪,则许以贯三才之名,何其舛哉!今遍考秦、汉之说,证明素王之义。庶几改制教主,尊号威力,日光复荧,而教亦再明云尔。

丘为制法之主,黑绿不代苍黄。《春秋纬·演孔图》

圣人不空生，必有所制以显天心。丘为木铎，制天下法。(《春秋纬·演孔图》)

孔胸文曰："制作定世符运。"(《春秋纬·演孔图》)

孔子为制法之主，所谓素王也。《论语》曰："天生德于予"，"天之未丧斯文也，匡人其如予何？"所谓不空生，必有所制也。《左传》："仲子有文在手，曰：'为鲁夫人。'"《十六国春秋》："刘渊左手有文曰'渊'，彭神符有文在手曰'神符'。"《东观汉记》："公孙述自言手文有奇瑞，数移书中国。"上赐述书曰："瑞应手掌成文，亦非吾所知。"僭伪之人尚应符瑞，况制作之圣治万世者乎？

孟子曰："王者之迹熄而《诗》亡，《诗》亡然后《春秋》作。"(《孟子·离娄下》)

《春秋》，天子之事。是故孔子曰："知我者，其惟《春秋》乎！罪我者，其惟《春秋》乎！"(《孟子·滕文下》)

考孔子道至可信据，莫若孟子。时周命未尽，王名未去，而孟子一生不至周，未尝一劝诸侯尊周，但劝诸侯行王政，云："以齐王，犹反手。"故李泰伯攻之，虽以孟子为不臣可矣。然此实后世一端之义也。孟子大义云："民为贵。"但以民义为主，其能养民、教民者，则为王；其残民、贼民者，则为民贼。周自幽、厉后，威灵不能及天下，已失天子之义。孔子因其实而降为风，夷为列国。《史记·儒林传》谓："周道亡于幽、厉。"孟子谓："三代之失天下也以不仁。"盖自周至幽、厉，孔子以为周亡。《春秋》，天子之事作，刘向、淮南、董生所谓《春秋》继周也。孟子传孔子之微言，李觏安足以知之？宋人仅知尊王攘夷之义，宜其反却视不信也。

孔子为制法之王考 | 233

周室既衰,诸侯恣行。仲尼悼礼废乐崩,追修经术,以达王道,匡乱世反之于正,见其文辞,为天下制仪法,垂"六艺"之统纪于后世。(《史记·太史公自序》)

孔子之时,上无明君,下不得任用,故作《春秋》,垂空文以断礼义,当一王之法。(同上)

"当一王之法",即董子所谓"以《春秋》当新王也"。

是以孔子明王道,干七十余君,莫能用,故西观周室,论史记旧闻,兴于鲁而次《春秋》,上记隐,下至哀之获麟,约其文辞,去其烦重,以制义法,王道备,人事浃。七十子之徒口受其传指,为有所刺讥,褒讳、挹损之,文辞不可以书见也。(《史记·十二诸侯年表》)

有非力之所能致而自致者,西狩获麟,受命之符是也。然后托乎《春秋》正不正之间,而明改制之义。一统乎天子,而加忧于天下之忧也,务除天下所患。而欲以上通五帝,下极三王,以通百王之道。(《繁露·符瑞》)

董子醇儒,发改周受命之说,昭晰如是。孔门相传之非常异义也。

上孔子为制法之王显证

成周宣谢灾,何以书?记灾也。外灾不书,此何以书?新周也。何注:"孔子以《春秋》当新王,上黜杞,下新周,而故宋。因天灾中兴之乐器,示周不复兴,故系宣谢于成周,使若国,文黜而新之,从为王者后,记灾也。"(《公羊》宣十六年)

王降为凤,夷于诸侯,盖孔子大义。《诗》云:"赫赫宗周,褒姒灭之。"周道亡于幽、厉,自是孔子以《春秋》继周,改周之制,以周与宋同为二王后。故《诗》之"三颂",托王鲁、新周、故宋之义,运之三代,传之口说,著之《公羊》《穀梁》,大发明于董子。太史公、刘向、何休皆无异辞。示周不兴,孔子乃作。何邵公所谓"非常异义",太史公所谓"不可书见,口授弟子者"也。

故孔子立新王之道,明其贵志以反和,见其好诚以灭伪,其有继周之弊,故若此也。(《繁露·玉杯》)

董子直谓孔子为"新王"、"继周"。董子一醇儒,岂能为此悖谬之论?盖孔门口说之传也。

《春秋》作新王之事,变周之制,当正黑统。而殷、周为王者之后,绌夏,改号禹谓之帝,录其后以小国。故曰:绌夏,存周,以《春秋》当新王。(《繁露·三代改制》)

董生更以孔子作新王,变周制,以殷、周为王者之后。大言炎炎,直著宗旨。孔门微言口说,于是大著。孔子为改制教主,赖董生大明。

故《春秋》应天作新王之事。时正黑统,王鲁,尚黑,绌夏,亲周,故宋。乐宜亲《韶》舞,故以虞录亲乐;制宜商,合伯、子、男为一等。(《繁露·三代改制》)

《春秋》曰:"杞伯来朝。"王者之后称公,杞何以称伯?《春秋》上黜夏,下存周,以《春秋》当新王。《春秋》当新王者奈何?曰:"王者之法必正号,绌王谓之帝,封其后以小国,使奉祀之。下存二王之后,以大国使服其服,行其礼乐,称客而朝。"(同上)

惟王者然后改元,立号。《春秋》托新王,受命于鲁,故因以录即位,明王者当继天,奉元,养成万物。(《公羊》隐元年注)

今所谓新王必改制者,非改其道,非变其理。受命于天,易姓更王,非继前王而王也。若一因前制,修故业,而无有所改,是与继前王而王者无以别。受命之君,天之所大显也。事父者承意,事君者仪志,事天亦然。今天大显已物,袭所代而率与同,则不显不明,非天志。故必徙居处,更称号,改正朔,易服色者,无他焉,不敢不顺天志以明自显也。若夫大纲、人伦、道理、政治、教化、习俗、文义尽如故,亦何改哉? 故王者有改制之名,无易道之实。孔子曰:"无为而治者,其舜乎!"言其主尧之道而已。此非不易之效与? 问者曰:"物改而天授显矣,其必更作乐,何也?"曰:"乐异乎是。"制为应天,改之;乐为应人,作之。彼之所受命者,必民之所同乐也。是故大改制于初,所以明天命也;更作乐于终,所以见天功也。(《繁露·楚庄王篇》)

《春秋》为新王,凡五见;亲周,故宋,王鲁,凡再见;新王受命改制,数数见。孔子为继周之王至明。

上孔子为新王

孔子作《春秋》,先正王而系万事,见素王之文焉。(《汉书·董仲舒传》)

董生为汉醇儒,《汉书》亦录其素王之说,见空王之文,何碍焉?

孔子既西狩获麟,自号素王,为后世受命之君,制明王之法。(《六艺论》)

麟出周亡,故立《春秋》,制素王,授当兴也。(《春秋纬·元命苞》)

孟子曰:"三代之失天下也以不仁。"孟子之时,周命未改,然孟子已以为亡。《史记》所谓"周道亡于幽、厉。"平王之后,王降为风,威灵不振。孔子改制,以《春秋》继周,故立素王之制也。

子夏曰:"仲尼为素王,颜渊为司徒。"(《古微书·论语纬》)

孔子为素王,乃出于子夏等尊师之名。素王,空王也。佛亦号空王,又号法王。凡教主尊称,皆取譬于人主,何异焉?

仲尼为匹夫,而称素王。(《中论·贵验》)

制春秋之义,著素王之法。(《风俗通·穷通》)

子夏六十四人共撰仲尼微言,以事素王。(《古微书·论语纬》)

《论语》为微言,纬则其说也。素王之称,非徒公羊家,乃齐、鲁《论语》家之说,但古文家乃铲去之,宋儒误拾其绪耳。

曾子撰斯,问曰:"孝文手驳不同何?"子曰:"吾作《孝经》,以素王无爵禄之赏、斧钺之诛,故称明王之道。"曾子辟席复坐。子曰:"居,吾语女:顺逊以避祸灾,与先王以托权。"(《孝经纬·钩命诀》)

《孝经》家亦称素王,且云托先王以明权,此则孔子之自称矣。文王没而"文王不在兹","天生德于予",圣人亦何逊焉?

恬澹元圣,素王之道。(《庄子·天道》)

庄生为老学,然亦称孔子为素王,盖素王之名遍天下矣。

孔子之通,智过于苌弘,勇服于孟贲,足蹑郊菟,力招城关,能亦多矣。然而勇力不闻,伎巧不知,专行孝道,以成素王,事亦鲜矣。(《淮南子·主术训》)

《淮南》出自伍被之流,为杂家。称孔子之讳而亦尊为素王,可知王号为天下达尊。其云"专行孝道",盖孔子之仁,以父母为本,实儒教宗旨。《淮南》实能直揭之矣。

是以孔子历七十二君,冀道之一行而得施其德,使民生于全育,烝庶安土,万物熙熙,各乐其终。卒不遇,故睹麟而泣,哀道不行,德泽不洽。于是,退作《春秋》,明素王之道以示后人,思施其惠,未尝辍忘。是以百王尊之,志士法焉。诵其文章,传今不绝。(《说苑·贵德》)

百王尊,志士法,是所谓众所归往也。尊之为王,又何疑焉?

孔子作《春秋》,以示王意。然则孔子之《春秋》,素王之业也;诸子之传书,素相之事也。观《春秋》以见王意,读诸子以睹相指。(《论衡·超奇》)

孔子不王,素王之业在于《春秋》。(《论衡·定贤》)

孔子自因鲁史记而修《春秋》,制素王之道。(庐钦《公羊序》)

上孔子为素王

王者孰谓?谓文王也。注:文王,周始受命之王。天之所命,故上系天端。方陈受命,制正月,故假以为王法。不言谥者,法其生,不法其死,与后王共之,人道之始也。(《公羊》隐元年)

孔子质统为素王,文统则为文王。孔子道致太平,实为文王。法生不法死,则此文王是孔子,非周文王易见矣。王愆期谓"文王即孔子",盖有传授也。

子畏于匡,曰:"文王既没,文不在兹乎?天之将丧斯文也,后死者不得与于斯文也;天之未丧斯文也,匡人其如予何?"(《论语·子罕》)

文王既没,而文在兹,孔子之为文王,盖可据。此出《论语》,非僻书也。

孔子曰："文王既没,文不在兹乎?"文王之文,传在孔子;孔子为汉制文,传在汉也。(《论衡·佚文》)

春秋曰:"王正月。"《传》曰:"王者孰谓?谓文王也。曷为先言王而后言正月?王正月也。"何以谓之王正月?曰:王者必受命而后王,王者必改正朔,易服色,制礼乐,一统于天下,所以明易姓非继仁,通以己受之于天。王者受命而王,制此月以应变,故作科以奉天地,故谓之王正月也。(《繁露·三代改制》)

《论语》:"文王既没,文不在兹?"孔子已自任之。王愆期谓文王者,孔子也,最得其本。人只知孔子为素王,不知孔子为文王也。或文或质,孔子兼之。王者,天下归往之谓,圣人天下所归往,非王而何?犹佛称为法王云尔。

文王见礼坏乐崩,道孤无主,故《礼经》三百,《威仪》三千。(《礼纬·稽命征》)

周文王时,无礼坏乐崩之说,《礼经》《威仪》皆孔子所制,此文王非孔子而何?

上孔子为文王

孔子惧,作《春秋》。《春秋》,天子之事也。是故孔子曰:"知我者,其唯《春秋》乎!罪我者,其唯《春秋》乎!"圣王不作,诸侯放恣,处士横议,杨朱、墨翟之言盈天下。(《孟子·滕文》)

孔子作《春秋》而世一治,孔子没而杨、墨起。"圣王不作",即指孔子,与尧、舜既没一例。

故凡言议、期命、是非,以圣王为师,而圣王之分荣辱是也。(《荀子·王论》)

今圣王没,名守慢,奇辞起,名实乱,是非之形不明,则虽守法之吏,诵数之儒,亦皆乱也。(《荀子·正名》)

孔子改制,首先正名。公孙龙以坚白之说乱之,荀子攻之,所谓"圣王",即是孔子。

论德使能而官施之者,圣王之道,儒之所谨守也。(《荀子·王霸》)

"圣王之道",即孔子之道,故儒谨守之。

世子曰:"功及子孙,光辉百世,圣王之道莫美于恕。"故子先言《春秋》,详己而略人,因其国而容天下。(《繁露·俞序》)

上孔子为圣王

孔子仁知且不蔽,故学乱术足以为先王者也。一家得周道,举而用之,不蔽于成积也。(《荀子·解蔽》)

称孔子足为先王,即庄生谓墨子离于天下,其去王也远矣,谓墨子不能为王也,语可反勘。一家得周道,举用之,墨子谓孔子法周未法夏,则上先王为孔子尤明。

《春秋》经世先王之志。(《庄子·齐物》)

庄生犹知孔子为先王,盖田子方所传。若以此先王非孔子,则《春秋》为何人所作耶?孔子曰:"吾志在《春秋》。"则先王之为孔子益信。

庄生累称孔子,一曰素王,一曰先王,一曰神明圣王。此非徒庄生之特识,实天下之通称。

夫儒服,先王之服也。(《新序·杂事》)

哀公问:"夫子之服,其儒服与?"是儒服为孔子改制之服。

儒者尊孔子为先王,因尊其服为先王之服。此孔门相传之微言也。

礼起于何也?曰:人生而有欲,欲而不得,则不能无求,求而无度量分界,则不能不争。争则乱,乱则穷。先王恶其乱也,故制礼义以分之,以养人之欲,给人之求。使欲必不穷乎物,物必不屈于欲,两者相持而长,是礼之所起也。(《荀子·礼论》)

凡孔子后学中引礼,皆孔子之礼。所称"先王",皆孔子,非三代先王也。

故先王圣人安为之立中制节,一使足以成文理则舍之矣。然则何以分之,曰:至亲以期断。是何也?曰:天地则已易矣,四时则已遍矣,其在宇中者莫不更始矣,故先王案以此象之也。然则三年何也?曰:加隆焉,案使倍之,故再期也。由九月以下,何也?曰:案使不及也。故三年以为隆,缌小功以为杀,期九月以为间。上取象于天,下取象于地,中取则于人,人所以群居和一之理尽矣。故三年之丧,人道之至文者也。夫是之谓至隆,是百王之所同,古今之所一也。(《荀子·礼论》)

三年丧为孔子之制,则此先王非孔子而何?

先王有不忍人之心,斯有不忍人之政矣。(《孟子·公孙丑上》)

孟子所称之仁政,尽与《公羊》合,皆孔子之仁政也。所称先王,即孔子。《孟子》全书皆然。

守先王之道,以待后之学者。(《孟子·滕文公下》)

"先王之道",即孔子之道,所谓笃信好学,守死善道也。

今有仁心仁闻,而民不被其泽,不可法于后世者,不行先王之

道也。(《孟子·离娄上》)

《诗》云:"不愆不忘,率由旧章。"遵先王之法而过者,未之有也。

事君无义,进退无礼,言则非先王之道者,犹沓沓也。(并同上)

《春秋》之于世事也,善复古,讥易常,欲其法先王也。然而介以一言曰:"王者必改制。"(《繁露·楚庄王》)

先王制乐,所以节百事。(《乐纬·叶图征》)

《王制》,是孔子之后大贤所记先王之事。(《五经异义》)

上孔子为先王

后王之成名:刑名从商,爵名从周,文名从礼。散名之加于万物者,则从诸夏之成俗曲期。(《荀子·正名》)

当荀子之时,周德虽衰,天命未改,秦又未帝,而立爵名从周,与商并举,则所谓"后王"者,上非周王,后非秦帝,非素王之孔子而何?孟子称孔子为"先王",荀子称孔子为"后王",其实一也。云"爵名从周",而刑名、文名不从周,则所谓后王正名者,非孔子而何?然则以为礼名、刑名、文名为周人之旧,而非孔子所改制者,其误不待言矣!

天地始者,今日是也;百日之道,后王是也。君子审后王之道,而论于百王之前,若端拜而议。(《荀子·不苟》)

孔子改制为人道之始,故谓今日为天地之始。

故曰:欲观圣王之迹,则于其粲然者矣,后王是也。彼后王者,天下之君也,舍后王而道上古,譬之是犹舍己之君而事人之君也。(《荀子·非相》)

以后王为天下之君,荀子之尊孔子可谓极矣。王者往,君者群,孔子能群天下人,非天下之君而何?

> 缪学杂举,不知法后王而一制度,不知隆礼义而杀《诗》《书》,其衣冠行伪已同于世俗矣。(《荀子·儒效》)

诸子杂称神农、黄帝,而不法孔子,所谓"缪学杂举"也。

> 法后王,一制度,隆礼义而杀《诗》《书》,其言行已有大法矣。(《荀子·儒效》)
>
> 言志意之求,不下于士;言道德之求,不二后王。道过三代谓之荡,法二后王谓之不雅。
>
> 百家之说,不及后王,则不听也。(并同上)
>
> 王者之制,道不过三代,法不贰后王。(《荀子·王制》)

荀子之言,皆为当时战国诸子高谈神农、黄帝者说法。

> 是散名之在人者也,是后王之成名也。(《荀子·正名》)
>
> 状变而实无别而为异者,谓之化;有化而无别,谓之一实。此事之所以稽实定数也,此制名之枢要也。后王之成名,不可不察也。(同上)

凡荀子称"后王"者,皆孔子也。

上孔子为后王

> 夫王者始受命,改制,布政,施教于天下,自公侯至于庶人,自山川至于草木、昆虫,莫不一一系于正月,故云正教之始。(《公羊》隐元年注)
>
> 王者必改制。(《繁露·楚庄王》)
>
> 故王者有改制之名,无易道之实。(同上)

董子谓《春秋》作新王之事,变周文而从殷质,于《三代改制》一篇大发其义。然则所称王者改制,即孔子也。

王者必受命而后王。(《繁露·三代改制》)

王者受命而王。(同上)

孔子受端门之命,非王者而何?

《春秋传》曰:"合伯、子、男以为一爵。"或曰合从子,贵中也。以《春秋》名郑忽,忽者,郑伯也,此未逾年之君,当称子,嫌为改赴,故名之也。地有三等不变,至爵独变,何?地比爵为质,故不变。王者有改道之文,无改道之实。(《白虎通·爵篇》)

此《春秋》公羊家之说,所称"王者",即指孔子。盖师说相传,皆以《春秋》当新王也。

故王者受命,改正朔,不顺数而往,必迎来而受之者,授受之义也。(《繁露·二端》)

上孔子为王者

今《春秋》缘鲁以言王义,杀隐、桓以为远祖,宗定、哀以为考妣,至尊且高,至显且明。其基壤之所加,润泽之所被,条条无疆。前是常数,十年邻之,幽人近其墓而高明。大国齐、宋,离不言会,微国之君,卒葬之礼,录而辞繁。远夷之君,内而不外。当此之时,鲁无鄙疆,诸侯之伐哀者,皆言我。邾娄庶其、鼻我,邾娄大夫。其于我无以亲,以近之故,乃得显明。隐、桓亲《春秋》之先人也,益师卒而不日。于稷之会,言成宋乱,以远外也。黄池之会,以两伯之辞,言不以为外,以近内也。(《繁露·奉本》)

诸侯来朝者得褒,邾娄仪父称字,滕、薛称侯,荆得人,介葛卢

得名。内出言如,诸侯来曰朝,大夫来曰聘,王道之意也。(《繁露·王道》)

缘鲁以言王义,孔子之意,专明王者之义,不过言托于鲁以立文字。即如隐、桓,不过托为王者之远祖;定、哀,为王者之考妣;齐、宋,但为大国之譬;邾娄、滕侯,亦不过为小国先朝之影。所谓"其义,则丘取之"也。自伪《左》出,后人乃以事说经,于是,周、鲁、隐、桓、定、哀、邾、滕皆用考据求之,痴人说梦,转增疑惑。知有事,而不知有义,于是孔子之微言没,而《春秋》不可通矣。尚赖有董子之说得以明之。不然,诸侯来曰朝,内出言如,鲁无鄙疆,董子何愚若此?所谓辞之重,意之复,必有美者存焉。

故《春秋》应天作新王之事,时正黑统,王鲁,尚黑,绌夏,亲周,故宋。(《三代改制》)

《诗》有"三颂":《周颂》《鲁颂》《商颂》,孔子寓新周、故宋、王鲁之义。不然,鲁非王者,何得有颂哉?自伪《毛》出,而古义湮,于是,此义不复知,惟太史公《孔子世家》有焉。公羊传《春秋》托王于鲁,何注频发此义,人或疑之。不知董子亦大发之。盖《春秋》之作,在义不在事,故一切皆托,不独鲁为托,即夏、商、周之三统,亦皆托也。

《春秋》王鲁,托隐公以为始受命王,因仪父先与隐公盟,可假以见褒赏之法,故云尔。(《公羊》隐元年注)

"曹无大夫,公子手何以书?忧内也。"注:"《春秋》托王于鲁,因假以见王法,明诸侯有能从王者征伐不义,克胜有功,当褒之,故与大夫。大夫敌君不贬者,随从王者,大夫得敌诸侯也。"(《公羊》成二年)

"滕侯卒。"《传》:"何以不名?微国也。微国,则其称侯何?不嫌也。"注:"所传闻之世,未可卒。所以称侯而卒者,《春秋》王鲁,托隐公以为始受命王。滕子先朝隐公,《春秋》褒之,以礼嗣子得以其礼祭,故称侯见其义。"(《公羊》隐七年)

"滕侯、薛侯来朝。"《传》:"其兼言之何?微国也。"注:"《春秋》托隐公以为始受命王,滕、薛先朝隐公,故褒之。"(《公羊》隐十一年)

"无骇帅师入极。"《传》:"展无骇也。"不氏,"疾始灭也",《春秋》之始也。注:"《春秋》托王者,始起所当诛也。"(《公羊》隐二年)

《春秋》王鲁,以鲁为天下化,首明亲来被王化渐渍礼义者,在可备责之域。故从内,小恶举也。(《公羊》隐元年注)

《春秋》王鲁,明当先自持正,躬自厚而薄责于人,故略外也。王者不治夷狄,录戎者来者勿拒,去者勿追。(同上)

"八月,宋公和卒。"注:"《春秋》王鲁,死当有王文。圣人之为文辞孙顺,不可言崩,故贬外言卒所以褒内也。宋称公者,殷后也。王者封二王后地方百里,爵称公,客待之而不臣也。"(《公羊》隐三年)

"辛亥,宿男卒。"注:"宿本小国,不当卒。所以卒而曰之者,《春秋》王鲁,以隐公为始受命王。宿男先与隐公交接,故卒褒之也。"(《公羊》隐八年)

"公子友如齐莅盟。"注:"《春秋》王鲁,故言莅以见王义,使若王者遣使临诸侯盟,饬以法度。言来盟,亦因鲁都以见王义,使若来之京师盟,白事于王。不加莅者,来就鲁,鲁已尊矣。"(《公羊》僖三年)

"齐侯来献戎捷。"注:"言献捷系戎者,《春秋》王鲁,因见王义。古者,方伯征伐不道诸侯,交格而战者,诛绝其国,献捷于王者。"(《公羊》庄三十一年)

《春秋》王鲁,因其始来聘,明夷狄能慕王化、修聘礼、受正朔

者,当进之,故使称人也。(《公羊》庄二十三年注)

王者起,所以必改质文者,为承衰乱,救人之失也。天道本下,亲亲而质省;地道敬上,尊尊而文烦。故王者始起,先本天道以治天下,质而亲亲。及其衰敝,其失也,亲亲而不尊。故后王起,法地道以治天下,文而尊尊,及其衰敝,其失也尊尊而不亲,故复反之于质也。质家爵三等者,法天之有三光也;文家爵五等者,法地之有五行也。合三从子者,制由中也。(《公羊》桓十二年注)

《春秋》定、哀之间,文致太平,欲见王者治定,无所复为讥。唯有二名,故讥之,此《春秋》之制也。(《公羊》定六年注)

上孔子托王于鲁

其或继周者,虽百世,可知也。(《论语·为政》)

"继周者",即孔子也。百世可知,百世以俟圣人而不惑。由百世之下,等百世之王,莫之能违是也。

夫殷变夏,周变殷,春秋变周,三代之礼不同,何古之从?(《淮南子·氾论训》)

以春秋为变周,可为孔子改制之证。且以春秋为一代,当淮南时已如此,盖莫不知孔子为改制之素王矣。

孔子曰:"夏道不亡,商德不作;商德不亡,周德不作;周德不亡,《春秋》不作。《春秋》作,而后君子知周道亡也。"(《说苑·君道》)

孟子曰:"三代之失天下也,以不仁。"孟子之时,周之天下未尝失也,孔子以夏、殷、周为三代,以春秋为一代,继周在春秋也。

"纪子伯者何?无闻焉尔。"注:"《春秋》有改周受命之制,孔子

畏时远害,又知秦将燔《诗》《书》,其说口授相传。至汉公羊氏及弟子胡毋生等,乃始记于竹帛,故有所失也。"《公羊》隐二年)

孔子曰:"吾因行事加吾王心焉,假其位号以正人伦。"(《繁露·俞序》)

孟子曰:"《春秋》,天子之事。"王衍期以文王为孔子。自汉前莫不以孔子为素王,《春秋》为改制之书。其他尚不足信,董子号称"醇儒",岂为诞谩?而发《春秋》作新王、当新王者,不胜枚举。若非口说传授,董生安能大发之?出自董子,亦可信矣。且云变周之制,继周之弊,以周为王者之后,故《诗》以王降为风。《论语》"其或继周,百世可知",皆指《春秋》王道而言。《淮南子》曰:"殷变夏,周变殷,春秋变周。"《说苑》曰:"夏道不亡,殷德不作;殷道不亡,周德不作;周道不亡,《春秋》不作。"皆以《春秋》为一王之治,诸说并同,尚赖口说流传。今得考素王之统者,赖是而传耳。

孔子曰:"诗人疾之不能默,丘疾之不能伏。"是以东西南北七十说而不用,然后退而修王道,作《春秋》,垂之万世之后,天下折中焉。(《盐铁论·相刺》)

周道衰废,孔子为鲁司寇,诸侯害之,大夫壅之。孔子知言之不用,道之不行也,是非二百四十二年之中,以为天下仪表,贬天子,退诸侯,讨大夫,以达王事而已矣。子曰:"我欲载之空言,不如见之于行事之深切著明也。"夫《春秋》,上明三王之道,下辨人事之纪,别嫌疑,明是非,定犹豫,善善恶恶,贤贤贱不肖,存亡国,继绝世,补败起废,王道之大者也。(《史记·太史公自序》)

《春秋》乱世讨大夫,升平世退诸侯,太平世贬天子。

夫子行说七十诸侯无定处,意欲使天下之民各得其所,而道不行。退而修《春秋》,采毫毛之善,贬纤介之恶,人事浃,王道备,精和圣制,上通于天而麟至,此天之知夫子也。(《说苑·至公》)

孔子曰:"丘作《春秋》,始于元,终于麟,王道成也。"(《春秋纬·元命苞》)

西狩获麟,曰:"吾道穷矣。"故因史记作《春秋》,以当王法,其辞微而指博,后世学者多录焉。(《史记·儒林传》)

所谓素王者,以当王法,即董子所谓假位号以正人伦也。

故许止虽弑君而不罪,赵盾以纵贼而见书,此仲尼所以垂王法,汉世所宜遵前修也。(《后汉书·霍谞传》)

降周迄孔,成于王道。(杨子《法言》)

孔子曰:"《易》本阴阳以譬于物也。掇序帝乙、箕子、高宗,著德《易》者,所以昭天道、定王业也。上术天圣,考诸近世,采美善以见王事,言帝乙、箕子、高宗,明有法也。美帝乙之嫁妹,顺天地之道以立嫁娶之义,义立则妃匹正,妃匹正则王化全。"(《易纬》)

于乎!吾王言,其不出而死乎?哀哉!曾子起,曰:"敢问何谓王言?"孔子不应,曾子惧,肃言抠衣下席,曰:"弟子知其不孙也,得夫子之闲也难,是以敢问也。"孔子不应。(《大戴礼·王言》)

说《春秋》者曰:"二百四十二年,人道浃,王道备。善善恶恶,拨乱世,反诸正,莫近于《春秋》。"若此者,人道、王道,适具足也。(《论衡·正说》)

或说《春秋》二百四十二年者,上寿九十,中寿八十,下寿七十。孔子据中寿三世而作,三八二十四,故二百四十年也。又说为赤制之中数也。又说二百四十二年,人道浃,王道备。

纪十二公享国之年,凡有二百四十二,凡此以立三世之说矣。实孔子纪十二公者,以为十二公事适足以见王义耶。(并同上)

春秋之时,骐骥尝嫌于王孔子而至。(《论衡·讲瑞》)

故孔子不王,作《春秋》以明意。案《春秋》虚文业,以知孔子能王之德。(《论衡·定贤》)

使孔子得王,《春秋》不作。(《论衡·书虚》)

孔子谓颜渊曰:"吾服汝,忘也;汝之服于我,亦忘也。"以孔子为君,颜渊为臣,尚不能谴告,况以老子为君,文子为臣乎?(《论衡·自然》)

孔子为君,颜渊为臣,即所谓仲尼为素王,颜渊为素相也。

入世界观众苦[①]

绪言　人有不忍之心

康有为生于大地之上,为英帝印度之岁,传少农知县府君(讳达初,字植谋)及劳太夫人(名莲枝)之种体者,吾地二十六周于日有余矣。当大地凝结百数十万年之后,幸远过大鸟大兽之期,际开辟文明之运,居于赤道北温带之地,国于昆仑西南带江、河临太平海之中华,游学于南海滨之百粤都会曰羊城,乡于西樵山之北曰银塘,得氏于周文王之子曰康叔,为士人者十三世。盖积中国羲、农、黄帝、尧、舜、禹、汤、文王、周公、孔子,及汉、唐、宋、明五千年之文明,而尽吸饮之。又当大地之交通,万国之并会,荟东西诸哲之心肝精英而酣饫之,神游于诸天之外,想入于血轮之中。于时登白云山摩星岭之颠,荡荡乎其骛于八极也。

已而强国有法者,吞据安南。中国救之,船沉于马江,血踯于谅山。风鹤之警误流羊城,一夕大惊,将军登陴,城民走迁,穷巷无人。康子避兵,归于其乡。延香老屋,吾祖是传。隔塘有七桧园,楼曰澹如,俯临三塘。吾朝夕拥书于是,俯读仰思,澄神离形,归对妻儿,恝然若非人。虽然乡人之酬酢,里妇之应接,儿童之抚弄,宗

[①]　此文选自《大同书》甲部,原载1913年《不忍》月刊1—4期。

姓之亲昵,耳闻皆勃豀之声,目睹皆困苦之形。或寡妇思夫之夜哭,或孤子穷饿之长啼,或老夫无衣,扶杖于树底,或病妪无被,夕卧于灶眉,或废疾癃笃,持钵行乞,呼号而无归。其贵乎富乎,则兄弟子侄之阋墙,妇姑叔嫂之勃豀,与接为构,忧痛惨凄。号为承平,其实普天之家室,皆怨气之冲盈,争心之触射,毒于黄雾而塞于寰瀛也。

若夫民贼国争,杀人盈城,流血塞河,于万斯年,大剧惨瘥。呜呼痛哉!生民之祸烈而救之之无术也,人患无国而有国之害如此哉!若夫烹羊宰牛,杀鸡屠豕,众生熙熙,与我同气,刳肠食肉,以寝以处。盖全世界皆忧患之世而已,普天下人皆忧患之人而已,普天下众生皆戕杀之众生而已;苍苍者天,抟抟者地,不过一大杀场大牢狱而已。诸圣依依,入病室牢狱中,划烛以照之,煮糜而食之,裹药而医之,号为仁人,少救须臾,而何补于苦悲?

康子凄楚伤怀,日月噫歆,不绝于心。何为感我如是哉?是何朕欤?吾自为身,彼身自困苦,与我无关,而恻恻沉详,行忧坐念,若是者何哉?是其为觉耶,非欤?使我无觉无知,则草木夭夭,杀斩不知,而何有于他物为?我果有觉耶?则今诸星人种之争国,其百千万亿于白起之阬长平卒四十万、项羽之阬新安卒二十万者,不可胜数也,而我何为不感怆于予心哉!且俾士麦之火烧法师丹也,我年已十余,未有所哀感也,及观影戏,则尸横草木,火焚室屋,而怵然动矣。非我无觉,患我不见也。夫见见觉觉者,形声于彼,传送于目耳,冲触于魂气,凄凄怆怆,袭我之阳,冥冥岑岑,入我之阴,犹犹然而不能自已者,其何朕耶?其欧人所谓以太耶?其古所谓不忍之心耶?其人人皆有此不忍之心耶?宁我独有耶,而我何为深深感朕?

康子乃曰:若无吾身耶,吾何有知而何有亲?吾既有身,则与并身之所通气于天、通质于地、通息于人者,其能绝乎?其不能绝乎?其能绝也,抽刀可断水也。其不能绝也,则如气之塞于空而无不有也,如电之行于气而无不通也,如水之周于地而无不贯也,如脉之周于身而无不澈也。山绝气则崩,身绝脉则死,地绝气则散。然则人绝其不忍之爱质乎?人道将灭绝矣。灭绝者,断其文明而还于野蛮,断其野蛮而还于禽兽之本质也夫。

夫浩浩元气,造起天地。天者一物之魂质也,人者亦一物之魂质也,虽形有大小,而其分浩气于太元,挹涓滴于大海,无以异也。孔子曰,"地载神气,神气风霆,风霆流形,庶物露生"。神者,有知之电也。光电能无所不传,神气能无所不感。"神鬼神帝,生天生地",全神分神,惟元惟人。微乎妙哉,其神之有触哉!无物无电,无物无神。夫神者,知气也,魂知也,精爽也,灵明也,明德也,数者异名而同实。有觉知则有吸摄,磁石犹然,何况于人!不忍者,吸摄之力也。故仁智同藏而智为先,仁智同用而仁为贵矣。

康子曰:吾既为人,吾将忍心而逃人,不共其忧患焉?而生于一家,受人之鞠育而后有其生,则有家人之荷担。若逃之而出其家,其自为则巧矣,其负恩则何忍矣!譬贷人金,必思偿之。若负债而匿逃,众执而刑,不刑其身,则刑其名。其负一家之债,及一国天下之公债者,亦何不然。生于一国,受一国之文明而后有其知,则有国民之责任。如逃之而弃其国,其国亡种灭而文明随之鏖坏,其负债亦太甚矣。生于大地,则大地万国之人类,皆吾同胞之异体也。既与有知,则与有亲。凡印度、希腊、波斯、罗马,及近世英、法、德、美先哲之精英,吾已噉之、饮之,菇之,枕之,魂梦通之;于万国之元老、硕儒、名士、美人,亦多执手、接茵、联袂、分羹,而致其亲爱矣;凡大地万国之宫室、服食、舟车、什器、政教、艺乐之神奇伟丽者,日受而用之,以刺触其心目,感荡其魂气。其进化耶则相与共进,退化则相与共退,其乐耶相与共其乐,其苦耶相与共其苦,诚如电之无不相通矣,如气之无不相周矣。乃至大地之生番、野人、草木、介鱼、昆虫、鸟兽,凡胎生、湿生、卵生、化生之万形千汇,亦皆与我耳目相接,魂知相通,爱磁相摄,而吾何能恝然?彼其色相好,吾乐之;生趣盎,吾怡之;其色相憔悴,生趣惨凄,吾亦有憔悴惨凄动于中焉。莽莽大地,吾又将焉逃于其外?将为婆罗门之舍身雪窟中以炼精魂,然人人弃家舍身,则全地文明,不数十年而复为狉榛草木鸟兽之世界,吾更何忍出此也!火星、土星、木星、天王、海王诸星之生物耶,莽不与接,杳冥为期,吾欲仁之,远无所施。恒星之大,星团、星云、星气之多,诸天之表,目本相见,神常与游。其国之士女、礼乐、文章之乐,与兵戎战伐之争,浩浩无涯。为天为人,虽吾所未能觏,而苟有物类有识者,即与吾地吾人无异情焉。吾为天游,想象诸极乐之世界,想象诸极苦之世界,乐者吾乐之,苦者吾救之。吾为诸天之物。吾宁能舍世界天界,绝类逃伦而独乐哉!其觉知少者,其爱心亦少。其觉知大者,其仁心亦大。其爱之无涯与觉之无涯,爱与觉之大小多少为比例焉。(吾别有书名《诸天》)

康子不生于他天而生于此天,不生于他地而生于此地,则与此地之人物,触处为缘,相遇为亲矣。不生为毛羽鳞介之物而为人,则与圆首方足、形貌相同、性情相通者,尤亲矣。不为边僻洞穴生番獠蛮之人,而为数千年文明国土之人,不为牧竖爨婢耕奴不识文字之人,而为十三世文学传家之士人,日读数千年古人之书,则与古人亲;周览大地数十国之故,则与全地之人亲;能深思,能远虑,则与将来无量世之人亲。凡其觉识之所及,不能闭目而御之,掩耳而塞之。

康子于是起而上览古昔,下考当今,近观中国,远揽全地,尊极帝王,贱及隶庶,寿至篯彭,夭若殇子,逸若僧道,繁若毛羽,盖普天之下,全地之上,人人之中,物物之庶,无非忧患苦恼者矣。虽有浅深大小,而忧患苦恼之交迫而并至,浓深而厚重,繁赜而恶剧,未有能少免之者矣。诸先群哲,愗然焦然,思有以拯救之,普渡之,各竭其心思,出其方术,施济之。而横览胥溺之滔滔,终无能起沉痼也。略能小瘳,无有全愈者,或扶东而倒西,扶头而病足。岂医理之未精欤,抑医术之未至耶?蒙有憾焉。或者时有未至耶?

夫生物之有知者,脑筋含灵,其与物非物之触遇也,即有宜有不宜,有适有不适。其于脑筋适且宜者,则神魂为之乐。其与脑筋不适不宜者,则神魂为之苦。况于人乎,脑筋尤灵,神魂尤清,明其物非物之感入于身者,尤繁夥、精微、急捷,而适不适尤著明焉。适宜者受之,不适宜者拒之。故夫人道只有宜不宜,不宜者苦也,宜之又宜者乐也。故夫人道者,依人以为道。依人之道,苦乐而已。为人谋者,去苦以求乐而已,无他道矣。

夫喜群而恶独,相扶而相植者,人情之所乐也。故有父子、夫妇、兄弟之相亲、相爱、相收、相恤者,不以利害患难而变易者,人之所乐也。其无父子、夫妇、兄弟之人,则无人亲之、爱之、收之、恤之,时有友朋,则以利害患难而易心,不可凭借;号之曰孤寡鳏独,名之曰穷民,怜之曰无告,此人之至苦者也。圣人者,因人情之所乐,顺人事之自然,乃为家法以纲纪之,曰父慈,子孝,兄友,弟敬,夫义,妇顺。此亦人道之至顺,人情之至愿矣。其术不过为人增益其乐而已。

结党而争胜,从强而自保者,人情之所不能免也。故有部落、国种之分,有君臣、政治之法,所以保全人家室财产之乐也。其部落已亡,国土无托,无君臣,无政治,荡然如野鹿,则为人所捕虏隶奴,不能保全其家室财产,则陷苦无量而求乐无所。圣人者因人情所不能免,顺人事时势之自然,而为之立国土、部落、君臣、政治之法,其术不过为人免其苦而已。

人者智多而思深,虑远而计久,既受乐于生前,更求永乐于死后,既受乐于体魄,更求永乐于神魂。圣人者因人情之所乐而乐之,则为创出世之法,炼神养魂之道,长生不死之术,以求生天证圣之果,轮回不受,世界无边,其乐浩大深长,有迥过于人生之数十年者。于是人遂愿行苦行焉,弃亲爱之室家,绝人间之荣华,入山面壁,裸跣乞食,或一日一食,或三旬九食,编草,尝粪,卧雪,视日,喂虎,饲鹰。彼非履至苦也,盖权其苦乐之长短大小,故甘行其小苦短苦以求其长乐大乐也;彼以生老病死为苦,故将求其不苦而至乐者焉,是尤求乐求免苦之至者也。

孝子、忠臣、义夫、节妇、猛将、修士,履危难,蹈险艰,茹苦如饴,舍命不渝,守死善道,名节凛然。文天祥、史可法以忠君国死。杨继盛以谏亡。于成龙为令而自炊。陈瑸为巡抚,厨仅瓜菜。吾家从伯母陈,自刎而不嫁。吾伯姊逸红、仲妹琼琚守贞而抚子,琼琚至于忧死。其苦至矣!然廉耻养之于风俗,节义本之于道学。《庄子》谓曾参、伍胥也,不修则名亦不成也。则虽苦行耶,而荣誉在焉,敬礼在焉。所乐有在,是故不以其所苦,易其所乐也。

故普天之下,有生之徒,皆以求乐免苦而已,无他道矣。其有迂其途,假其道,曲折以赴,行苦而不厌者,亦以求乐而已。虽人之性有不同乎,而可断断言之,曰人道无求苦去乐者也。立法创教,令人有乐而无苦,善之善者也,能令人乐多苦少,善而未尽善者也,令人苦多乐少,不善者也。昔者有墨子者,大教主也。其为教也,尚同、兼爱、善矣;而其为术,非乐,节用,"生不歌,死无服",裘葛以为衣。《庄子》曰:"其道大觳""反天下之心,天下不堪""离于天下,其去王也远矣!"印度九十七道出家苦行,一日一食,过午不食,或一旬一食,或不食,或食粪草,衣坏色之衣,跣足而行,或不衣不履,视赤日,卧大雪,尝粪,其苦行大地无比之者矣。彼以炼魂故弃身,然施于全群人道则不可行。……神明圣王孔子早虑之,忧之,故立三统三世之法,据乱之后,易以升平、太平;小康之后,进以大同;曰"穷则变",曰"观其会通以行其典礼"。盖深虑守道者不知变,而永从苦道也。

吾既生乱世,目击苦道,而思有以救之,昧昧我思,其惟行大同太平之道哉!遍观世法,舍大同之道,而欲救生人之苦,求其大乐,殆无由也。大同之道,至平也,至公也,至仁也,治之至也。虽有善道,无以加此矣。人道之苦,无量数不可思议,因时因地苦恼变矣。不可穷纪之,粗举其易见之大者焉。

(一) **人生之苦七**

一、投胎;

二、夭折;

三、废疾;

四、蛮野;

五、边地;

六、奴婢;

七、妇女(别为篇)

(二) **天灾之苦八**(室屋舟船,亦有关人事,亦有关天灾者,故附焉)

一、水旱饥荒;

二、蝗虫;

三、火焚;

四、水灾;

五、火山(地震山崩附);

六、屋坏;

七、船沉(汽车碰撞附);

八、疫疠

(三) 人道之苦五

一、鳏寡；

二、孤独；

三、疾病无医；

四、贫穷；

五、卑贱

(四) 人治之苦五

一、刑狱；

二、苛税；

三、兵役；

四、有国(别为篇)；

五、有家(别为篇)

(五) 人情之苦八

一、愚蠢；

二、仇怨；

三、爱恋；

四、牵累；

五、劳苦；

六、愿欲；

七、压制；

八、阶级

(六) 人所尊尚之苦五

一、富人；

二、贵者；

三、老寿；

四、帝王；

五、神圣仙佛

一、人生之苦

投胎之苦 太古之野人,甫离兽身,狉狉榛榛,全地如一,而无等差;茹血,衣皮,穴处,巢居。自圣智日出,文明日舒,宫室,服食,礼乐,文章;上立帝王,下设虏奴;贫为乞丐,富为陶朱;尊男卑女,贵人贱狙;华族寒门,别若鸟鱼;蛮獠都士,绝出智愚;灿然列级,天渊之殊。呜呼命哉!投胎之异也。

一为王子之胎,长即为帝王矣,富有国土,贵极天帝,生杀任意,刑赏从心,呼吸动风雷,举动压山岳,一怒之战,百万骨枯,一喜之赏,普天欢动。不幸而为奴虏之胎,一出世即永为奴虏矣,修身执役而不得息,听人鞭挞而不敢报,虽有圣哲而不得仕,虽死节烈而不得赠位,虽为义仆而不厕人列,子子孙孙世袭为隶。夫贵贱之宜,只论才德,大贤受大位,小贤受小位。故九德为帝,三德有家,天工人亮,乃公理也。夫淫凶如高洋、杨广,乳臭如婴、殇、质、冲,以诞生王家,居然帝矣。自非然者,虽以孔子之圣,终为陪臣。若为奴者,古今万国非无卫青、丰臣秀吉之才,而终身奴使矣。一堕奴身,永无升拔,无涯之苦,已自胎生。彼亦天之子也,何一不幸,沉沦至此!

其投胎为巨富之子也,生而锦衣玉食,金银山积,僮指盈千,田园无极,妾妇杂沓,纵盈声色,管弦呕哑,不分旦夕,一掷百万,呼卢博激,挥金如土,富与国敌。如投胎为褰人乞丐之子也,生而裋褐不完,半菽不得,终日行乞,饿委沟壑,烈风吹肤,被席带索,夜宿门廊,人所喝逐,垢污塞体,虮虱交啄,或遇大雪,僵倒村落。其有凶馑,人肉同削,熏鼠嚼叶,疾疠并作,疮痬遍体,手足断落,血液脓秽,腥气臭恶,号泣叩首,一钱喜跃,终日行乞而不得一食,饿死沟壑而不得一席。其婢人子终身作工,计日得金,勤劳备至,未得一饱,有终世劳动,而无有少赢,以娶一妻、筑一橡、买寸田者矣。夫人之生也,量工受食,一夫不作,时谓负职。故大才受大禄,小才受小禄,各出其力,以供公业。今若查三标、大良、阿斗之流,昏淫颠狂,终身未尝作一日之工也。阿斗掷金叶于城上,一时而尽百万,日破百千金之古瓷,而听其声。查三标夜开京城之门,先一时而费万金。而吾乡方苏壁进士,独行介节,不受赠馈,种菜而食,乃至饿死;吾外太祖陈子刚秀才,操行孤介,日食一榄,朝饮其汤而暮咀其肉焉。其他一为婢人子,则终身力作,穷老饿病,举世是矣,是遵何故欤?

若夫华族高门,膏腴世爵。春秋则代为执政。六朝则世戴金貂,著作秘书,不屑省郎。若世爵,则公侯继轨,乳臭承袭。欧土千年之封建贵族及大地各国犹是也。其他投于寒门,不得高爵。若汉制之异姓不王,明以来之文臣不为公侯,必待艰难考试,乃得青衿,百人橐笔,仅一登科,虽有博学奇才,老困场屋,多终身而不售,视登第如登天。若夫印度婆罗门、刹帝利之子,世为王为师。而若投为巫士哈、若拖卑、若咩打、若冬之胎,则世为猎人,为粪夫,为仵作,虽有才哲,限于阶级,无由振兴。若一见女身,永为囚系;无贵无智,役隶于男;防禁幽辱,不齿人数。在欧美不得为公民之列,在全地不得试仕宦之途。至于贱为婢妓,卖鬻由人,生命如鸟,其惨毒尤不可思议。至若堕落兽身,披毛戴角;割肉为馔,剥皮为裘;即仁如耶稣,以为天赐;日杀充庖,视为固然,曾不少怜,无可奈何。呜呼!此佛氏慈悲所由鸣因果以为解释也。

即同为人类,等是男身,而生落边蛮,僻居山穴,片布蔽体,藜藿果腹,不识文字,蠢如马鹿,不知服食之美为何物,不知学问之事为何方;其与都邑之士,隐囊麈尾,裙屐风流,左图右书,古今博达,不几若人禽之别欤!以欧土之化,而西班牙尚有气他拿之穴处人犹然也。凡此体肤才智,等是人也。孔子所谓人非人能为,天所生也。孔子又曰:夫物,非阳不生,非阴不生,非天不生,"三合然后生",故谓之"母之子也可,天之子也可"①。同是天子,实为同胞,而乃偶误投胎,终身堕弃,生贱蝼蚁,命轻鸿毛,不能奋飞,永分沦落,虽有仁圣不能拯拔,虽有天地不能哀怜,虽有父母不能爱助。天地固多困苦,而投胎之误,实为苦恼之万源,是岂天造地设而无可拯救欤?而普观大地,禽兽之多,固无可言。即论女身,实居生民之半。而寒门穷子,边蛮奴隶,又占男子十分之七八。若为帝王、巨富、华族、高门之胎者,举世无几也。呜呼!悲悯之仁人,若之何为兹少数,而坐令无涯多数之人物,同罹无量之厄灾,而不思所以救之欤?抑无术欤?得非数千年圣哲仁人之大耻欤!

夭折之苦 人之生也,寿夭无常,虽曰有命,盖亦有人事不修者焉。呱呱堕地,只有啼泣,若预知人生之患苦哉!然人之有苦,生于有知。婴孩无知,虽使陨于母胎,夭于襁褓,啜气欲绝,岂识患苦?

若自髫龀以上,比及壮年,知识日开,聪明日长,六亲日固,乡里情深。父母伯叔含哺而抱持,兄弟姊妹扶挟而游戏。或妻妾新婚,好欢初合,或子女幼妙,提携方殷。读书方有志于古今,学问更激切于时事,文章方望其长进,学业尤迟其克成。或辛苦著述而欲亲睹其汗青,或经营功业而指垂成于旦夕。即或耕田力穑,望其有秋,服贾经商,期其获利。若夫良工创器,惨淡于精思,将士力征,

---

① 引语见《春秋穀梁传》庄公三年,与原意不符。原文为:"独阴不生,独阳不生,独天不生,三合而后生;故曰母之子也可,天之子也可,尊者取尊称焉,卑者取卑称焉。"原文但称"曰",未言孔子曰。

唾手于破敌,或壮士报仇,忠臣赴难,扼腕瞋目,志在必成。一旦药石无灵,天年中夭,志事皆败,学术无成,功业夭枉,身名埋殁,远志屈于短年,雄心埋于抔土。苟非上士学道,视死生为旦暮者,能不悲哉!

若中人以下,泣别六亲,顾念乡里,念老父慈母罔极之恩,不能报养,顾寡妻幼子伶俜之苦,谁为哀怜。良朋走视而咨嗟,兄弟相持而涕泣。文书则付之炬火,琴剑则空自摩挲。其或家无次丁,父母望其嗣续,室徒四壁,妻儿待以为生,忽际重病弥留,共知不起。老亲垂涕而来握其手,妻子号泣而环跪于床。父母吁嗟,痛若敖之鬼不祀;妻子哀啼,恐沟壑之饿不远。或乃指某儿当鬻为奴婢,某子当送与僧尼,骨肉仳离,死后立散。当此时也,铁石心肝,为之肠断。况为人类,本自多情,结合已深,补救无术,艰难撒手,遗恨终天,肠九转而犹回,魂一叫而遂绝。其与闺妇别士,怨旷而没身,倩女怀春,黯伤而离魂,皆目瞑为难,鬼灵不死,永结愁思之梦,长居离恨之天,恍其伤焉,嗟何及矣!

即使富连阡陌,贵为帝王,而田园之牙筹难舍,山河之燕乐方酣,犹欲延术士以问长生,求神仙而希不死。若至玉棺下坠,金丹无灵;凄凉掩袖,拥美人而悲歌,悲咽铜台,念分香而啜泣。盖夭折之苦,人生最伤,此《洪范》所以夭折冠六极之颠也。

究其原因,或生事不完,或感时病疫,或无力摄卫,或传种短恶,或伤生太过。以斯之故,坐至夭殇,拯救此因,亦非无术。今各国政日改良,夭民岁少矣。岂可令普天众生,苗而不秀,秀而不实,遭罹此极欤?

废疾之苦 举日月、星辰、云露之伟丽,山川、林野、海岳之壮观,宫室、园囿、池沼之清娱,花草、虫鱼、鸟兽之绚烂,机器、用物之奇巧,锦绣、珠玉之辉煌,凡数千年文明之物,全大地奇伟之工,抚其器而不见其形,摩其物而不知其象,斯亦最可怜者哉!甚乃父母、妻子、兄弟之亲,日熟其声音,而终身不知其容貌,岂非最可哀之事耶?若怀抱莫白,至亲不能交一言;盘辟蹒跚,企跂不能行一步;广坐交言而不觉,疾雷破山而不闻。凡此瞽、喑、聋、跛,受生何亏?耳、目、口、足,人人所共有之官也,而彼独缺之。视、听、言、行,人人所同享之福,而彼独不得与焉。夫聪如师旷,德若王骀,医若庞公,皆负绝异之才,而犹不免形体不全也。呜呼!此天之憾也。

更有身被大疠,手足拳挛,肢体跰蹮,面目赤肿,亲戚断绝,荒岛流连、窥井仰天,痛恻肺腑。或由传种之恶,或感疫疠之毒,虽以冉耕之贤,犹不免歌《苤苢》也。此为废疾之最苦痛者矣。若夫痀偻赘疣,曲偻发背,上有五管,颐隐于齐,肩高于顶,句赘指天,或手足断残,支离其身,侏儒短小,不齐于人。天之生是耶?均为天民,彼何独废缺而不全。阴阳之气有渗耶?乃无以补其憾事欤。

人既有废疾,传种亦然。吾有仆张福缺其唇者,其女唇亦缺,其子亦缺,而其孙复缺也。肺痨之疾亦然。吾门人陈千秋通父者,绝代才也,为吾门冠,年二十六以肺痨卒。吾哭之恸,伤传道之无人焉。盖其母有肺痨也,如其传种何哉!凡有废疾者,爱莫助之,岂非天人之大憾欤!

奴婢之苦 强弱贫富之操纵人类,亦甚矣哉!均是圆颅方趾之人,同为民也,而以贫见鬻,或以弱被掳者,则男为奴,女为婢矣。或投胎不幸为奴子者,则终其身为奴,不得齿于人数焉。主人好恶,性气难识。终身执役,饥不得食,夜不得息。喜而赏之,残杯冷炙。执爨负薪,荷重惕息。跪而脱履,立而倚壁。洗衣刷地,捧盘执席。为洒为扫,或耕或织。小不如意,呵谴笞挞。侧媚跪诡,甚则踢杀。老者优养,奴则异是。少主童冲,肃恭奉侍,虽在耄耋,不免鞭詈,叩首谢罪,退莫呻嚏。子子孙孙,世袭为隶,虽有圣智,不许宦仕,抑不得学,不能识字。其有忠贤,为主尽死,号为义仆,称之而已。不得同食,不厕人列,名分当然,无可升拔。凡有死节,朝有赠爵,若为奴隶,不恤义烈。圣有谟训,襃贤贬恶,不幸为奴,摈如禽啄。若其女婢,贱辱由人。主妇之慈,破被残羹。主妇之酷,钳炙烙身。饥不许食,与死为邻。未明早起,扫地开门,汲水作息,井臼并身。米盐琐碎,鸡虫得失。深夜不息,头睡触壁,主妇大呵,雷霆霹雳。夕而铺床,扫帐安席,奉烟捶骨,勤身竭力。少女娇傲,曲腰承足。小儿病啼,褓负作役。指背抚搔,竟夜供职。少主淫虐,诱奸恐吓,强仆交加,强奸迫勒,不敢不从,强忍是极。主人知之,鞭责千百,锁之空房,卖之山客,或鬻作妓,听其所极。投水悬梁,求死不得。呜呼惨酷,所不忍述!世虽承平,身当乱酷。上天之生,奴婢亦人,以何理义,降此苦辛?不幸为奴,永永沉沦。

二、天灾之苦

水旱饥荒之苦 岁之有水旱丰穰,天之行也,未有能免之者矣。虽水防未修,沟洫不开,树木不多,宣泄无自,不能调燮阴阳,然天行之剧,亦有平地涌水、大旱累年者焉。故当潦水之大,洪流万顷,浩浩怀山襄陵;旱荒之甚,赤地千里,漠漠草树尽枯。哀彼农民,劳种而无少获,举家勤动,终岁不休,而八口嗷嗷,粒食不得。

吾家粤之南海,当牂柯江之下流。岁五六月收获之时,则江水大涨,骤至丈许,决堤漫陂,顷刻浸灌。禾稻穰穰,黄云遍野,忽而白浪滔天,牛马轻舟,犁没于田上矣。当潦水骤来之际,乡人竟夕守堤,锣声震耳,版筑登登,灯火映带。其家人多者,稻畦之上,不择生熟,且以守堤,且以刈稻。其家人少者,奉公守堤,不暇兼顾。

及其堤决也,哭声盈耳,凫水走避,家人提携什器,相与掩面泪下,呼天而詈之。幸堤之不决,则又惜生者误刈,不能为食,徒得禾秆,相与叹惜。以吾牂柯江冲流之剧,而叹江河灌决之惨,益不可言也。

若其旱也,赤云蔽天,热阳煜煜,飞尘满地,树枯不绿。望走群祀,歌舞牲玉,神巫则肥,农夫则酷。日视其苗黄萎枯缩,米瘠且落,望绝无属,犹须纳租,鬻子莫赎。若光绪二年山西全省之大旱,饥人相食,易子而骰其骨。襄陵者,吾先师朱九江(讳次琦)先生之治也,地近平水。先生为开其水利,号称富穰,户口二十余万。吾在京师,见襄陵人而问之,乃余二万人。襄陵犹如此,他邑可知,盖十去其九矣。

若郑州之河决,民没无数,朝廷乃至鬻爵而赈之,此皆最近目睹之事。水旱之大者,若征之古史,考之全地,若此者岁岁而有,地地皆然,不可胜数也。近者欧美铁路既通,运输较捷,水利渐启,树木既多,雨泽渐匀,泛滥渐少。就有水旱,而以铁道移粟以饲之,民命尚易保全,此进化之功也。虽然,农民穷苦,胼胝手足以经营之,而终岁之勤,一粒无获,宜其怨苍苍之大憾,而嗟上帝之不仁也!谈运命者仅付天行,信因果者只嗟劫数,其能祈而制雨求晴者,妙术能开生面,仰口终难符天。甚矣!农夫之苦,尧、舜、禹、汤屡遭其毒,而无术振之矣。

蝗虫之苦 漫漫蔽天而来,树木没叶,万顷千稼,连州并邑者,其所谓蝗灾耶!盖自古有之,岂唐太宗吞之所能格耶?自余螟蝥之害,禾稼皆伤。一夫不收,则八口不食。而扑之不尽,震之不去,炮轰不灭,火燃不息。所过郡县,稻麦皆绝,贫农仰天,呼泣呕血。虽欲赈之,施粥有竭。欲搜蝗根,须穷天地之侦测。故待人人之自谋,苟有灾焉而何食?即井田之口分世业,犹遇蝗灾水旱而术竭也。欲博施而济众,尧舜犹病其不遍也。

火焚之苦 赫赫烈烈,嘻嘻出出,朱霞绛天,赤风烦热者,其火焚之炎炎耶!宫阙不慎,庖厨不灭,炭屑烟灰,风扬暗蒸,一星之火燎原,遂使城郭飞灰、人民为炭焉。于时怒风鼓荡之耶,板屋木构,铁扉铜瓦,益其焰耳。摆磨四垣,煨煺瓦砾,神焦鬼烂,天跳地踔。男女奔逃,破窗触户,或赤体而难遁,或恋财而回顾,或折楣飞而致伤,或全屋覆而尽碎,或吸烟而迷卧,或悬楼而颠坠,莫不血肉交飞,体骸腐烂,臭气熏蒸,尸骨分散。其有戏场盛会,聚人亿千,箫鼓嗔咽,灯火照煎,万头鳞鳞,其乐且延。及夫扬棹渡江,驰轮跨海,舟客无数,高歌乐恺,或万里远复而视其孥,或志士壮游而观乎外,一火不慎,烟焰郁攸,樯倾桅折,焚舵沉舟,万众同挤,举足莫逃,可怜一炬,众骨同枯。其有焦头烂额,逃水而凫者,而吞烟中窍,盖亦无能幸生焉。于是妻子觅尸而不辨,家人望魂而号祭,哀号动地,灰烟满野,有不尽其哀而不能听其声焉。

若夫石鼓有声,烟气火起,草木如炭,赤块飞止,天火忽流,大雨更炽,焚烧庐舍,千万未已,死者如鲫,数可不纪。若晋之永昌二年,京师大火三月,焚烧三县,庐舍七千,死者万五千人。唐宪宗时,洪州大火,焚民舍万七千家。宋嘉泰时,行都大火,衙署垒舍民居皆尽,亘十余里,凡五万八千九十七家,都城九毁其七,民灼死及奔逃践踏死者不计其数,百官僦舟以居。此尤火灾之大者。伦敦昔犹板屋,二百年前,大火同尽。

夫人之惨死虽多,而莫有甚于火焚者。若夫项羽之烧阿房,赤眉之烧长安,董卓之烧河阳,火延三月不止,民为之尽。而德之破法,焚烧师丹,全城皆烬。是虽兵祸,亦火之毒烈最甚者也。呜呼!人非水火不生活,而修火之利,亦受火之害,乃如是哉。

水灾之苦 夏潦时至,山水奔迸,交集于河,下流壅阻,放泄之不及,垒溢泛滥,决裂堤防,浸灌庐舍,滔漫田园。人民奔避,携幼扶老,升于冈陵,缘木登颠,岌岌坠倾。牛马鸡豕,什器床几,辗转于滔天白浪中,杂沓浮沉,随流而靡。其近决口、居下流者,白波泱泱,若素车白马之拥怒潮,轰轰而来。城市犹为之淹,高塔仅露其颠,木杪扬波,小舟穿之。况于村舍乡落之在田间者乎!原野千百里,渺渺无丘陵,人民无所避,则浮尸没顶,积骸飘泊,与覆舟浮柴漂水而并下,动以千万。全家连村,同时漂没。其有御枝漂流,浮沙依岸,幸而获救者,盖千百而不一二也。

其或山水垒出,地水骤涌,顷刻寻尺,旦夕数丈,冲崖崩岸,沉城淹郭,庐宅园馆,所过倾漂。怒波卷巨石,椽瓦随流转,怀山襄陵,无所不倒。其声势浩瀚汹涌,舟楫皆覆,城垣并圮,所在人民无有能免者。其死伤惨绝,尤为可惊。吾先祖述之(讳赞修)府君,训导于连州,纯儒也,适遭山水之涌,遂没于是,今祀昭忠祠焉。呜呼,惨怛哉!予小子道之而犹有余痛也。

夫火水之害,《春秋》谨记之。汉成帝建始三年,三辅霖雨三十余日,郡国十九雨,山谷水出,坏官寺民舍八万三千余所。当桓玄篡时,江涛入石头,方舟万计,漂败流断,骸骼相望,西明门地穿涌水毁门扇。唐高宗永淳时,河南北大水,坏民居十余万家。开元时,发关中卒救营州,营谷水上,夜半山水暴至,溺万余人。文宗太和时,江汉涨溢,坏房、均、荆、襄诸州民居及田产殆尽。大中时,徐、泗水溢,深五丈,漂数万家。朱全忠时河决,浸溢至千余里。宋太宗太平兴国八年,穀、洛、伊、瀍四水暴涨,坏官署军营民舍万余区,溺死亦万余,牛头河涨至二十余丈;涪州江水、达州溪水暴发,壅州城,坏庐舍万余,死者无数。神宗熙宁时,洮河溢,漂溺陕及平陆二县;又河决南徙,坏郡县四十五,民舍数万,田三十万顷。徽宗政和时,沧州河决,城不没三版,民死百余万。盖自宋至明,河患最剧矣。若海涛之溢,冲坏田庐,死人动辄数万。其余水灾殆不胜纪。

中国如此,全地可推。美国之南科罗打市,一夕为海水没,吾尝观其影戏矣,惨哉!然则伊古以来,地球人民之死于水患者,不可数算矣。夫洪水之患,下民为鱼。神禹治之阅二十一年,而《创世纪》称挪亚方舟避水。盖洪水为患,大地最剧,而生民之最惨者哉!美哉禹功,洒沉澹灾,然终不能奠后世之水祸也。奈何!

火山之苦 纯日之体皆火也,火力蒸动而自转,则火屑爆裂飞跳焉。地者,日之火屑耳,离日而成质,自转而周行,受天空之气,积久而成壳,若陈粥牛酪,久之有糜也。地壳积久愈厚,则为花岗石焉。地中之火皆为流质,如金汁焉,为壳所裹,气不得泄,爆裂飞动,日相决争,裹包愈甚,于是成凸凹之形。凹者今号为海,凸者今称为山。经无量劫无量年百千万之火爆,而后高山、大海、丘陵、原隰、川涧成焉,苔介生焉,而后草木鸟兽生焉,人于是得缘附而居焉食焉。盖地形之成,物类之衍,皆火山之为力哉!无火则不能成山,无火则不能成海陆而生万物。火山之功之最伟者也。

昆仑者,火山之最先起点也。印度之须弥山,蒙古之阿尔泰山,北亚之乌拉岭,皆火之依附昆仑而后起者也。于是枝萼附生,花叶连起,缀连而为峰岭,夹流而成川河。若我中国者,北自天山,南走祁连、贺兰、太行、医无闾而碣石,渡海遂为泰山,南自岷、峨,走滇、黔、五岭,而至天台、雁荡,北折徽、皖,而枝叶与泰山、徂徕之余叶枝干相交,故其中遂为大陆焉。北沿黄海至甘查甲,西走波斯而入非洲,其乌拉岭北枝入于欧洲,则最远者也。落机山者,不依附昆仑而最后起焉,别为火山祖,蜿蜒九万里,而为昆仑之背焉。今美与巴西之高山大陆,皆因依其火力以成洲者也。故火山之造成地形,其功最大哉!

虽然，时各有宜，因各有适。及人类既多，占地遍居，于是火山之害亦最剧矣。大概大陆之地壳厚，地中之火力不能上达，故火山之爆也少；海岛之地壳薄，地中之火力易破，故火山之爆也多。今太平洋诸岛，皆火山之新爆出者也。然则近海火山盖多矣。当火山迸裂之时，火烟四冒，山石轰飞。环山数百之人居、城郭、庐舍，顷刻焚毁，腾播空中，田园人民立致灰没，无可走避。吾观意国奈波里之古城，犹可见惨状焉。其地近唯苏唯，火山裂后，百里之田庐人家，沉没忽焉。今于二千余年后，掘地下而古城发露，自城门、桥梁、街衢、庙宇、室庐，皆如故也。室中衣冠会集筵宴如故，缝匠手针线缝衣如故，街中策马驰车如故，而大劫同尽，亿万众无可免焉。今此山尚数年十数年一大焚裂也。希腊哥林士之古城亦然。细细里岛，近岁大灾，死者三万，尤剧矣。其余四洲，火山之灾，殆不可胜数。嗟我人民，何罪何辜，而居近火山，遂蒙大惨，人居立尽，金铁交飞。若今檀香山、爪哇、苏拉摆亚之火山，火焰坌涌，至今未息焉。

地震山崩之苦　地震山崩之害尤苦矣，皆地内火力发动，而以地厚不能泄气，盖不能吸致之，亦火山之类也。

若汉陇西地震，压四百余家。宣帝时，北海琅琊地震，坏宗庙城郭，杀六千余人。安帝时，汉阳地圻，涌水坏屋杀人。顺帝建康时，琼州地震百八十日，山谷圻裂，坏败城寺，伤害人物。后周琼州地频震，城郭多坏。唐武德时，寓州地震山摧，江水噎流。开元时，秦州地震，圻而复合，经时不止，坏庐舍殆尽，压死数千余人。至德时，河西地震，坏陷庐舍，张掖、酒泉尤甚，数月乃止；又束鹿、宁晋地裂数丈，沙石随水流出平地，坏庐舍，压死数百人。元和九年，寓州地震昼夜八十，地陷三十里，压死人无数。乾符时，雄州地震月余，州城庐舍尽坏，地陷水涌，伤死甚众。宋景祐四年，忻、代、并三州地震,坏庐舍,压吏民;忻州死万九千七百四十二人,伤五千六百五十五人,代州死七百五十九人,并州死千八百九十人。庆历六年,登州地震,岠嵎山摧。治平时,潮州地震拆裂泉涌,压覆州郭及两县屋宇,士民军兵死者无数。

汉高后时,武都山崩,杀七百六十人。成帝河平时,犍为柏江山崩,捐江山崩,皆壅江水逆流,坏城杀人,地震二十一日,百二十四动。和帝时,秭归山高四百丈崩,填溪,杀百余人。安帝永初元年,河东杨地陷东西百四十步,南北百二十步,深三丈五尺。元初时,日南地坼,长百八十二里。延光四年,蜀郡越嶲山崩,杀四百余人。桓帝时,郡国六地裂,水涌井溢,坏寺屋杀人。灵帝时,河东地裂十二处,合长十里百七十步,广三十余步,深不见底。晋惠帝时,蜀郡山崩杀人。寿春山崩,洪水出,城坏杀人,地陷方三十丈,人家陷死。居庸地裂,广三十六丈,长八十四丈。上庸四处山崩地坠,广三十丈,长一百三十丈,水出杀人。怀帝永嘉元年,洛阳东北步广里地陷。二年,鄄城无故自坏七十余丈。三年,当阳地裂三所,广三丈,长三百余丈。梁武帝普通六年,始平郡石鼓村地裂成井,方六丈,深三十二丈。隋大业时,砥柱山崩壅河,河逆流数十里,死人无数。唐高宗永昌中,华州赤水南峰山移百余步,壅水压村民三十余家。代宗大历十三年,郴州黄岑山摧,压死数百人。宪宗元和时,苑中之山摧,压死数千人。

近岁美国三藩息士高地震,几陷全市。推之全地,崩震无量数,惨酷更无量数。若地动之仪更精,他日当有以预避之,而古今无是,是以至于若是其惨也。

宫室倾坏之苦 栋折榱坏,人将压焉。承古者巢穴之后,创宫室者,皆伐木为之,今加拿大、日本、缅甸犹然。盖新辟之地,蟠木蓊郁,无所往而不以木为屋,大地皆然也。《秦风》曰:"在其板屋",

而日本则举国皆然矣,今中国犹称堂构也。既以木为屋,木久则蠹坏,瓦坠茅飞,倾覆乃其必致者。若夫墙垣之用,多以土泥,筑之登登,削之凭凭,号称版筑,久则剥落倾圮矣。即造砖作瓦,日进文明,而砖瓦之重愈甚,岁久剥坏,势欲崩颓,小人惜费,支以木柱,一有烈风雷雨之交加,即有墙仆瓦飞之惧。吾家老屋,盖二百余年而岿然。自十三世祖涵沧公丁明末之难,全族亡尽,涵沧公以幕营业,创此老屋,前年崩倒,倾压一人。而吾行经羊城华德里,飞砖压顶,幸隔寸许,不然,吾死于光绪乙酉岁矣。吾叔父玉如公居羊城外馆,大风雨,全屋瓦桷坠下,幸赖床之上板斜盖,得以幸生。此室固吾读书之籐花斋也,吾适还乡幸免,念之惊心。吾游庐山,夜宿破室,风雨夜,屋瓦皆飞,走避室外露立,乃免。昔岁北京大水,屋倒八千。凡吾中国之古屋颓墙,日就倾坏以杀人者,以吾所阅历推之,岂可量数?即欧洲、印度多为石室,较坚稳矣,而水火之祸,危楼颠坠,仍不能免。苟非太平世文明精良之极,安能免此患苦哉!

舟船覆沉之苦 大风忽至,波浪怒号,浮舟簸荡,缆断樯倾,榜人呼号,舟子旁皇变色,相拥而泣,忽而巨涛如山,翻然舟覆,货重累压,杳然沉下。万舟如覆叶,浮尸如泛蚁,随流漂荡,听风澎湃。其有抱木牵竹,仰偷鼻息,经阅几昼夕,幸而依沙近岸,遇救得生者,盖亦仅矣。若夫巨滩奔湍,尖石旋涡,舟行若奔,盘牵以上,忽尔牵断涡旋,触石破舟,随盘涡则立旋入于深渊,触危石则破裂成碎板,人物并坏,呼救无从。万石之运航沉于砥柱,百丈之贡舰碎于滟滪。杜工部所谓"使者乘春色,迢迢直上天",此固舟子之所戒心,行人之所破胆者矣。大地川河,皆出两山之涧,然则危滩旋涡,破舟沉溺者,岁不可数。至于泛大海,遇飓风,触礁石,遇流沙,碎飞轮,沉巨舰,千客立尽,绝海无救。父母倚闾听信而不得,妻子招魂望祭而呼号。若光绪丁亥,香港华洋船之惨祸,先自火焚,焦头烂额，中于烟毒，船客尽焚，已而沉下。予几不免焉，后一日自港归，见海中犹露船桅出水面数尺也，为之心胆俱裂。是役知交多有死焉。此则尽备水火之惨，其酷毒尤甚矣。大地一岁中，汽舟而遭难者，尚千百计也。哀哉！如何而能免此酷祸乎。

汽车碰撞之苦 缩天地于一掌，视万里如咫尺，过都越国，不盈旦夕，长龙蜿蜒，山川飘瞥，造新世界之灵捷第一物者，莫如汽车哉！然其挟火电之力，飙驰电驶，一往无前，交道相忤，少不及防，即有相碰之患。全车立碎，人物皆飞，头臂交加，血肉狼藉。今一岁之以汽车电车碰坏计者，不可量数也。上自圣哲、贤豪、帝王、卿相、名士、畸人，以及匹夫、匹妇、幼子、童髫，无不以汽车为行役而托命焉。而灾变非常，出于不意，有人事非常之巧，亦即有人事非常之险，相乘相因，畴则能免。虽异日飞船创起，亦难免飘堕之苦。而今兹之患，则汽车多危焉，咄咄有戒心哉！

疫疠之苦 满大地多相杀机也。金与水相铄，水与火相倾，大小相轧，强弱相凌，洁秽相争，固天理之自然，无可如何哉！疫疠者，积无量之微生物也，横飞蔽天而来，精微随吸而入。故人遇之者，苟非壮盛之夫，殆难免焉。故疫疠一起，死亡千万，白旐、灵翣、棺柩，相属于道，哭声动邻，则人不自保，亲戚相弃，友朋不敢相视。若印度热地，疫气尤盛，死亡尤多。竹筲载尸于河边，积薪而焚之，尸汁秽气流入于河，而河干之饮者浴者相塞也。夫是以疫之死人愈甚也。

夫微生物之生也，起于秽气，育于异衿。故房室临湫，衣服不洁，淖潦交横，器物堆积，犬鸡牛豕，粪便杂沓，死鼠腐蛇毒虫败叶暗屯，积久而蒸气于上，则微生毒物，缘此化成，哄然而起，顷刻繁育，数逾千亿，如蚊虫，如军队，所过披靡，触者皆死。若夫富贵之家，高堂广厦，洞房疏闼，苑囿广大，花木扶疏，薰香而被服，垩粉而涂垣,则感疫者较少焉。而欧美之都会,市廛辐辏,户口百万,然其街衢广阔,种植树木,沟渠清疏,不留微秽,房室疏广,窗牖开通,凡猥秽尘旧腐败之物,皆弃之不留,洒扫净洁,故疫气亦鲜少焉。而印度热地,贫人市户,狭室数尺,人气相积,器物交逼,毒出腐叶,蒸气成祲。故印度岁患疫,一都邑之间,而死者万数。而南洋及亚洲诸国,街渠不净,秽物成堆,室少人多,牖闭器积,壅此恶气,酿成疠疫。人只知口之饮食,不知鼻之呼吸以岁毙其同胞无数者,殆甚于兵燹也。

夫兵争之死人也割斫其外体,疫疠之杀人也割斫其内体。夫割斫其内者,比割斫其外尤酷矣,而人不知防之。治军者知行坚壁清野之法,而治疫者不令大众预知行扫秽清室之方,其愚何可及也?吾睹吾中国之岁患此也,南洋、印度、亚洲诸国之尤甚也,恻恻哀之,而不能救人之贫,则终无以绝疫之根也。今北京、东粤,岁遘其灾,以为天行之常也,大地固有之矣。吾久居其地,而亦汲汲危之矣。奈何?

三、人道之苦

鳏寡之苦 人为有知之物,则必恶独而欲群。人为有欲之物,则必好偶而相合。道有阴阳,兽有牡牝,鸟有雌雄,即花木亦有焉。人有男女之质,乃天之生是使然。人道者,因天道而行之者也,有以发挥舒畅其质则乐,窒塞闭抑其欲则郁。太古之时,雌雄乱作于前。故圣人顺天之道,因人之欲,知其不可已也,故制为夫妇以相判合,始之以顺天性,令其相欢相乐,继之以成家室,令其相保相爱。其有壮大而无妻无夫者,孤阴独阳掩沮憔悴,生人之乐泯矣。且其鳏寡,多出于已有妻有夫之后,而中道摧丧者焉。听离鸾别鹄之音,睹月缺花飞之惨,遗尘在簟,破镜暗然,仰视双翔,能无泪下?

其鳏者或伯道无儿,或左芬有女,或儿女成行而抚育无人,对此藐孤之呱泣,益思故剑之恩情,则有触目伤怀,神伤无主者矣。

其寡者或贫无立锥,复多遗债,而上有白发之孀姑,下有绕膝之幼子,左提右挈,背负手茧,叫怒索饭而啼门,垢腻不袜而牵衣。以织绣糊口,则执业而不能育儿;以乳哺字男,则失业而不能得食。强豪追捕日至,则卖女以偿;水旱疾疢不时,则舍男远出。死生执别,永远仳离。床荐无毡,日食以粥,伤心神结,瘦骨柴支,以泪洗面,有病莫医,气结而殒,以手抚儿。此亦人道之至惨凄者矣。幸或抚儿长成,授室谋业,而私其妻子,不顾母养,视同媪仆,加以嗔诃,或赌荡破家,尽鬻其产。寡母睹此,惟有垂涕,有仰缳而自绝,或就佣而远适者。即使家有中资,田产足食,而乡邻之豪家欺占,至亲之叔伯凌争,呼父兄而无人,泣良人而何诉。或有强奸诱淫,诬奸争盗,至有投缳入狱,剖腹自明者焉。若夫印度之焚柴殉葬,锁阁不下;燕子楼中之霜月,秋夜弥长;骊山陵上之侍人,银灯不灭;抑女旧俗,苛暴无伦,抑更不必言焉。欧美号称平等,而人群宴会,罕及寡妻。子女欢游,宾客杂沓,而寡者别室寂处。盖未亡人之生意亦有索然者焉。

吾少多乡居,而寡妇盈目,秋砧在耳,连夜达旦。人道如此,目击惨伤。而乱世尊男,以女为属,饰为礼义,崇为高节。寡妇之苦,无可救焉!吾既少孤,寡母育我。吾姊逸红才慧,甫嫁百日,夫即病亡。吾妹琼琚,静贞好学,生有三子,夫丧中年,以贫自伤,数载遂殒。呜呼!寡之酷毒,人道所无,盖天上人间所难者焉。国家无事,家室和平,人喜春台,世称休盛,而寡妻怨毒之气,已上通于天,可得谓之太平盛世哉!

孤独之苦 物之精神、筋力、肢体足以自养者,虽极苦,非苦也。若其精神、筋力、肢体皆不能自养,必待于人以为养,而所待之人忽逝矣，无凭矣，茫茫矣，伥伥矣，无以为生矣，呼诉无闻矣，则其忧伤憔悴，有不能为生人之势，其苦不可言矣，——则未有若老而无子、幼而无父者矣。

夫父子之道，虽本天生，而人道之始，不以母子传姓，而以父子传宗者，实以男子之强，易于养生故也。故子非父无以长成，父非子无以养老，交相需而为用，虽不言施报，而实为施报之至也。且分形之子，传体之人，天性之亲，爱不可解。惟其爱不可解于心，然后可长相托也。人之情，经穷祸患难，则变而相弃矣。乱世之俗，虽有至交，遇难而离解，以其易合，故易离也。惟天纽者难解焉，故父子虽怨，经穷祸患难而相收也。故交有高言恤故人之孤，不数载而倦忘矣。至待于诸父诸兄乎？则彼自有父子，何暇恤人之子？即有仁人，提携抚养，视犹己子，则以为高义矣。夫以为高义之物，岂人人所能哉？则无所怙者多矣。假而诸父之贤，能恤兄弟之子，诸母出自异姓，其能视为一体乎？故同一饮食，则人有而己独无，人齿粱肉，而孤子厌糟糠矣；或且饭后之钟，抱腹而呼荷荷者，或且馂余而丐残羹冷炙矣。同一衣服，群从丽都，而孤子垢敝褴褛，或且裋褐不完，肘见履穿矣。同一执业，群从竹林啸咏，精舍弦诵，而孤子洒扫承筐，望学舍而垂涕，不能进矣。同一榻舍，群从高斋文几，厚褥隐囊，孤子则下室旁舍，破床无被矣。若期月之生，丧失父母，转育于人，为奴为婢，姓籍不知，寄生而已。或流乱为丐，漆身如癞，牛马其体，仅具人形。《诗》曰："谓他人父，亦莫我顾，谓他人昆，亦莫我闻。"呜呼！天地虽大，岂有惨凄若孤子者哉？寿夭难知，亦谁能免此也。

独者乎耄老之年，精神已衰，聪明已失，筋力已弛，耳聋目暗，杖而后起，举动须人，扶持赖子，手足无力，作工不能，营商失利，记性模糊，百事不办，饮食而已，等于废疾，谁则恤彼？惟有子者，夕膳晨瀍,扶杖洁被,问寒涤秽,搔爬盥洗,起居察其安否,饮食具夫甘旨。子忽云亡,衣食奚具?即有弟侄,时加体恤,异居殊家,谁克奉事?风垢满身,败絮拥被,大雪无裳,曝背于市,眼昏体枯,有若半死。至于遭病不时,疫疠罹之,无人问侍,无人扶持,喘喘残息,无药无医,忽而殒绝,闭门不知。若是者,夥哉夥哉!若其富贵缙绅之家,不待子养,而恩爱既结,寿夭无常,中道夭亡,传后无托。贤如子夏,因以丧明。达若杨彪,犹深舐犊。柳子厚之祭,身后孑然。司空曙之诗,一星孤荧。青箱谁寄?遗书何托?宗祀将斩,祠墓无依。其结托愈深,则其缠绵愈挚。其希望愈厚,则其诀别愈难。盖老年丧子,后望几绝,其哀从中来,不可断绝,遂与幼孤丧父者,皆为人生终天之憾也。何以弭之?

疾病无医之苦　万物相靡也,阴阳相攻也,犯于刑律法禁则人刑之,犯于雾露寒暑风湿五劳七伤则天刑之,此殆无能免者也。

夫蒙疾卧病,不必其弥重也,首重不能举,神昏不能理,体弱不能起,足软不能行,手颤不能举,目昏鼻塞,舌喉焦涩,饮食不进,游观皆止,失机败事,患苦无已。若其疽背大发,喉肿交合,喘气并作,内脏壅毒,食卧不下,呼号苦虐。其百病之类此者,殆不胜数。更或绵月连年,卧床拥毡,大癫淋疯,异疾缠肩,子孙倦于奉侍,六亲断于当前,贵富不胜其苦,贱贫者尤为可怜。盖据乱之世,医学不盛,医法不明,医者无多,医具不精,虽重资以延聘,惟救起之难灵。若夫贫者,糟糠不给,难谋医药,室宇卑污,道路不洁,饮食未精,微生物害之,空床呻吟,无力延医,以此坐毙,不可纪称。然且深山穷谷,僻壤穷乡,药店不及开,医生远难来,百里无医,以巫代之,祷祠祭祀,书符咒水,病者待之,殆哉!噫唏。

即欧美施医有院,医学渐精,盖无良医之日日诊视,饮食宫室、衣服什器、道路卫生之未宜,而治病于既发之后,就使立起膏肓,其败人精力，损人神魂，费人目力，累人亲者之舍业供养。合大地人类算之，其所失败于冥冥间，巧历岂能算之哉？

……然则呼号于杂病之刑，杀戮于卫生之不精，诛残于巫医之无灵者，自古及今，呜呼大地，何可胜算哉！彼独非人欤？不得终其天年，而中道夭于疾病，痛苦缠于当身者，岂非生不遇大同之世，而无卫生之精，医生之日诊，以善全之耶！

盖大同之世，生人最乐，内无五劳七伤之感，外极饮食、宫室、什器、服用、道路之精，而医学最盛，医术最明，医生最多，日日视人，疾无自来。苟非天年之自终者，盖终身不知有病苦焉。佛之以与生老同惊忧者，其不知大同世之乐哉！普渡已尽，何所容其超度耶？凡野蛮乱世之病，至是皆无。大同之人，岂复知今据乱之苦耶？而今惸惸之众生，同罹疾苦，大声吟号，侧耳如闻，哀哉！何日能拯之？

贫穷之苦 今普天下人之所焦思菜色、奔走营营者，岂非为贫哉？

夫人生而有身，育身者有父母，身育者有妻子。有身则饥寒有衣食之需，有家则俯仰有事畜之任，是皆至切而不可少缺者也。若夫岁时佳日，欢庆乐游，酒食馈赠，亲友应酬，是岂非人情而不能自免者乎？至于丧葬之哀纪，吉庆之仪文，祭祀之礼典，尤人道所重，无财不足以为悦，抑且事不能举，比于非人。"伤哉贫也！生无以为养，死无以为礼"，虽子路之贤，不能不痛矣。

夫衣食家室之需，迫人至急。半日不食，即受之饥。裋褐不完，朔风刮肌。疾病恶苦，卧床无医，风雨怒号，屋破瓦飞。大雪行道，指落肤胺，夜寒无毡，瑟缩卷衣。父母责骂，垂首忍之。妻子哀号，叹息垂涕。其凶丧饥馑，甚且卖儿，割削恩爱，任其弃离，岂不眷恋？为贫所欺。其或只身弃家，渡海万里，开山拓殖，或非或美，卖身为奴,听主鞭笞,驱若马牛,瘴毒缠罹,死亡莫问,呼天谁知?若夫寡妻失夫,幼子无父,自营无力,人莫我顾,朝哭夜啼,饥寒无诉,忍卖为妓,屈身为奴,啜泣自伤,谓天何辜!其有农夫失收而狼顾,工人罢业而家食,主吏追租而锒铛,室人交谪而远适。又或商业倒闭,士子落魄,债台高筑而莫避,田庐尽卖而无归,则有跼天蹐地,寻死自尽者矣。其他贫累伤生者,不可胜数也。

盖生人之数日繁而无尽,养物之数有限而无多。以有限之数供无尽之生,其必不给矣。若新法不日出,则人生之多,即为致乱之患。孟子曰:"天下之生,久矣一治一乱。"世以为天运之固然,不知生齿之繁,养物不足致之也。故中国二三百年必一大乱,以生齿已足故也。夫不足则争矣,虽圣人莫之救。若不有以善其救贫之术,而欲致太平,无由也。即欧美号称富盛,英国恤贫之费岁糜千万磅,而以工厂商本皆归大富,小本者不足营业,故贫者愈贫。试观东伦敦之贫里,如游地狱。巴黎、纽约、芝加哥,贫里亦然。菜色褴褛,处于地窖,只为丐盗。小儿养赡不足,多夭者。聚成大团,风俗愈坏,监狱愈苦,病须医愈多。英国特立部,岁费千万磅以恤之,终无补也。他日即机器极精,谋生较易,而贫民终不能免,议者至比为人之排泄物,尤为惨矣。

然且人道不文,则为野蛮,若愈文则患苦随其文而为增至。故文者食美八珍,衣珍五采;宫室则丽其栋梁,重其楼阁;器用则繁其铺设,备其仪文;亲友则通其吊贺,致其赠賵。文物日增,需费更巨。于是乎车马傔从、琴瑟书画、园林古董、庆赙宴游、妻眷童仆,皆人情之所好,而中人以上之所欲致者。苟非有之,不齿上列,故财力内实不逮,而门外日以强持。以大不逮之财,而日行勉强支持之事,东挪西扯,忧苦莫当。以吾所闻,粤之富人中落者,纸筒籴米而坐轿如故;仕官候补者,衣服典尽而宴客盛张。虽未尝不强作笑语,呼指僮奴,而追书纷来,债客盈集,内厨不爨,妻子无衣;媪仆将散而骂其无工钱,大屋暗霭而别租小室;田园玩器,急于贱售而尚无人沽;丧婚宾病,急待举事而借贷无得;忧心如焚,头痛若刺,盖中家官人之所同病而共忧焉。虽欧美之文盛,其中人患贫尤甚耳。闾阎扑地,都邑相属,苟非野人穷子骤致多金,自此之外,虽极巨家豪费,皆是郁郁患贫之人。故"翘翘车乘",皆是忧生;"衣服丽都",尽为贫子。外面甚乐,中情甚苦,如炙如割,且有不愿为人者。彼为礼俗所驱,遂陷于贫而自刑若是,畴能解之哉?是故增其文明礼物,而不易其人道,不啻广设陷阱网罗,以陷缚之也。彼忧贫抑塞,溥大皆是。不拔其根,不除其源,而欲致太平之乐,岂可得耶!

贱者之苦 为奴隶,为婢媪,为胥役,为舆台,奔走服役,伺颜候色,拳跪鞠躬,侧身屏息,饥渴不得自由,劳动不得休职,冒风雪而跋征,穷昼夜不获少息者,其贱者之苦耶?睨彼贵主,高堂深厦,华筵细席,踞高座而指挥,拥车马而辟易,侍者如云,簇拥排列,顾盼所及,左右悚息,声咳所逮,唱喏百亿,或行为前驱,或坐为执役。彼岂非天生之人乎,胡为吾贱若此?其贵主之仁者耶,或少恤下情,感恩罔极,叩头泥首,铭心刻骨;其暴者耶,则一语之误,一事之失,鞭扑交加,骂詈无已,加以刑罚,剥尽廉耻,欲奋飞而不能,惟澳涩而悲己。即在平人,有所白事,长官踞座,立不得与,呵叱睨诘,惟其戏詈。即为卑官,进竭长上,辕门伺候,风尘鞅掌,执版下舆,立班鞠拱,唱喏连声,伺色而动。其或脱屦膝行,卑栗退屈,伏地骑背,跪足结袜,野蛮等级,威严尤密。是故志士挂冠,壮夫不屈,以是叹息,趋走郁郁。……凡此者,岂太平世人所识哉!

四、人治之苦

刑狱之苦 伤矣哉乱世也!人累之太多,天性之未善,国法之太酷,而犯于刑网也。世愈野蛮,刑罚愈惨。吾见法班、巫来由人之刑具矣,有剖腹而用锯者,锯有自项而腹,又有自腹而项、自背而胸者焉;有以锥自谷道穿至项,有自项至谷道者焉;有屈腰而合缚其手足而锥其阳者焉;或油布卷而火焚之,有石压而驴磨者焉。若夫车裂马分、炮烙汤煎、断首折腰、凌迟寸磔、挖眼脔人,犹以为未足,则有蝎盘焉,九族之株连未足,而波及十族。遭遇暴主酷吏,周钳来网,备极五毒。盖乱世之常刑,而贤士多有不免焉。

伤矣哉,乱世也!古用苗制,施行肉刑,汉文免之,改为囚徒、髡钳、鬼薪、役作,隋文代之以笞杖流徙。然不幸而入于狱也,桎梏身首,钳锁手足,便溺迫蒸,臭秽交迫,据地眠坐,伸缩不得,蚊大如牛,蝇虫绕侧,衣裳垢而不得浴,饮食秽而或乏,黑暗无光,不见天日,狱吏来临,淫威恐吓,求金取贿,非刑迫索。若夫娟娟妙女,可人如玉,听其逼淫,轮奸相逐。故周勃以太尉之尊,然犹见狱吏而头抢地。其他受其烙死,蒙其毒药,施以鞭挞,塞以秽袜,即幸而不死,而破家毁体、备极惨毒者,非生人所忍言也。此则自古仁人志士,躬受其害者,不可胜数矣。其有幸逢薄罚,或遇大赦,身免为奴,妻女为乐户。粗兵武人,性横情暴,侧身谨事,犹逢见恶,喜或赏残羹,怒则杖频数,一语触忤,鞭死莫诉。既为乐户,则执弦捧卮,厕身倡妓,以文信国、于忠肃之家盖不能免。呜呼!凄惨岂能道哉。其或荷戈遭戍,瘴地冰天,事长如帝,与死为邻,室人永绝,相见无期。凡当乱世之刑罚者,岂人道之可言!

今欧美升平,刑去缳首,囚狱颇洁,略乏苦境。然比之大同之世,刑措不用,囚狱不设,何其邈如天渊哉!然苟非太平之世、性善之时,终无以望刑措之治也,而生人刑狱之惨苦,终无由去也。

苛税之苦 自有强弱之争,而强者取诸弱者,或以保护之名而巧取之,或行供亿之实而直取之。始于渔猎耕稼而分其物,继于关市舟车而征其货,甚或于人口、室屋、营业、器用、饮食而并税之。其名则或贡或助,其轻则仟一、百一,其重则什一、伍一、二一。然皆取民以为有国之常经,治世之大义焉。虽有仁圣在位,然既当乱世,既有国争,不能天下为公,则无有能易其义矣。

然人民生丁斯世,既有仰事俯畜之需,而租税所需,迫于星火,征符杂下,胥役纷来,鸡豕任其宰割,室屋听其摧毁。或当水旱疾病,公租不偿,男子押追于牢狱,田园典质于他人。甚或鬻妻以偿,卖子相继,为人奴婢,分弃夫妻,惨状难闻,苦情谁救,牵裙挥泪,呜咽涕零。然且骨肉分离于前,吏徒敲扑于后,故元结以为官劫过于贼,而孔子以为苛政猛于虎也。若暴君肆其台沼征伐之欲,贪吏妙其剥脂敲髓之能,苛税滥征,诡名百出,至暴也。自租庸调之为两税,两税之为一条鞭,地丁合征,千乃税一,而民犹苦之。然厘金杂税又出焉,沮扰留难,其弊多矣。

欧美以列国并立,而赋税更重,繁苛及于窗户,琐碎及于服玩、僮仆、车马。虽云为国,而以兵争之故,耗尽民力以事兵费,一炮之需数十万,一铁舰之成动辄千万,水涨堤高,竞持而不知所止。生今之民,维持国力者莫不苦之。以视大同世之绝无租税,且领公家之工资,其为苦乐,何其反哉!

兵役之苦 等是圆颅方趾,皆天民也,及有君国立而力役生矣。为一君之私而筑台、筑城,违农时、绝生业而役之,此固孔子《春秋》之所深讥也。今土司大田主之役其私属,一家之私事皆役之。……孔子悯之,减为使民不过三日,以为仁焉,不过去太去甚,食肉而远庖厨云尔,犹非公理哉。自王安石行免役之法,实为千古未有之仁政,而司马光妄改之,遂至于今。幸而圣祖行一条鞭法,乃令中国得免焉。然边省之倚势作威,抑办夫马以供行李者,盖犹未尽解焉。欧洲佃民、奴籍之苦以供役使,固亘数千年,至近世民智大开,乃甫能脱之耳。然则征役之苦,固大地万国数千年生民之不能免者也。

若夫应兵点籍,则凡有国之世,视为义务。如中国三代固自民兵,而唐、宋之制,亦复强选于民。宋人黥刻义男,固为无道,唐亦何尝不然?诵杜甫《石壕吏》之诗,吏夜捉人,老妇应门,大儿战死,中儿远戍,小儿役殁,孤村无人,穷巷惨凄,田园荆棘,狐狸迫人,谁不为之泪下也。近世万国竞争,俾士麦改创国民为兵之义,各国从之。尝闻之美国之人闻选兵者,家人畏苦,相抱而哭,爷娘妻子走送,哭声直上云霄。岂不以无定河边之骨,犹作深闺梦里之人耶!远戍百战,存殁难知,白骨莫收,招魂望祭。师丹之役,全城皆焚。兵役之苦,有国所共。今德奥人以充兵时多逃去者,非至大同,畴能救之哉?

五、人 情 之 苦

愚蠢之苦 人之能横六合,经万劫,证神明,成圣哲者,皆智之力也。故吾自穷极万理而后,能辟阖今古,宰割万物,神鬼神帝,生天生地,即独得天下特别无限之全权焉,吸大地诸天之精英而遍饫嚼之,集邃古圣英之神明而收摄焉。下至一草一木、一鸟一兽、一土一石之形状,亦足以资博物而考名理。当其新识骤得,踊跃狂喜,亦有天上地下惟我独尊之势,皆智之为也。

若愚者乎,既不能考大地万物之理,又不能收今古诸圣之华,摘埴自喜,冥行自夸,问七星而不知,数万国而不识;学问止于《论语》,而以《南华》《汉书》为僻书;知识限于国土,而以球圆地绕为奇事。冰人溺于冰海,火鸡守于火山,所谓"南人不信千人帐,北人不信万斛船",今中国人之闭处穷乡者,盖犹未免哉!若夫不通算数、不识文字之人,十犹有一,各国人民皆不能免焉。视群书而无睹,举文物而无知。凡大地新世治教之良,物理之新,文学之美,皆瞢无所闻焉,如瞽者不预文章之观,聋者不预音乐之妙。生同为人,而所知乃与牛马等,不得一接其同类先哲之奥妙懿伟,以沃其魂灵,岂不哀哉!脑根所闻皆灶婢之余论,耳目所入皆村曲之陋风,以为天地之大,尽在此矣。夫人之聪明睿哲,无所不受。今愚陋若此,是割地自弃,暴殄天与,岂不哀哉!爪哇之梭罗王,为荷所隶而不知也,自以天下莫大也,尝问人以暹王与彼"地孰大,钻石孰多",岂不可怜哉!

知识既愚,则制作亦蠢。……且人既蠢愚,则一人不足一人之用,其劳作甚苦而逸乐甚少,伤人之生莫甚焉。况脑根熏浊,必少高明广大之神,势必嗜利无耻,少礼寡义。留此人种,以传家则俗不美,以传种则种受害。以此愚根流传不绝,是犹在黑暗地狱也,岂可使流转于世宙间乎?夫人兽之异,不为其形质,只争其智愚。大同之世,岂容兽种?且愚则必顽,以此而欲致太平大同,是犹蒸沙而欲成饭也,必不可得矣。

仇怨之苦 人之魂梦不宁,神明不安,郁郁不乐者,其莫如仇怨哉?人自有身界,则有争利争权之事,至于有家界,有国界,而争利争权之事愈甚,则相诈欺相夺杀,而仇怨兴矣。故据乱之世,必崇复仇之义,父母之仇不与共戴天,兄弟之仇不同国,交游不反兵,甚且九世之仇犹可复。诚以据乱之法,子不私其父则不成为子,臣不私其君则不成为臣,故不复仇则非臣子,忘仇仇则为不忠孝。故一人有遇变之惨,即举族枕戈,累世发难,切齿腐心,饮恨寻仇,即贵暴若嬴政,狠鸷若赵襄,而子房奋于博浪,豫让隐于桥下,则可令人内热而死,中毒而亡,况于常人,其可防哉?起居出入,无有安心,蛇影杯弓,动于饮食,则有李林甫一夜迁二十五之床,曹操以诈睡杀人者矣。虽为帝王,如俄之霸,然岂能一刻安哉?即非贸首之仇,而乱世之俗,多忌,多争,多疑,多毁,一有不合,怨毒从之,则有造谣谤以交攻,阴弹射而相轧。或有倾险之行,危殆之事,飞文构章,诬陷图圄,或致流放,以幽忧死。甚且同室起乎戈矛,石交化为豺虎。盖怨毒之于人甚矣哉!虽在大贤,安能免此?今之帝王将相,尤所恐惧,是故操心危,虑患深,战战兢兢,如履薄冰,言身处乱世之难也。

爱恋之苦 人类之相生相养,相扶相长,以薙除异类而自蕃衍其本种者,岂非为其同类有爱恋之性哉?然得失同源,祸福同祖,始于爱恋保种者,复即以爱恋生累矣。

父子天性也。立爱之道自父子始,故教之以孝,奖之以慈,而慈孝之至则爱恋愈深。事亲则疾病抚摩,割股为药,爱日祈年,祝哽祝噎,强健则窃喜,衰羸则私忧。至于属纩弥留,则呼号无术,以顾复鞠育之深恩,一旦付于虫沙土木,终天永恨,相见无期,虽寿逾彭篯亦复爱恋不已。此固普天人人之公憾,而无一人能免之者也。吾见抚于先君知县公(讳达初,号少农),见养于先祖连州公(讳赞修,号述之),十一龄失怙,侍床执手,至今念遗嘱欲绝之言,犹哀咽而肠欲断也。吾年二十,先祖溺于连州大水之难。吾弟幼博(主事,名有溥,字广仁),戊戌之难戮于柴市,携骸而归,身首异处,至今思之心痛。岂非亲爱愈切则怀恋弥深,而人之所望与天之所与每相反也?则苦痛荼毒,无可救矣。若夫子女之爱,舐犊有情,既自生之,又日抚之,似续赖以嗣,门户赖以持,即非孝谨,或尚童稚,犹视怜之。若夫才子,尤望亢宗,外若呵谴严重,内实抱爱深切,故毁伤尚少而丧明最多,岂非以爱恋至大,故痛苦尤大乎?

若夫夫妇之道,异体合欢,以爱为宗旨,以恋为实行,此天地所同也。然立义既严,困人益甚。则有两美相遇,啮臂盟深,而以事见阻,好合难完。或以门户不齐,或以名义有限,海枯泪竭,心痛山崩,则艰危万状,甚且死生以求同穴者,乡邑频见,则全地日月万亿可知也。其既得联婚,连枝比翼,情意既洽,欢爱无穷,形影不离,以为天长地久矣,而寿命不常,必有鳏寡,握手永诀,玉棺侧葬,凝尘满簟,遗琴在御,摩挲故剑,披展穗帷。听锦瑟之哀声,闻寡妇之夜哭,谁不下泪伤心者乎?当此时也,天地泣昏,魂灵恍荡,曾不知人间何世,生死何端也。即不尔,而征役当从,或饥来驱我,近卖浮梁之茶,远就河阳之戍,归期无定,死丧堪忧,把臂牵衣,饮泣而别,神摇摇其无主,心郁郁而欲结。无定河边之骨,犹为闺中梦里之人,云鬟香雾之寒,犹在远客吟怀之念,生离死别,悲莫悲焉。而大地横目之民,夫妇交欢,谁能免此者乎?

若夫寇难忽临,劫疫相继,夫妻父子,分散仓皇,不死于兵刃则丧于水火,不填于沟壑则馁于饥病。其得为奴虏,苟幸生存,为幸多矣。觅遗尸于乌鸢口下,得破镜于权贵家中,肠百结而如回,心哀痛而欲绝。若斯之遇,哀惨至剧,而皆由亲爱过结、眷恋太过致之也。故佛氏欲断烦恼,首除爱根。由爱生缠,缠缠相缚,而父子夫妇之亲,人所难去,而强欲以出家破爱根,岂人情之所能从哉?不即人情者,其道不行,则人类爱恋之苦,终莫由拔也。

牵累之苦 人之魂神不清明、智慧不发越者,忧心沉沉昏昏、若坠若凝者,其皆由牵累哉!人以有家而为乐,而家之牵累从之,乃至苦焉。人以有国而为安,而国之牵累从之,乃至忧焉。人以有财产而为利,而财产之牵累从之,乃至害焉。人以有宦达而为荣,而宦达之牵累从之,乃至辱焉。

夫有父母而不孝养,则不成为子。然竭力致养矣,而父母或有疾病连年,则孝子捧药焦然,而神明为之丧失矣。其或父母有罪祸,而奔走营救,抢地呼天,神明益失,事业益废矣。若夫父母考终,追慕哀思,号泣哭踊,望柩而痛,临穴而悲。久丧哀毁,固损生人之性;短丧不服,亦非人情所安。盖爱情之结既定,则孺慕之牵无穷。若夫角枕锦衾,琴瑟好合,绸缪爱眷,终身相托,比翼交颈,亲爱为缚,别远离怀,中情若割,其肠九回,神魂皆落。或佳丽列屋,夸多纵欲,爱甲弃乙,恩怨不睦,供奉无垠,家业为覆,疾病日出,死亡相续,终日怨惧,长愁踽踽。多子者,人之所望也。自孩提保抱,童幼提携,以养以哺,以食以衣,学业为之就傅,疾病为之延医,长大为之授室,垂老为之驰驱。绕膝者多,则衣食之累愈多,死病之事愈多。故夫贫者以妻子之故,赁衣而售屋,富者以妻子之故,烦心而绉眉。然且人之性善者少而恶者多,故子之长也,亦贤者少而不肖者多。败行失德,鬻业丧名,玷及祖宗,祸延父兄,其为牵累之大,岂有偿哉?

有财产者,人所借以为生也,然多财之累亦甚矣。或业倒产倾,田淹船溺,火焚盗劫,人欺官骗,有一于此,损魂丧魄。若夫仕宦贵显,高则多危,有五鼎食者即有五鼎之烹。上蔡逐猎之布衣,岂不胜于长安车裂之丞相哉?近者各国后王迭遭刺杀,固知衣绣之牺不若曳泥之龟也。

若夫国,则强弱必有争,重税则同担,兵役则同荷,号称国民之责所必然也。一有战祸,灭亡随之,长为奴为隶,可痛可悲。其或君后柔昏,国土危削,骨鲠力谏,回天变法,坐遭诛戮,颈血溅赤,身首异处,家孥幽辱,其为惨酷,岂忍言哉!其或逋臣奔亡,流离异域,刺客载途,昼夜相警,衣粮交绝,病莫能兴;巨海万里,洪涛漫天,欲渡不得,思归未能。凄凉胡天,回望汉月,思故国而危乱,念旧乡而遥隔;老母生别,妻子久诀,兴宗邦而无期,救故君而无术。既有泥中式微之悲,更有神州陆沉之恐。斯则忧从中来,不可断绝,悲愤填胸,须发尽白,虽有人天超脱之思,神圣游戏之道,既游地狱,度脱为难。人间何世,大累相牵,悲怜既多,则神智衰落。人生不幸,当此浊世,既未至于大同,又不忍于绝世,家国为累,损短灵智,为之奈何！为之奈何！

劳苦之苦　弥漫种种之生人,劳苦亦甚矣哉！农者胼手胝足,涂泥厥身,以锄以耘,太阳炎炎,甚暑酷蒸,炙背若火,冒之以耕,大风淫雨,蓑笠而行,日出而作,日入乃归,无少时得息焉。彼采矿者,深入洞穴,潦水露肤,燃火以作；煤矿尤甚,炭气重灼,身手漆黑,触鼻作恶；常人一刻而难受,矿夫终身而力作,洞穴或裂,压死不觉。烧炭制铁,蒸轮火烈,热带舱底,终身执热。机局掌火,火炭爆屑,汗臭迸流,面目若鬼。敲冰取鱼,引足入水,寒气彻骨,裂肤堕指。深山樵人,负薪百斤,百里崖阻,烈日艰辛,乃易鱼米,用以救贫。其他曳舆,扛轿,负担,行舟,喘息大呼,终日不休,缩肩俯背,贴地而吼,或挟疾行,僵仆道周。嗟夫苦哉！彼岂非人之子欤？其他百工,劳力苦作,朝起而动,中夜阁阁,无复日之休息,无限时之轮托。孺子弱女,饥驱同缚,竟日劻勷,锱铢乃获。腰背弯曲,咳喘并作,面体黄瘠,废疾以死。传种不改,人道衰落。其富而为商,坐柜终日,血气凝滞,神气恍惚,无活泼之气,无发扬之识。进而为士为官,治事为学,皆以终日,无定时之游眺,无复日之止息,体昏气索,神明役役。即欧美之有节,限作工之八时,劳苦亦甚,焉得不衰？既未至于大同,亦无术以救之。嗟尔穷黎,苦工可悲。

愿欲之苦　人生而有欲,天之性哉！欲无可尽,则当节之,欲可近尽,则愿得之。近尽者何？人人之所得者,吾其不欲得之乎哉！其不可得之也,则耻不比于人数也。其能得之也,则生人之趣应乐也。

生人之乐趣,人情所愿欲者何？口之欲美饮食也,居之欲美宫室也,身之欲美衣服也,目之欲美色也,鼻之欲美香泽也,耳之欲美音声也。行之欲灵捷舟车也,用之欲使美机器也,知识之欲学问图书也,游观者之欲美园林山泽也。体之欲无疾病也,养生送死之欲无缺也,身之欲游戏登临、从容暇豫、啸傲自由也。公事大政之欲预闻预议也,身世之欲无牵累压制而超脱也,名誉之欲彰彻大行也。精义妙道之欲入于心耳也,多书妙画、古器异物之欲罗于眼底也,美男妙女之欲得我意者而交之也,登山临水、泛海升天之获大观也。精神洋洋,览乎大荒,纵乎八极,徜徉乎世表。此人之大愿至乐,而大同之世人人可得之者也。

然当乱世,虽侯王曾不得备此乐焉,何况黔首之民?贫富相耀,都鄙相惊,贵贱相形,愚智相倾。耗矣哉其穷也!是故甲愿八珍,而乙不得藜藿焉;丙处数十层之琼楼、数十里之阆苑,而丁不得蓬荜焉;戊珠衣、钻石、玉襦,而己不得带索焉;庚接目皆文章五彩,辛处黑暗若囚焉;壬杂陈百国音乐,癸不得鼓缶焉;子花草香气熏塞,丑居溷厕焉;寅高坐于汽舟电车、汽球飞船,卯涂泥步而胫涉焉;辰左右百器皆机巧若鬼神,巳皆梏窳之物焉;午之博极群书、富面百城,未不识一丁、挟一册而吟焉;申园林台沼甲天下,酉不得一花竹而徘徊焉;戌身体强健、毕生无病,亥有废疾或多病奄焉。甲生死无憾、身名俱泰,乙生于忧而死于囚焉;丙闲暇娱游,丁拘累之愁苦,无一日之从容焉;戊预闻政事、发言自由,己朝不得立,公事不得预焉;庚大名洋溢、人皆加敬,辛则名字暗然与草木同腐焉;壬亲近善知识,日闻中外古今之大道,癸则不得见有道,不得闻法焉;子遍游于博物院,备见大地之珍奇,丑则自家人筐篚外,耳无闻目无见焉;寅则坐拥佳丽,从心所欲,卯则终身鳏寡怨旷,或拥黑人、黄鲢、魋颜、缩项,而慰情胜无焉;辰则遍游大地,绝海穷漠、大都胜地、名山异境,靡所不届,巳则足迹不能出闾巷焉。

若此者,其为人形体同,才志同,而境之得失荣枯相悬相反若是,则不得不怨运命,悲不遇,叹老嗟穷,憾轲侘傺,甚者忧能伤人,不复永年。此则普天人士所同悲,而寡有能如愿相偿者也,即有一二,更无有兼收其胜者也。虽以帝王之力求之,而秦皇望海而不得渡,汉武凿空而不能穷,巫来由之王跣足行道。俗化未至,无如之何。故野蛮之王者之受用,不如文明之匹夫之受用,据乱世之大帝之乐,不如太平世之齐民之乐也。大同之世,人人极乐,愿求皆获,以视乱世生民之终日皇皇,怀而莫得,愿欲不遂,忧心恻恻,何相去之远哉？若夫半菽不饱,褴褛无衣,行乞路毙,卧病乏医,其为愿欲尤浅,而乱世皆是也。"朱门酒肉臭,路有冻死骨。"呜呼！人生乱世,圣哲无术,岂可言哉？岂可言哉？

压制之苦 凡人之情,身体受缚则拘苦无量,魂知受缚则神明不王。若夫名分之限禁,体制之迫压,托于义理以为桎梏,比之囚于囹圄尚有甚焉。君臣也,夫妇也,乱世人道所号为大经也。此非天之所立,人之所为也。而君之专制其国,鱼肉其臣民,视若虫沙,恣其残暴。夫之专制其家,鱼肉其妻孥,视若奴婢,恣其凌暴。在为君为夫则乐矣,其如为臣民为妻者何！

刘邦、朱元璋之流,以民贼屠伯幸而为帝,其残杀生民不可胜数,所谓"天下汹汹为吾两人"也。至于韩信、彭越之菹醢,李善长、蓝玉之诛戮,淫刑及于三族,党祸株连数万。甚至以一"则"字音近于"贼",中其忌讳,杀文士百余。其他廷杖下狱,淫及忠贤,妻子辱于乐娼,亲族死于流放。又或以文字生狱,失言语之自由,笞逮随时,无身体之保护,一言之失,死亡以之。即使不然,而长跪白事,行道辟人,或强选秀女于良家,或苟派征役于士庶,安定宫室、衣服、车马之禁,若贾人不得乘车、衣丝,而缅甸、安南且禁其民瓦屋曳屦焉。大抵压制之国,政权不许参预,赋税日以繁苛,摧抑民生,凌锄士气,务令其身体拘屈,廉耻凋丧,志气扫荡,神明幽郁,若巫来由之民,蠢愚若豕、卑屈若奴而后已焉。入专制国,而见其民枯槁屈束、绝无生气者是也。

若妇女之嫁一夫,许之以身,听其囚役,终身以之,甚或鬻卖杀毒,惨不忍言。姑挟尊威以虐其媳,既于妇女之苦言之矣。若夫民族阶级之分,以投胎之不幸,为压制之荼毒,一为奴贱,等于禽鸟,其为背公理,害人道,大逆无德,未之有比者也。即父子天性,鞠育劬劳,然人非人能为,人天所生也。托藉父母生体而为人,非父母所得专也。人人直隶于天,无人能间制之。盖一人身有一人身之自立,无私属焉。

然或父听后妻之言而毒其子,母有偏爱之性而虐其孙,皆失人道独立之义,而损天赋人权之理者也。夫人道相倚而生成者,赖父母之恩,而人道立而自至者,则亦非私恩所能全制也。有所压制,而欲人道至于太平,享大同之乐,亦最为巨碍,而不得不除之也。

阶级之苦 人皆天所生也,同为天之子,同此圆首方足之形,同在一种族之中,至平等也。然太古之世,人以自私而立,则甲部落虏乙部而奴役之,于是人类之阶级,有平民奴隶之分焉。其部落之酋长,以武力而魁服其众,自私其子,世传其位,于是王族之尊,自别异于众庶矣。其一部落之中,以材武力智佐酋长有功者,亦世传其爵位以握政柄,其婚宦皆不与凡庶伍,于是贵族之名,自别立于平民之上矣。

人类已繁,文明日启,进化日上,制作日新,则道术之士,创教传种以任师长,饰智惊愚,其体尤翘然于人群之表。或托体神天,驾王族而上之,是为神族。其或执业卑猥,凡民不肯与齿焉,是谓贱族。其或体非贵族,而世为士人,以服于贵族藩侯之下,郎官执戟,超然自异于齐民,是谓士族。又或虽为平民而生于田主之下,世服其役,或在轻商贾之世,而世执商贾之业,对其贵种几同奴贱之位,是谓佃族、工族。皆据乱世以强凌弱,以众暴寡,以智欺愚,以富轹贫，无公德，无平心，累积事势而致之也。积习既成，则虽圣哲豪杰视为固然，人道所以极苦，人治所以难成，皆阶级之为之也。

大地各国，埃及、印度为至古。而埃及王族、士族、农族，等级迥绝。印度喀私德之制：第一婆罗门，言道术者；第二刹帝利，为王族者；第三吠舍，为贵族；第四首陀，为农工商族。而首陀之族下又分数族之等焉。一曰配哈，为工服役于王者；次曰摭麻，作贱工者也；又次曰巫士哈，业猎、食蛇鼠、作路工者；又下曰拖卑，洗衣者；又下曰咩打，作除扫粪者；又下曰冬，荷担死尸者；皆不得为吏。而诸族之中，各世其业，婚姻不得通焉。波斯亦为古国，亦有阶级。欧洲号称文明，而贵族、僧族、士族、平民族、佃民族、奴族，虽经今千年之竞争大戮，而诸级未能尽去，至今贵族平民两争峙焉。缅甸马羼，王族、贵族、平民、奴族之分愈甚。大抵愈野蛮则阶级愈多，愈文明则阶级愈少，此其比例也。

中国有一事过绝大地者，其为寡阶级乎？当太古春秋时仅贵族、平民两种，故鲁之三桓，郑之七穆，楚之屈、景，齐之国、高，周之刘、尹，世执政权，虽以孔子之圣，颜子之贤，不得大位焉。孔子首扫阶级之制，讥世卿，立大夫不世爵、士无世官之义。经秦汉灭后，贵族扫尽，人人平等，皆为齐民。虽陈群立九品之制，晋复有华腴寒素之分，显官皆起自高门，寒族不得居大位。然至唐世以科举取士，人人皆可登高科而膺膴仕，有才则白屋之子可至公卿，非才则公卿之孙流为皂隶。自非乐丐奴虏之贱，无人不可以登庸，遂至于全中国绝无阶级。以视印度、欧洲辨族分级之苦，其平等自由之乐，有若天堂之视地狱焉。此真孔子之大功哉！

夫以阶级之限人，以投胎为定位，而不论才能也。不幸生一贱族，不许仕宦，不许学业，不通婚姻，不列宴游，甚且不通语言，长跪服事，或且卑身执役，呵叱生杀惟贵族命，虽圣贤豪英不能免焉。

而贵族乳臭之子,据尊势,行无道,以役使诛戮,一切被其蹂抑,无所控诉。阶级压制之苦,岂可言哉!天下之言治教者,不过求人道之极乐,而全人生之极乐,专在人类之太平。今既有阶级,又有无数之阶级焉,不平谓何?有一不平即有一不乐者,故阶级之制,与平世之义至相碍者也。万义之戾,无有阶级为害之甚者。阶级之制,不尽涤荡而泛除之,是下级人之苦恼无穷,而人道终无由至极乐也。

六、人所尊尚之苦

富人之苦 人之所望者富,所求者富,富者宜无不乐也耶?则又大有不然者。吾见富者之忧苦,又与贫者无异矣。

夫凡富者必有田畴,而田则有水旱之苦,加税之苦。加拿大之鸟士威士开埠有富人焉,全埠皆其地也。及英国加税而埠不盛,彼力无以供税,于是逃而之美国,其室充公为学堂焉。是多田翁之大苦也。富者广置多店以收租。吾见羊城南门火灾,全街尽火,某富家尽失其业,阖门大哭。是富而多店之大累也。富者必多营商业。某富人以商于柳州致大富,柳之木排尽其业也,已而柳州大乱,则大忧其商业之倒也,大疾几死。某商以开锡矿于南洋致巨富,既而锡矿倒,则憔悴忧伤而死矣。又有开轮船业于南洋致大富者,已而轮船二艘皆沉,家业几失,遂发狂疾者。凡此皆以富害其生者也。且家既富矣,其用度奢阔,积久亦若习与俱安,少不如意即懊恼大生矣。夫生人之境遇无常,外变之牵连无尽。地、水、火、风,既皆有劫,而国土争乱,盗贼纵横,在在皆与富之境遇相乖剌者。富无终身之可保,则忧患即随时以纷乘。

若夫有家之累,则伦纪强合,性情不投,其乖争忿忧,益富益甚。若兄弟争产,夫妇角气,至于累年讼狱,桎梏在身。此皆富者有之，贫者寡有也。即使家室平和，财帛丰溢，子孙绕膝，此则兼备富寿多男之庆，尤为人生所至难者矣。而子孙多则子孙未必贤，妻妾多则争竞且时有，于是而富主且因而吐血殒命者矣。若庇能郑某、谢某，富千数百万，华人之冠也，而郑妻忧子不肖而吐血，谢妻忧夫纳妾而内伤。此岂钻石耀其头、金屋安其体所能解其忧哉？乃若美国落基花路之富冠大地矣，而养壮士，备轮舟，日防不虞。

人生各有所憾，所憾之处不能解，即无物能解之。故文物愈多，礼俗愈设，则忧患愈随之而生。物之机器，简者难坏，繁者易坏。富者终日持筹，日以心斗，一处有失，蹙眉结心，谁能超度之哉！故乱世富可侔国之人，不若太平世贫无立锥之士也。人之情在心之乐耳，岂在家之富耶！

贵者之苦　坐堂皇，建高牙，拥衙役，出则武夫前呵，从者塞途，趋走之人夹道而疾驰，喜赏怒刑，丰非贵者之尊荣耶？然宁知其事权要之侧媚，奉人主之屈伏，有不可言者耶？捋须参政，由窦尚书，折节无不至矣。即奉公守法之人，当官而行，然贵者之上又有贵焉。脚靴手版，趑趄进谒，朝舆暮骑，迎送不遑，有十次而不得一见，终日而无少暇者。其有失权要之观心，立见贬戮，遭朝言官之弹劾，惶恐无常，忧心惴惴，须发为白者。即使位极人臣，权兼将相，其于事主尤有甚焉。人主喜怒不测，群僚疑间交攻，或妃后之争权，或宦寺之谗间，于是周勃抢地于狱卒，崔浩群溺于台下，淮阴侯榜掠于钟室，斛律光杖死于凉风。其他布袜之塞、蝎盘之设、车裂之痛，孰非王公卿相哉？若夫族诛之惨，排墙之杀，投河之酷，遭逢丧乱，尚不必言。即当世际承平，地居贵要，而倾轧排毁，忧逸畏讥，忧心殷殷，魂魄若失。亚夫之怏怏退朝，殷浩之咄咄书空，灵均之行吟泽畔，史迁之著书蚕室，东坡之魂惊汤火，其繁忧烦憺，大恐缦缦，岂可言哉！若夫河桥而思鹤唳，上蔡而念黄犬，庸有补乎？人固不能尽贵，而车前八驷，食陈五鼎，何所益于忧患如山之寸心郁郁耶？太平之世，人皆有乐而无忧，岂此冠带天囚之所能入耶！

老寿之苦 五福之首，第一曰寿。盖无年命以持之，虽有富贵行乐，孰从受之？故永年老寿者，人情之所祈祷而愿望者也。然非当大同之世，徒以老寿为乐，则据乱世之老人，其苦方弥甚矣。盖人少之时，如日方出，皓皓曦曦，其气雄进而乐嬉。人老之时，如日将落，暗暗莫莫，其气凄冷而萧索。此固天之无如何者也。

第一则死丧也，妻妾子女、兄弟孙曾、故交至友、亲戚旧朋，结识太多，恩义太深，而人非金石，无有久保而并存者，必有中道而分亡者矣。老人所识所交，亦必垂老，皆将就木之年，日有落叶之叹，昨日某知识者死，今日某故旧者亡，明日遭某亲戚丧，后日报某至交逝。若家人愈多，死丧必愈甚，期月之中必有一二人焉，非其子孙兄弟，即其妻妾女媳。棺柩日陈于堂，灵座日设于室，旐翣日就于墓，讣告日报于门。结识广则感憾多，恩爱深则割舍苦，骨肉分亡，肝肺若割。岁月迭去，老怀何堪？忍泪掩袂，痛恻心肠，或牵连而生疾，或辛苦而破家。话故事则物换星移，念旧人则风流云散，思骨肉则多化黄土，忆妻孥则多化虫沙。虽旷达之士，藉丝竹以陶写，临山水以排遣，然中怀之痛，岂能忘情？浩浩乾坤，侧身孤子，忧来伤人，不复永年矣。故哭父而毁死少，哀子而丧明多。始则结伦纪以助人之身，后即缘亲戚而伤人之生。凡物理也，所益之物即所损之物。其取益愈大者，其见损亦必更剧，循环无端。故厌世之士，乃至欲远离之也。

其二则疾病也，老人精力已惫，筋骨已疲，脑髓日枯，土性盐质又弥满之，故耳目不聪明，手足不灵便，行步不捷疾，身体不强健。

于是风露雨霜寒暑得以乘之,而又多哀怒困苦,忧感因以中之。内外交迫,疾病易作,绵缀床蓐,缠绵汤药。久则或弥年载,少亦多历数月,富者绝无生人之乐,贫者遂有破产之忧。与死为邻,以病度日,亦何能免此也?

其三则困穷也,何也? 以壮者易于食力就功,人乐用之,老者难于奋身营业,人畏用之也。则壮者得金多,而老者不若。且老者妻孥孙曾之人多,则分而累之愈多,则虽富亦贫。盖举家女稚皆待食之人,分利之人,而非生利之人也。故四五十后,子女渐长,中人之家亦渐穷。至于六七十后,孙曾子媳数十口集焉,则有食粥不能均者,有病不能医者,筑多室而不足居者。人买一履而盈箱不足,人裁一衣而倾箧犹缺。故下之干糇起愆,上之挂杖兴叹,齿危发秃,奔波于万里,累锱积寸,立散于婚丧。穷老不息、赍恨以终者,皆是也。若夫老疾已甚,困穷无依,一家视为陈人,弃诸委巷,牛豕溷厕杂沓其侧,虱垢败絮拥满其身,乞水不得,呼天无闻,虽迈百龄,亦何益也。欧美人人自立,然老而贫者,子更不养,穷独无告;老而富者,亲戚毒之以分其产,寡得保首领以没者。

是故贫贱而寿,则有沟壑断弃之忧;富贵而寿,则有死丧疾病之苦。人道本与忧同来,苟非大同极乐之世,则寿者愈长,得忧愈多耳。久忧不死,何其苦也!

帝王之苦 有国土人民而君之,操生杀予夺之权,处富贵之极,食前方丈,后宫万数,离宫三十六,臣民亿万,极人世之尊崇荣赫者,其帝王耶! 然今者或为过去矣。

然一日万几,崇高益危,早期晏罢,业业兢兢。一夫失所,皆君之责,为牲祈旱,吞蝗减灾。其有边烽传警,潢池弄兵,敌国外患之来,群盗满山之变,偶有失误,则淋铃夜雨,蜀道艰难,煤山海棠,望帝不返。甚或青衣行酒,凄凉五国之城;归命锡侯,痛绝牵车之药①。或倒执太阿而贼臣弄权,则有靴里着刀,或索蜜而呼荷荷者矣。或内宠乱政,淫妒擅权,则有贾南风、武曌或韩金莲之毒弑者矣。或宦寺作孽,门生天子②,则有仇士良之废骂唐文宗者矣。或兄弟争国③,煎豆摘瓜,而建文之仁,金川门改为憎。或父子起祸,巫蛊祝诅,而唐太宗④之英武,且自撞床下者矣。若是之事,不可比数。至若丧乱之际,公主流离而为婢,王孙困苦而为奴,后妃而掠为人妾者,不可胜道。故愤极之言曰:"愿生生世世不生帝王家。"岂不然哉!

若列国竞争,互相擒虏,革命日出,党号无君。波斯王之头可为饮器,宋理宗之头可为溺器,宗室王主皆为奴虏。近者印度故王抉双目而在狱,其余购一巾,买一饼,皆须请令英吏。而缅之王妃、公主,竹棚无席,斗食无衣,饥寒若丐,誓不嫁人者,是皆帝王之家者也。若夫查理士断头之台,路易杀身之所,尼古喇被弑之宫,罅礼飞蝶南逃避之路,革命军朝起而帝王震慑恐惧,王族旁皇奔走。而荆轲、博浪之徒,寻间而发,岁月顿易,盖有一刻不安之状焉,俄王亚力山大、意王伊曼奴核、美麦坚奴可鉴也。昔人有言曰:"左手据天下之图,而右手以匕首揕其胸,愚夫不为。"今以乱世之帝王,其苦若此;岂若大同世之一民,其乐陶陶,不知忧患哉!

夫以帝王犹苦恼如此,故据乱之世,举世间人皆烦恼人也,皆可悲可悯人也。不改弦易辙,扫除更张,无以度之乎?佛慈悲能

---

① 南唐后主李煜被俘入宋,封违命侯,被宋太宗赐"索机药"而死。此云"索车之药",误。

② 门生天子,乃唐昭宗时宦官杨复恭语。此云仇士良骂唐文宗语,非。

③ 明建文帝与起兵夺位的燕王乃叔侄。此云"兄弟争国",不确。

④ 唐太宗晚年废太子承乾及魏王泰,非因巫蛊而起。巫蛊之祸,乃汉武帝与太子刘据事。此说不确。

仁，强以空为普度法，五浊恶世，愚冥众生，岂能受之哉？就使人人受之，而强摄之境，岂能久乎？

神圣仙佛之苦 神圣仙佛，以自度而度人者也，入浊世救人而不厌不倦者也，入地狱救人而不苦不恼者也。然言则易矣，若实行之，则经无量患苦，经无量死生，经无量险难，"苦其心志""饿其体肤，空乏其身，行拂乱其所为"。以故断头，杀身，破家，沉族，以救世之患，虽浩气刚大，万劫不变，然当其难也，心憾，目怵，情伤，神苦，肢解，魄动，盖亦有万难者焉。夫有人之形而无人之情，身若枯木，心若死灰，是避世之士也，灭绝之果也，非大道也。夫既为人矣，则入而与之俱，不易其形，不易其情，因以为波流，因以为弟靡，时其得失，达其苦心，而与之救之，则为圣者之至道矣。而丁是乱世，竭其智能，或托天以劝仁，或设法以立义，或多方以开智，或浓熏以礼乐文章，或直捷以明心见性，要皆小补，无裨大方。横目之民，忧患滔滔，大劫源源，无以救也。于是冒险以尝之，犯难以济之。故乱世之神圣仙佛，凡百教主，皆苦矣哉，而尚未济也。岂若大同之世，太平之道，人人无苦患，不劳神圣仙佛之普度，亦人人皆仙佛神圣，不必复有神圣仙佛。故吾之言大同也，非徒救血肉之凡民，亦以救神圣仙佛舍身救度之苦焉。盖孔子无所用其周流削迹绝粮，耶稣无所用其钉十字架，索格拉底无待下狱，佛无待苦行出家，摩诃末无待其万死征伐，令诸圣皆优游大乐，岂不羡哉！康有为若生大同世也，惟有极乐，岂须舍身万死，日蹈危难哉？嗟哉！生于乱世也，凡人之有神圣仙佛之名者，其亦不幸也哉。

凡此云云，皆人道之苦，而羽毛鳞介之苦状不及论也。然一览生哀，总诸苦之根源，皆因九界而已。九界者何？

一曰国界，分疆土、部落也；

二曰级界，分贵贱、清浊也；

三曰种界,分黄、白、棕、黑也;

四曰形界,分男女也;

五曰家界,私父子、夫妇、兄弟之亲也;

六曰业界,私农、工、商之产也;

七曰乱界,有不平、不通、不同、不公之法也;

八曰类界,有人与鸟兽虫鱼之别也;

九曰苦界,以苦生苦,传种无穷无尽,不可思议。

甚矣!人之不幸也。生兹九界,投其网罗,疾苦孔多,既现形于宇内,欲奋飞而无何。沉沉亿万年,渺渺无量生,如自茧之蚕,扑火之蛾,彼去此来,回轮织梭。俯视哀酸,感不去怀。何以救苦?知病即药,破除其界,解其缠缚,超然飞度,摩天戾渊,浩然自在,悠然至乐,太平大同,长生永觉。吾救苦之道,即在破除九界而已。

一曰去国界,合大地也;

二曰去级界,平民族也;

三曰去种界,同人类也;

四曰去形界,保独立也;

五曰去家界,为天民也;

六曰去产界,公生业也;

七曰去乱界,治太平也;

八曰去类界,爱众生也;

九曰去苦界,至极乐也。

仁智篇①

物皆有仁、义、礼,非独人也。乌之反哺、羊之跪乳,仁也。即牛、马之大,未尝噬人,亦仁也。鹿之相呼、蚁之行列,礼也。犬之卫主,义也。惟无智,故安于禽兽耳。人惟有智,能造作饮食、宫室、衣服,饰之以礼乐、政事、文章,条之以伦常,精之以义理,皆智来也。苟使禽兽有智,彼亦能造作宫室、饮食、衣服,饰之以伦常、政事、礼乐、文章,彼亦自有其义理矣。故惟智能生万理。

或谓仁统四端,兼万善。非也。吾昔亦谓仁统义、礼、智、信,与朱子言"义者,仁之断制;礼者,仁之节文;信者,仁之诚实;智者,仁之分别"同。既乃知人道之异于禽兽者,全在智;惟其智者,故能慈爱以为仁,断制以为义,节文以为礼,诚实以为信。夫约以人而言,有智而后仁、义、礼、信有所呈;而义、礼、信、智以之所为,亦以成其仁。故仁与智所以成终成始者也。昔夫子鲜以仁、义对举,多以仁、智对举,曰:"仁者乐山,知者乐水。""知者乐,仁者寿。""知者动,仁者静。"又曰:"仁者不忧,知者不惑。"又子贡曰:"仁且智,夫子既智矣。"始皆重仁、智也。且上古之时,群生愚蒙,开物成务,以智为仁,其重在智;中古之后,礼文既闻持守,先以仁为智,其重在

---

① 此文选自《康子内外篇》第十一篇。

仁。此夫子所以诲学者以求仁也,此非后儒之所知也。就一人之本然而论之,则智其体、仁其用也;就人人之当然而论之,则仁其体、智其用也。

朱子谓:欲议仁,须合礼、义、智看之,始同。甚精。

人道以智为导,以仁为归。故人宜以仁为主,智以辅之。主辅既立,百官自举,义、理与信,自相随而未能已。故义、礼、信不能与仁、智比也。荀子曰:"人主仁心设焉,智其役也。"

仁、智,有定者也;义、礼、信,无定者也。

仁者,天地凡人类之同也;信者,彼此通行不能失者也。惟或重在义,或重在礼,或重在智,不同耳。上古之时,智为重;三代之世,礼为重;秦、汉至今,义为重;后此之世,智为重。所重孰是?曰:智为上,礼次之,义为下。何也?曰:仁者爱之,智也;爱之,斯安之矣。前圣开物成务,制器尚象,利物前民;又以为不足,精其饮馔,美其衣服,饰其宫室,华以礼乐,昼夜竭其耳目心思以为便民,仁之至也。故智为上。至于中古,谓吾之所以便民者至矣,虽加之智,其能使天下之民普富贵安逸耶?吾专事礼,使天下人养生送死,日从事于此,以毕其取,足矣。当是之时,民惟礼之务,小敛之奠东西方,袭之裼袭,斤斤焉讲求之,以自尊足。故曰礼为次。秦、汉以后,既不独智以为养,又不范礼以为教,时君世主,以政刑为治,均自尊大,以便其私。天下学士大夫相与树立一义其上者,砥节行,讲义理,以虚言扶名义而已,民生之用益寡矣。故曰义为下。